河北经贸大学学术著作出版基金资助；
河北经贸大学教学研究项目（2014JYQ09）

期刊出版业务的法治化审视

王岩云　著

中国社会科学出版社

图书在版编目(CIP)数据

期刊出版业务的法治化审视／王岩云著.—北京：中国社会科学出版社，2017.5（2018.9重印）

ISBN 978 – 7 – 5203 – 0530 – 3

Ⅰ.①期… Ⅱ.①王… Ⅲ.①期刊工作－出版法－研究－中国 Ⅳ.①D922.164

中国版本图书馆 CIP 数据核字(2017)第 113909 号

出 版 人	赵剑英
责任编辑	宫京蕾
责任校对	秦　婵
责任印制	李寡寡

出　　版	中国社会科学出版社
社　　址	北京鼓楼西大街甲 158 号
邮　　编	100720
网　　址	http：//www.csspw.cn
发 行 部	010 – 84083685
门 市 部	010 – 84029450
经　　销	新华书店及其他书店

印刷装订	北京君升印刷有限公司
版　　次	2017 年 5 月第 1 版
印　　次	2018 年 9 月第 2 次印刷

开　　本	710×1000　1/16
印　　张	17.5
插　　页	2
字　　数	252 千字
定　　价	75.00 元

感谢所有给予我关心、帮助与提携的师长和朋友！
感怀我从事了十年的编辑职业和相处的编辑同人！
感激河北经贸大学法学院的领导和师生接纳了我！
感恩一直以来无怨无悔全力支持我的爸妈和妻儿！

目　录

前　言

　　期刊是学术创新和知识传播的重要载体，担负着引领学术、遏制学术腐败的艰巨而神圣的使命。对期刊出版业务进行法治化审视，不仅有利于理顺期刊出版中涉及的多重法律关系，推进期刊出版事业的健康发展，而且对于学术健康发展和知识生产的有序进行具有积极的正向价值。

　　本书是一个法学人从事10年期刊编辑的心路历程记录，也可看作一个编辑人带着法学眼睛对编辑出版业务的所见所思。它是一个两栖生存者的掌印、手印和脚印，既秉持了编辑人的细致与严谨，又携带着法律人的审慎与反思。

　　本书也是我承担的河北经贸大学教学研究项目"大学生学术规范教育与论文写作指导的衔接路径"（2014JYQ09）的结项成果（课题组成员王沛、梁彦红对课题完成也都有贡献）。它的形成与出版实际上是一种因缘际会——它既是对我曾经从事10余年编辑工作的回顾与总结，也是伴随着我近4年来的法学教学活动，尤其是贯穿于对4届本科生（2014—2017届）和3届研究生（2013—2015级）从事的法学论文写作指导教学工作的始终。

　　我过往的工作经历和学习经验，都与这本书有所关联。我从2003年7月硕士毕业进入高校从事学术编辑工作，到2013年9月到专任专职法学教师。2014年上半年被指定担任研究生课程《法学方法与学术规范》的讲授任务，这本是任成印教授主讲的课程，因任老师到美国访学，我被临时安排了任务。而在讲授和备课中，我感觉"法学方法与学术规范"很重要，但相对而言"形而上"一些，而我倾向于提供一些对学生开展研究、写作论文帮助更为直接和更具操作性的知识。于是我想结合自己多年从事期刊编辑的经验，开设一门论文写作指导类的课程。在 2014 年教学计划修订之际，我提出了为本科生开设《学术规范与法学论文写作指导》和为研究生开设《法学论文写作与文献检索》的建议，学院领导高瞻远瞩，慨然将其纳入教学计划（当然领导的支持，或许不仅仅是对我个人想法的特别关照，而是站位于法学人才培养需要写作技能提升的高瞻远瞩，我的课程建设的设想因契合了人才培养的要求从而得到了支持）。而此时我对这一课程要讲授的内容还只是一个大体的设想，尚缺乏具体的细目。于是如何实施教学就提上了日程，恰在学校组织申报教学研究项目时，我又以《大学生学术规范教育与论文写作指导的衔接路径》为题进行了申报并被确立为当年的青年立项课题，这个项目的结项成果在申报书中设计的是著作。这些都形成了写作本身的外部条件或要求，使得本书的写作成为了一项不得不为之的任务。而从内心而言，我有完成它的极强烈的主观愿望。

这本书中有的章节是我以往承担的编辑学课题，有些是由我为学生上课的课件资料整理而来，有的是我准备的、打算用于授课的讲义文稿，有的是我读书的心得体会，还有的是一些与本书主题相关的随感文字，不同时期不同时段不同目的不同风格的诸多文字汇集一起，形成了本书的初稿。有些部分难免存在资料整合的痕迹，但我进行了力所能及地探索、磨砺。写作中我选择的例证，一些是我从事编辑工作时编审稿件的实例，一些是我指导学生论文写作中的例证，当然也有一些是我个人文章作为事例的。之所以选取个人的文章，不是因为自我感觉非常好，而是从自身的体会更容易讲清楚。

本书中既有我将自身的法学专业知识运用于期刊编辑出版工作的思想火花，也有我将自身的期刊编辑工作经验和法学论文写作教学工作紧密联系的心得总结。

这本书就权作我生命历程的一个小结吧！

第一章

期刊出版中的多重版权法律关系[*]

本章内容提要： 期刊论文作者的版权应以作者与期刊社之间的合同关系为优先考量，作者的版权不仅受到《著作权法》的保护，而且受到版权合同的约束。期刊作为汇编作品，其版权应受到尊重和保护。期刊的责任编辑为对所责编的文章付出了智力性劳动，应享有相应的署名权。

本章关键词： 期刊；版权；作者版权；汇编作品；责任编辑；署名权

期刊出版中往往涉及多重版权法律关系。期刊是由一篇篇独立的稿件汇集而成，每一篇稿件都是由作者创作产生的，同时每一篇论文也都经过了期刊编辑人员的审阅、加工修饰和校对完善。期刊出版的顺利开展和良性运行要求必须合理解决与版权相关的各类问题，主要包括论文作者的版权、期刊整体的版权和期刊编辑人员个体劳动可能的权利等。

一 期刊论文作者版权的保护及限度

期刊论文作者的版权应得到切实的保护是无可争议的。但任何权

* 本章写作源于笔者承担的全国高等学校文科学报研究会 2009—2012 年编辑学研究基金重点资助课题（项目编号：Zd201104），本章内容为该研究项目成果的一部分。初稿曾以《学术期刊出版中的多重版权法律关系研究》为题，发表于《河北经贸大学学报（综合版）》2011 年第 4 期。后于 2013 年 10 月获中国高校科技期刊研究会版权研究优秀论文奖。

利的保护都有其限度，超出合理限度的强调一种权利，将会给权利的相关方造成不应有的妨碍。一篇论文能够以"期刊文章"的方式面世，通常是论文作者和期刊社双向选择的结果。如果没有论文作者向期刊社投稿（即以自己的行为表明愿意以"期刊文章"的方式向公众呈现思想成果），或者即使有作者向期刊社的投稿行为，而没有期刊社（通过其工作人员，如责任编辑、主编或副主编）的选稿和定稿（即期刊社有意愿在本期刊以"期刊文章"的方式为作者文章的发表提供版面和编辑出版的服务），则均不可能形成期刊文章。作者将稿件创作完成后，即使其不向期刊社投稿，就稿件的本质而言，同样表现了作者的思想，同样具有内在价值，但因它没有登上期刊的平台而不是期刊论文。如果期刊社不采用作者的投稿，这时作者的稿件也不能转化为期刊论文。既然期刊论文的形成有赖于作者与期刊社的双向协作，那么对期刊论文版权保障问题的考量，就必须考虑到协作双方，即在做好作者版权保障的同时要兼顾期刊社的合法利益和合理要求。

（一）　期刊论文作者版权的保护内容

根据《著作权法》的规定，学术期刊刊载论文的作者享有各项著作人身权和著作财产权。著作人身权包括发表权、署名权、修改权和保护作品完整权。发表权，即决定作品是否公之于众的权利，包括决定在什么时间、什么地点、以怎样的方式、通过何种载体公之于众等。署名权实际上也就是表明作者身份的权利，包括署本名、笔名、化名等，也包括选择匿名（即不署名）。一般认为修改权和保护作品完整权实际上同属一种权利的正反面。因为作品是作者个人意志的体现，反映的是作者的思想观点、立场和理念，其他任何人都不应将自己的观点强加于人，都不得未经允许擅自对作品进行修改、删节，以免在有意无意间改变了作者和作品的原初之意，甚至歪曲或篡改了作者的思想观点。2012 年 10 月 30 日国家版权局公布的《著作权法修改草案（第三稿）》将"修改权"与"保护作品完整权"合二为一，规定为"保护作品完整权"，即授权他人修改作品以及禁止歪曲、篡改作品的权利。2014 年 6 月 6 日国务院法制办公室公布的《著作权法（修订草案送审稿）》依然坚持了上述做法，其表述为"保护作品完整权，即允许他人修改作品以及禁止歪曲、篡改作品的权利"。著作财产权又可分为两大类，即各项专有使用权以及与各类使用相对应的使用费请求权。根据作品的使用方式，可分为以有形方式使用作品（包括复制权和发行权等）、以无形方式使用作品、以演绎方式使用作品和以其他方式使用作品等。作品的每一种使用方式都有对应的"获得报酬权"，即作者基于该种方式对作品的使用而应得到的物质报酬。使用费请求权则是指因法定许可使用的发生作者依法获得使用费的权利。① 期刊论文作者依法享有包括著作人身权和著作财产权在内的完整版权内容。

（二）期刊论文作者版权的限度

任何权利的行使都是有限制的。期刊文章作者的权利限制主要包括两个方面，一是基于著作权法的限制，二是基于版权合同的限制。

《著作权法》上的版权限制主要有版权的法定许可使用和合理使用制度。期刊上论文的作者享有的版权除了要受到版权本身性质决定的限制外，还要受到其与期刊合约关系的限制。论文作者与期刊社之间存在的是一种平等主体之间双向选择的合作关系。论文作者向期刊出版单位投稿或者期刊社的编辑人员向作者约稿，都是一种建立合作的意向表达。期刊的出版单位必须充分尊重论文作者依法享有的各项版权。同时，期刊出版单位作为一个出版经营的实体和主体，有自身的用稿要求和排版规则，作者向期刊投稿或者约稿也应视为自愿接受期刊的稿件处理规则。这也就是说，此时作者的版权接受期刊要求的限制。论文作者与期刊出版单位版权协调的原则应是以著作权法的规定为基础、以双方的版权合同为优先。比如一位作者向《中国法学》

---

① 韦之：《著作权法原理》，北京大学出版社 1998 年版，第 56—70 页。

投稿，《中国法学》作为学术期刊当然应尊重和保障作者对其创作论文的署名权等版权，同时中国法学杂志社制定有《〈中国法学〉作者署名相关事项规则》，对投稿该刊的作者署名作出了要求如"原则上仅署作者正式服务（受雇）的工作单位，不署其兼职单位和兼职职务"，此时就对作者的署名权就构成了一种限制。作者要么接受这种限制，要么选择没有这种限制的期刊进行投稿。①

二　整本期刊作为作品的版权保护问题

对于整本学术期刊作为作品的版权保护问题，可以从版权客体、版权主体、邻接权及装帧设计的版权等多个方面去认识和理解。

（一）从版权客体的角度看，期刊属于汇编作品

从版权客体是否原创的角度，可以将作品分为原创作品和二次作品。二次作品又可分为演绎作品和汇编作品。我国《著作权法》第十四条规定，汇编若干作品、作品的片断，或者不构成作品的数据，或者其他材料，对其内容的选择或者编排体现独创性的作品为汇编作品。同时规定，汇编作品的著作权由汇编人享有。

期刊的稿件通常不是由期刊出版单位独立创作或组织内部员工创作完成的，而是以作者的来稿或向作者的约稿为主。同时，一期刊物的内容组成并不是简单地将不同作者的若干篇稿件"堆砌"集成，通常要由专门的编辑人员按照期刊既定的办刊宗旨和一定的编辑方针，进行选题策划和栏目设置，积极开展组稿约稿，并对期刊版式进行独特设计以突出期刊的个性。可以说，稿件的评价与取舍、每一篇稿件

---

① 中国法学杂志社：《〈中国法学〉作者署名相关事项规则》，详见 http://www. zg-fxqk. org. cn/Html/benkandongtai/20117226503210340909. shtml，访问时间 2011 年 7 月 22 日。

置于期刊中的哪一个栏目、若干篇稿件在具体栏目中的排列顺序以及对于稿件如何进行编排，无不体现了编辑人员的创造性劳动和智识努力。由此可见，经过编辑人员精心遴选稿件，汇编若干篇达到发表要求的稿件而成的期刊符合《著作权法》对汇编作品的释义。[①] 换言之，每期学术期刊均可视为一件汇编作品，从而可单独成为版权保护的客体。期刊的版权产生于对具体文章的选择与编排，不得侵犯单篇文稿的版权。因此，尽管期刊编辑对作品付出了创造性的劳动，但是作为期刊编辑通常不得主张自己是合作作者，编辑毕竟不是作者。期刊编辑是筛选者，是加工者，而不是"创意"的作者。

（二）从版权主体的角度看，期刊属于单位作品

版权的主体可以分为自然人和单位。一般而言，直接从事创作的人可以成为版权主体，这是毫无疑问的。而创作是运用思维和智慧从构思到表达完成的一个完整过程。通常意义上，自然人之外的生命体、非生命体以及社会组织是不可能成为事实上的作者的。然而如同法律可将一定的人和财产结合起来的组织体拟制为法律上的"人"一样，在版权法领域，法律基于某些特殊情况也将不具备生命力和创造力的法人和其他组织拟制为作者[②]。我国《著作权法》规定："由法人或者其他组织主持，代表法人或者其他组织意志创作，并由法人或者其他组织承担责任的作品，法人或其他组织视为作者。"单位作品一般要求符合下列三个条件：（1）作品是在法人或者其他组织主持下进行创作的，即由法人或者其他组织指定或委托的特定的人员负责组织该项创作，该项形成作品的创作是法人或者其他组织所进行的一项工作。（2）作品的表达代表和体现着法人或者其他组织的意志。（3）对于作品，由法人或其他组织承担责任，而不是由具体经办人负责。一期期刊的汇编完成，显然是在期刊出版单位的主持下进行的，

---

① 刘明江：《论期刊著作权的归属与特性》，载《科技与出版》2003 年第 2 期。

② 吴汉东主编：《知识产权法学》，北京大学出版社 2002 年版，第 45 页。

最终对稿件的采用和安排出版体现了期刊出版单位的办刊思路和意志，对于最终定型出版的期刊，对外也是由期刊出版单位承担责任，而不是由期刊编辑人员或主编个人负责。因此，期刊属于单位作品，其版权的主体是期刊出版单位。

（三）从邻接权的角度看，期刊享有版式设计权

邻接权，又称作品传播者权，是指作品的传播者在传播作品的过程中对其创造性劳动成果依法享有的专有权利。① 邻接权主要包括表演者权、录制者权、广播组织权和出版者权。我国《著作权法》第36条规定"出版者有权许可或者禁止他人使用其出版的图书、期刊的版式设计"。

学术期刊的版式设计其实是对稿件编辑加工的继续，是学术期刊编辑出版过程中不可缺少的一个环节。从内容而言，学术期刊的版式设计是指学术期刊的版面格式的设计，即在既定的开本上将文稿进行合理的、有秩序的排列，包括对版心、排式、用字（字体、字形、字号）、行距、标题、引文、标点、篇章结构安排、图型和表格安排以及其他版面因素的安排。期刊版式设计不仅要从属于刊物的内容和编排规范（这是期刊的自身文化属性的要求），而且可以追求独特的艺术设计效果。当然，体现个性化的艺术追求需要设计者对期刊稿件内容的深入理解，同时具备把握、驾驭版面空间的艺术功力。

科学合理的期刊版式设计，既能使期刊内容的结构形式体现刊物自身的特点和风格，又能与期刊的整体装帧设计等外部形式相互协调，并且能给读者提供阅读的便利。② 因为与文稿内容和谐统一的版面形式美，可以使期刊美观大方，能够吸引读者，增强读者的消费欲望；同时还可以增加文稿的易读性，从而加强读者对文意内容的理

---

① 吴汉东主编：《知识产权法学》，北京大学出版社2002年版，第83页。

② 陈默：《学术期刊版式设计的构成要素与基本原则》，载《农技服务》2010年第8期。

解，并给人以美的享受。从这个角度上说，版面设计的形式美对提高刊物的社会效益，实现刊物巨大的价值是十分重要的。① 然而，尽管法律对期刊的版式设计权做出了明确规定，但学术期刊享有版式设计权的前提是学术期刊的版式设计是独特的，具有价值的创作产物，而不是依据有关编排规范对文稿做出的简单堆砌。因此，期刊应戒除"千刊一面"，积极创新版式设计，从而实现期刊版式设计权从法定权利到实有权利的转变。

（四）　与期刊装帧设计相关的版权法律关系问题

期刊装帧设计是指对其期刊的刊头、版面、封面、封底、开本、书脊、扉页等所做的装潢设计。独具特色的期刊装帧设计有助于使期刊个性鲜明，从而与其他期刊做出区别，避免读者混淆误认，在期刊出版实践中具有十分重要的意义。装帧设计一般可以视为美术作品。

期刊的装帧设计可以由出版单位组织本单位力量和人员自行设计，也可委托本单位之外的专门设计机构和人员进行设计。这里就可能要涉及职务作品与委托作品。职务作品又可进一步区分为一般职务作品和特殊职务作品。一般职务作品的版权由职工个体（即作者本人）享有，单位在其业务范围内有优先使用权。特殊职务作品是指主要是利用单位提供的物质技术条件创作并由单位承担责任，或者法律、行政法规规定或合同约定著作权由单位享有的职务作品。对于特殊职务作品，职工个体（即作者本人）仅享有署名权，版权的其他权项由单位享有。

委托作品，是指受托人根据委托人的委托而创作的作品。委托作品的创作基础是委托合同，委托合同既可是有偿的，也可是无偿的（即约定的创作报酬为零）。出版单位委托本单位员工进行装帧设计时，如果受委托人进行设计不是其工作任务，此时其完成的设计同样

---

① 张秀红、娜木罕：《论学术期刊版式设计的平面构图美》，载《中国人民大学学报》1995 年第 5 期。

属于委托作品。对于委托作品的版权归属，法律采取当事人意定优先原则，即允许委托人与受托人通过合同予以约定，只有在没有意定的情况下才按法律推定性的规定进行确定。我国《著作权法》从侧重维护作者权益的角度，规定当委托合同未作明确约定或者根本没有订立合同的，委托作品的版权属于受托人。

此外，当期刊出版单位将期刊的装帧设计委托给外单位设计时，就会存在更加复杂的版权关系，起码包括期刊出版单位与装帧设计单位间的委托合同关系、装帧设计单位与本单位的设计人员间的职务创作关系等。鉴于期刊装帧设计对于期刊的重要意义和相关版权关系的复杂性，笔者建议，期刊出版单位深刻领会《著作权法》对于"委托作品"归属的规定，有效利用委托合同，防范可能的版权风险，保护和争取自身的合法权益。

三　责任编辑可能的版权及合理范围

正如我国现行《著作权法》既保护作者的版权，也保护了出版单位作为汇编人对其汇编作品即期刊享有的版权和作为传播者所应享有的邻接权，却忽视了作为责任编辑的个体所应享有的版权利益。增强知识产权意识，保护论文作者和学术期刊应有的版权利益是应该的，但也不应疏忽编辑个体的权利问题。

（一）从劳动的性质看，编辑从事的是创造性劳动

创造性劳动是与执行性劳动相对应的概念。创造性劳动，简单地讲，就是有思想的、有创新性的劳动。而执行性劳动主要是按照既有的规范或习惯进行操作执行即可，不需要太多创造性的思考就能完成的劳动。在一定意义上，创造性劳动与脑力劳动联系更为紧密，而执行性劳动与体力劳动关联更多一些。尽管编辑所从事的劳动中也有很多执行性的事务工作，也需要相当多的体力付出，但从本质而言，编

辑从事的主要是脑力劳动，是创造性的劳动。

对于编辑工作的本质和编辑劳动的特征，学界和业界人士已做了非常深入的探讨，也得出了十分精辟的结论。"编辑劳动，就是一定社会环境下的编辑主体所进行的精神生产和再创造的智力性劳动，它处于信息来源与信息目的地之间，通过一系列劳动手段的实施，对一定的信息内容进行策划、优选与组合，使劳动的最终成品适应精神生产与市场经济运作的规律，转化成为一定负载物的文化产品，从而将各形态的文化传播开去并贮存下来"。简言之，编辑工作的本质就是，"为使一定社会来源的精神产品合乎目的的优化性传播而进行的一系列创造性劳动"。① 这是当下学界普遍认同的观点。这种观点揭示了编辑劳动的若干特征：其一，相对于作者创作的"原创性"而言，编辑的劳动具有"中介性"。即编辑劳动处于信息来源与信息目的的中间地带，连接着信息的生产与信息的接收。其二，编辑劳动具有"优化性"和"创造性"。编辑工作是"按照一定的办刊宗旨，以一定的传播媒介为手段"，对精神产品"进行识别、筛选、加工、优化的再创造过程"，"是使精神产品社会化的一种活动"。在编辑活动中，从事编辑工作的个体"并不是消极被动地处理原稿，也不是纯技术的工作，而是一种创造性的劳动"，"是编辑主体通过实践对编辑客体的创造性的反映"。② 也就是说，编辑工作不仅仅是执行信息和文化传播的职能，还承担着信息的选择、整合、优化以及文化积淀和文化再塑的使命。这样的理解充分认识到了编辑工作的文化积淀性、文化创造性，从而将编辑工作与"精神生产""智力性劳动"紧密相连。

编辑工作的创造性贯穿于精神文化产品生产的始终，当然它在精神文化产品问世的不同阶段有着不同的体现。在精神文化产品问世之前，编辑工作的创造性主要体现于策划和选题的创新。在精神产品问世过程中编辑工作的创造性劳动，则体现在整个编辑过程之中。正如

---

① 张积玉等：《编辑学新论》，中国社会科学出版社2003年版，第24页。

② 卜庆华主编：《学报编辑学概论》，湖南教育出版社1991年版，第153页。

有论者所指出的：“编辑过程就是创造过程，作者撰写的文章、书稿只是一种前期精神产品，学术论文和著作从毛坯到合格品——编辑是加工完善者、再创作者。只有经过编辑付出一系列艰辛的劳动，原作者的劳动才能得到社会的承认，所以，编辑的劳动是作者劳动的继续和发展，是一种复杂的创造性精神劳动。这种创造劳动体现在整个编辑过程之中，而创造意识也是贯穿于编辑工作的全过程，举凡策划选题、组织稿件、修改稿件以及内容的组织、装帧设计等各个环节，无不渗透编辑的创造意识。”[1]通过对编辑工作创造性的认识，不难发现，编辑人员不仅仅是精神产品生产的参与者，更是精神文化产品的生产者、创造者或再创造者。认识编辑工作的创造性，重视编辑人员的重要性，不仅是科学认识的基本要求，而且对于推动文化创新具有正向价值。正是基于对编辑工作创造性的认识，才提出了编辑创造力的命题，认为编辑力的三个方面——“发现的能力”“组合文化的能力”和“创新呈现方式的能力”都至关重要。[2]

同时应看到，即使同为编辑人员，期刊编辑与图书编辑也是存有差异的。期刊与图书的区别是多方面的，但从信息资料的新颖性与体系性而言，期刊更侧重“新”，即一篇文章可能存在这样或那样的缺陷，但是必须有“闪光点”，有亮点就值得加工刊载，而图书往往要求结构严谨、体系完整。从期刊的实际运行看，有的来稿行文规范，结构合理，论证严谨，不需要编辑人员付出太多智力性劳动即可完成；而有的来稿虽然有“闪亮点”，但论证不合理、不规范，仍需编辑人员付出艰巨的智力性劳动进行加工润色，甚至指导作者才能使作品臻于完善。此时，经过编辑加工指导的论文，不再是作者的独立智慧成果，而是编辑人员和作者之智慧合成的成果。

---

[1]　马龙：《编辑学术地位新论——编辑在学术发展中的主动作用》，载程郁缀、陈颖主编《学报编辑大视野：第四届全国高校社科学报优秀编辑学论著评选获奖论文集萃》，福建人民出版社 2012 年版，第 259—269 页。

[2]　贺圣遂：《编辑创造力三题》，载《编辑学刊》2010 年第 1 期。

在认识了编辑工作创造性之后，可以做进一步的推演，经过编辑加工的稿件其实构成了一种新的作品形式，可谓之"集成作品"。它不同于"合作作品"。合作作品是两人以上合作创作的作品，它要求合作者有合作的合意。而作者在创作时与编辑没有合意。编辑人员在从事"创造性"的编辑劳动时也不是与作者形成合意，而是在作者已创作完成的作品之上，"添加"上自己的"智力成果"，而最后呈现出的作品，虽然署名为作者创作完成，但已不是单纯的独立作品，多多少少是附加了编辑人员创意思维的"新"作品。此时，从事编辑工作的编辑个体无疑应享有相关的版权。这种版权即使现行法律没有作出规定，也应受到尊重。

（二）从工作的隶属看，编辑进行的是职务类行为

"职务行为"是与"个人行为"相对应的概念。行为往往要通过具体的个人来实施，但个人实施的行为不一定就是个人行为，如果个人是基于特定的"职务"而作出的行为，那么此时个人实施的行为很可能就是"职务行为"。所谓"职务"，是指"职位规定应该担任的工作"。① 虽然"职务行为"在民法、行政法、刑法等领域频频出现（如我国现行民事法律中对职务行为的侵权责任有一些条款涉及，刑法中对职务犯罪也有相关规定），但究竟何为"职务行为"，其实在不同语境下，对其理解也不完全相同。对于职务行为的判断，通常有几个参照。其一是职权或职责标准。即相关个人根据法律赋予的职责权限或者单位的规章制度或自身的岗位职责所实施的行为，属于履行职务行为。超出职责权限的行为不是职务行为，也不能受到法律的保护。其二是时空标准。即相关人员在行使职权或履行职责的时间、地域、业务范围内实施的行为通常都认定为职务行为。不符合时空标准的行为，通常难以认定为职务行为。如甲国警察在乙国通常是不能履

---

① 中国社会科学院语言研究所词典编辑室编：《现代汉语词典（第6版）》，商务印书馆2012年版，第1672页。

行警察职权的。其三是身份标准。即在通常情况下，以相关单位的某一岗位的工作人员的身份和名义实施的行为属于履行职务的行为。不具备相关身份的个体所实施的行为，不能构成职务行为。其四是目的标准。即相关单位的工作人员为了履行单位的相关职责和义务，维护单位的利益和发展需要而为的行为，通常认定为是职务行为。如果相关行为，不符合单位发展的目标则不属于职务行为。区分职务行为与个人行为的意义在于，职务行为的后果由行为实施人的所在单位承担，而个人行为的后果由行为实施人个人承担。

在知识产权法领域，与职务行为相关的知识产权主要包括职务发明和职务作品。职务发明创造是指发明人或设计人执行本单位的任务或者主要是利用本单位的物质技术条件所完成的发明创造。而职务作品，是指个人为完成法人或者其他组织工作任务所创作的作品。职务作品与作品创作人所担任的职务紧紧地连在一起，它是法人或者其他组织安排其雇员或工作人员履行职务和任务而创造的成果。职务作品既不是创造者的个人作品，也不是法人或者其他组织委托的作品。①职务作品通常具有以下特征：其一，创作者与所在单位应具有工作隶属关系（具体表现为劳动合同关系或人事归属关系）；其二，创作的作品应当属于创作者从事本职工作的职责范围；其三，对作品的使用应属于创作者所在单位的正常工作或业务范围之内。根据单位对于创作完成所发挥的作用，职务作品又区分为一般职务作品和特殊职务作品。为完成单位工作任务而又未主要利用单位物质技术条件创作的作品，称为一般职务作品。根据《著作权法》的规定，一般职务作品的著作权由作者（即创作者个人）享有，但作者的所在单位（法人或者其他组织）有权在其业务范围内优先使用。即作品完成两年内，未经所在单位同意，作者无权许可第三人以与其所在单位相同的方式使用该作品；作品完成两年内，经所在单位同意，作者许可第三人以与其所在单位使用的相同方式使用作品所获报酬，由作者与所在单位按约

---

① 吴汉东主编：《知识产权法学》，北京大学出版社 2002 年版，第 50 页。

定的比例分配；如果在作品完成两年内，作者的所在单位在其业务范围内不使用，作者可以要求其所在单位同意其许可第三人使用，使用方式不受限制，单位如无正当理由不得拒绝。所谓特殊职务作品，是指主要是利用法人或其他组织的物质技术条件制作，并由法人或其他组织承担责任的工程设计图、产品设计图、地图、计算机软件等职务作品，或法律、行政法规规定或合同约定著作权由法人或者其他组织享有的职务作品。根据我国《著作权法》的规定，特殊职务作品的作者享有署名权，著作权人的其他权利由作者的所在单位（法人或者其他组织）享有，作者的所在单位（法人或者其他组织）可以给予作者奖励。

　　责任编辑必然是隶属某一出版单位的专业技术人员。作为责任编辑个体，其进行稿件的任何处理都是由其在出版单位的职位、岗位和角色决定的。责任编辑进行的每一项工作，无论是接受编稿组稿任务，对稿件进行甄别评判和取舍，还是对稿件进行加工雕琢与润色，以及决定栏目设置与编排，无不是在履行着出版单位工作的要求。由此可见，作为责任编辑的个体所进行的创造性劳动，从工作隶属关系而言，是一种职务行为，由责任编辑编辑创作完成的作品（编辑加工完成的稿件）也可视为一种职务作品。上文曾论及期刊是汇编作品、单位作品，这里又提及职务作品。笔者对此是这样理解的——经编辑加工过的单篇文章则类似于职务作品，而将多篇文章汇集而成的整本期刊属于汇编作品、单位作品。谓之"汇编作品"，是从期刊作为版权客体的特殊性而言的，称之为"单位作品"，是从其期刊类作品的版权主体的特殊性来讲的。可以说，将经编辑加工过的单篇文章视为"职务作品"，与将整本期刊视为"汇编作品"或将整本期刊视为"单位作品"，三者是不矛盾的。

（三）从履责的类型看，责任编辑只应享有署名权

　　上文对职务作品的分类已做了说明，即职务作品分为一般职务作品和特殊职务作品。从我国期刊的运行机理看，期刊的出版必须以国

家行政职能部门的审批、登记为其合法性的重要前提。只有经依法申请、审批和登记设立的期刊社或期刊编辑部才有资格做期刊的"汇编人"，其他任何单位或个人都不享有"汇编"期刊的权利，而且汇编期刊必须严格遵守法定的办刊宗旨。① 由此可见，责任编辑从事对来稿的编辑加工，主要利用了出版单位的资质等物质技术条件，并且完成的"作品"依法也只能以期刊出版单位的名义纳入"期刊"之中出版发行，这显然属于一种特殊职务作品。对于这种特殊职务作品，责任编辑的版权应限于署名为"责任编辑"，著作权的其他权利由期刊出版单位享有。

从现实的期刊运行看，有些期刊对期刊上刊载的作品只有作者署名而没有责任编辑的署名——这种让责任编辑"隐名埋姓"的做法，无疑是对责任编辑创造性劳动的漠视。其实，为"责任编辑"署名，不仅是对责任编辑劳动的肯定和尊重，也是对责任编辑工作的监督和鞭策。通过责任编辑加工的稿件，已是附加了责任编辑创造性劳动的"增值产品"。此时其他期刊基于法定许可对期刊论文转载时，不仅应注明作者的姓名，也应注明原刊责任编辑的姓名。

综上所述，期刊出版中往往涉及期刊、作者、编辑等多重版权法律关系，为保障期刊出版的良性运行，应注意协调好各方之间的版权关系。

---

① 汪小珍：《论我国期刊著作权独特的权利发生机制》，载《科技与出版》2004年第2期。

第二章

编辑业务与作者版权的协调对接*

本章内容提要：期刊编辑出版的各个环节都与版权法密切相关。期刊刊发的必须是投稿人有发表权的文章。期刊的署名规范应尊重作者的署名权。编辑加工修改稿件不得侵犯作者的修改权和保护作品完整权。期刊编辑必须尊重作者的获得报酬权，并且要足额发放稿酬；低于法定标准的稿酬，以及拟收取版面费，应提前与作者协商一致。按照版权合理使用制度要求审视现有的规范抑或制定、执行新的合理的引文标示规范是尊重所有作者版权、防止刊发文章侵犯先前文章作者版权的有力举措。

本章关键词：编辑；版权；署名权；版面费；引文规范；版权合理使用

编辑业务处理的对象离不开作品，编辑工作的每一个环节无不与版权主体、客体发生关系。因为每一件作品都是一定作者的产出，都有对应的权利人，一件作品就是一个版权客体，作品对应的权利人就是版权人。法律对于版权的保护，集中体现在《著作权法》中。贯彻执行《著作权法》，尊重版权、保护版权，是期刊编辑出版工作者的基本职责。现实中各出版单位大多按要求设置了专门的版权管理负责人。但由于理解水平和重视程度的差异，编辑实践中涉及版权法理解

 * 本章最初为笔者与张增强共同主持完成的中国人文社会科学学报学会2004—2008年度编辑学研究重点研究课题（05BJXH）的研究成果，曾以《编辑与版权法若干问题研究》为题，发表于《河北经贸大学学报（综合版）》2008年第3期。

与运用时，仍有一些问题，需要澄清或进一步明确。本书第一章对期刊出版业务涉及的多重版权法律关系做了一定论述，并指出为"保障期刊出版的良性运行，应注意协调好各方之间的版权关系"。本章拟主要围绕编辑业务中与作者版权的协调对接展开。

一　稿件刊发与作品发表权的协调对接

发表权，即决定作品是否公之于众的权利。发表权包括发表作品的权利和不发表作品的权利两方面的内容。具体而言，决定作品是否公之于众，以及该作品于什么时间、什么地点、在什么刊物、以何种方式、通过何种表现形式公之于众，所有这些都应由版权人决定。在我国，版权又称著作权，版权法的法定名称为《著作权法》。按照我国《著作权法》第四十七条的规定，未经著作权人许可，发表其作品的，属于侵权行为。期刊刊发的必须是投稿人有发表权的文章。从《著作权法》意义上讲，并非"执笔写作"的人就是作者；同时，"作者"≠"版权人"，有些创作者不具有完全的版权，甚至根本没有版权。

（一）法人作品发表权问题

《著作权法》第十一条第 3 款规定："由法人或者其他组织主持，代表法人或者其他组织意志创作，并由法人或者其他组织承担责任的作品，法人或者其他组织视为作者。"该条是我国法律对法人作品的基本规定。法人作品是法人或其他组织作品的简称，也有人称之为单位作品。法人作为法人作品的作者，享有与自然人作者同样的著作权，包括发表权、署名权、修改权、保护作品完整权、使用权和获得报酬权等一系列权利。法人作品的作者是单位，单位内具体实施创作的职工个人不是作者，不享有版权。因此，对于法人作品，发表权属于法人单位，创作者个人是没有发表权的。

（二）职务作品发表权问题

职务作品，是指公民为完成法人或者其他组织工作任务所创作的作品。我国《著作权法》第十六条对职务作品的权利归属作了明确规定。按照法律规定，我国职务作品的归属存在两种情况。第一种为"一般职务作品"，即第十六条第 1 款之规定："公民为完成法人或者其他组织工作任务所创作的作品是职务作品，除本条第二款的规定以外，著作权由作者享有，但法人或者其他组织有权在其业务范围内优先使用。作品完成两年内，未经单位同意，作者不得许可第三人以与单位使用的相同方式使用该作品。"第二种则为"特殊职务作品"，即第十六条第 2 款规定："有下列情形之一的职务作品，作者享有署名权，著作权的其他权利由法人或者其他组织享有，法人或者其他组织可以给予作者奖励：（一）主要是利用法人或者其他组织的物质技术条件创作，并由法人或者其他组织承担责任的工程设计图、产品设计图、地图、计算机软件等职务作品；（二）法律、行政法规规定或者合同约定著作权由法人或者其他组织享有的职务作品。"期刊编辑在编发稿件时，需要注意，就"特殊职务作品"而言，作者是没有发表权的，而只有署名权，作品的发表权属于作者所在的单位。

（三）合作作品发表权问题

我国《著作权法》第十三条规定："两人以上合作创作的作品，著作权由合作作者共同享有。没有参加创作的人，不能成为合作作者。"这就从法律的角度规定了合作作品的版权归属于合作作者共同享有。其实，合作作品包括两种情况：其一为：每一作者所创作的部分可以从整个作品中独立出来、可相互分割的作品；其二为：各作者所创作的部分无法相互分开共同构成一部完整的作品。对于第一种情况，我国《著作权法》第十三条第 2 款规定"合作作品可以分割使用的，作者对各自创作的部分可以单独享有著作权，但行使著作权时不得侵犯合作作品整体的著作权"。对于第二种情况，《著作权法实施条例》第九条规定："合作作品不可以分割使用的，其著作权由各合作作者共同享有，通过协商一致行使；不能协商一致，又无正当理由的，任何一方不得阻止他方行使除转让以外的其他权利，但是所得收益应当合理分配给所有合作作者。"未经合作作者许可，将与他人合作创作的作品当作自己单独创作的作品发表的，是一种侵权行为。我国《著作权法》第四十七条对此做出了明确规定。现在有一个问题是，如果合作作者不经其他合作作者同意发表合作作品，不是以个人名义，而是以合作作者全体的名义，又该如何认定？笔者认为，既然合作作品的发表权属于合作作者共有，那么不经全体合作作者达成一致意见，任何一位合作作者都不应擅自发表作品，否则即对其他合作作者构成侵权。若遇到某位作者向期刊编辑部投稿意欲发表合作作品而其他合作作者向编辑反映认为稿件尚不成熟不同意发表的情况，编辑部绝不可在合作作者形成共识前先行发表该稿件。如果编辑人员认为该稿件论证科学，具有较高学术价值且宜于发表，可以通过说服、劝导，促使所有的合作作者消除争端早日达成共识，从而使有价值的思想成果及时得以发表。可能有人认为根据《著作权法实施条例》第九条的规定，这时编辑可以看一下不同意发表的理由是否正当——如果不同意发表的理由正当，就不安排发表；如果不同意发表的理由不正当，就安排发表。笔者认为这样做是不妥的。因为法律并没有赋予期刊编辑部或者期刊编辑人员裁断理由正当与否的权力；理由是否正当，依法应由司法部门来进行裁量。因此编辑部可以告知欲发表合作作品的作者先向人民法院寻求司法救济解决发表权争议，再根据人民法院司法裁判的结果安排发表事宜。对于合作作品，为避免和减少侵犯发表权的情况出现，期刊编辑人员可要求投稿者提供由全体合作作者亲笔签名同意发表的书面材料，必要时还可以要求其提供有关单位证明。①

---

① 王岩云：《学报编辑出版与合作作品版权保护》，载《湖北经济学院学报（人文社会科学版）》2005 年第 1 期。

综上所述，法人作品、职务作品和合作作品，因其作品形成的特殊性，其著作权的归属也存在特殊性，《著作权法》对其也已作了明确的规定。因此，期刊社刊发上述类别的作品，必须特别注意发表权的主体。

二　期刊文章署名编排格式与作者署名权协调对接

所有发表的作品，都涉及作品的署名。所有期刊文章的署名，都要遵循一定的规范。作者有署名权，期刊对署名有编排规范。

《中国高等学校社会科学学报编排规范》（修订版）、《中国学术期刊（光盘版）检索与评价数据规范》等有关规范对期刊文章署名的编排规范做出了规定，但有关规定如与版权法存在冲突，根据法学理论中"上位法"优于"下位法"的原则，应优先适用版权法的规定，这也是法治社会依法办刊的基本要求。这就要求，期刊文章署名编排格式应在充分尊重作者署名权基础上制定。同时，作者的署名权，也应尊重期刊的署名编排规范。二者的协调，在于作者和期刊要互相尊重。期刊要尊重作者的正当的署名要求，作者要尊重和理解期刊的正常的、通行的编排格式。

（一）期刊编辑应尊重作者的署名权

署名权，即表明作者身份，在作品上署名的权利。署名权所要保护的是作者在署名问题上的意愿，包括作者在自己的作品上署名或不署名两方面的权利，可以通过署真名、笔名、假名或不署名的方式实现。

所有发表的作品，都涉及作品的署名问题。《中国高等学校社会科学学报编排规范》（修订版）、《中国高等学校自然科学学报编排规范》（修订版）、《中国学术期刊（光盘版）检索与评价数据规范》等有关规范对期刊文章署名的编排规范做出了规定。一些期刊还制定了自己的编排规范。这些编排规范中与署名相关的事项，包括作者姓名、作者单位，以及较为翔实的作者简介等信息。多数期刊要求作者必须署真实姓名，且必须写明作者的所在单位。其实，提供这些要求都是不适当的。《著作权法》对署名是作为著作权的权利项加以规定的，署名编排规范不能凌驾于法律之上。

从学术规范而讲，署真实姓名有助于体现对文章负责的态度，但这不能构成不尊重著作权的正当理由。对文章负责，不一定作品必须署真名。期刊编辑部门可以要求作者提供真实的个人信息存档，但正式印刷发行的出版物，应尊重作者选择的署名权行使方式。编辑人员在编发文稿时一定要尊重作者的署名权，弄清作者用真名、假名，还是匿名方式发表自己的作品，切不可将作者因特殊原因以笔名、匿名、假名创作的作品以作者真名发表。

（二）期刊有自主决定文章署名编排规范的权利

实践中存在的一个问题是，是否必须在目次页和文章篇名下方显示所有的作者。有论者认为："有多位作者的文章，其署名在期刊的目录页中不全部标注作者，仅以'等'字标注，侵犯了作者的署名权。"① 很多人对此观点持赞同态度，认为这是编辑版权意识提高、充分尊重作者署名权的表现。笔者对此持不同看法。《中国高等学校社会科学学报编排规范》（修订版）之5.3规定："中文目次表应列出全部文章的篇名、作者姓名和起止页码。英文目次表可选择列出重要文章的篇名、作者姓名和起止页码，排在中文目次表之后。多位作者仅列前3人，后面加'等'字。"《中国高等学校自然科学学报编排规范》（修订版）第5条"目次页"第4款规定："中文目次表应列出该期全部文章的题名、作者姓名和起始或起止页码；英文目次表可只列出主要文章的题名、作者姓名和页码。作者超过3人时也可只列

---

① 时晓红：《论期刊编辑的"无意侵权"》，载《山东师范大学学报》（人文社会科学版）2002年第4期。

前3人，后面加'等'字。"两份编排规范由各会员单位结合自己的实际参照执行。笔者认为，《著作权法》并没有赋予作者享有要求其署名必须置于目次表或文章篇名下方的权利。同时，每一份期刊都有自己的编排规范，并有权按照自己的规范进行编排。期刊可以在目次页为每一篇文章标注一位作者或两位作者或三位作者的署名，其他以"等"字代替；对于"等"字代替的作者署名，期刊可选择在篇首页的页脚位置或者篇尾处或其他位置予以标注，但必须在某一处予以标注。正如图书一般在封面及版权页上仅标示重要作者而对其他作者署名则在扉页上加以标示。作者向某期刊投稿，应该视为自愿接受该期刊的编排方式。只要期刊按照既定的规范在发表文章时对作者的署名在适当位置进行了标注，就不构成侵犯作者的署名权。强行要求期刊必须在目次页全部标注作者署名，是缺乏法律依据的，也是不科学的，同时侵犯了期刊的编排自主权。比如：中国科学院遗传研究所杨焕明教授领导的课题组2002年在《科学》杂志上发表的水稻基因的研究论文，有102位署名作者。[①] 如果将这102位署名作者全部在目次页标注，作者的署名将占去一整版；目次页的编排将十分凌乱，这样的署名方式是不堪设想的。在文章篇名下方显示全部署名，也存在同样的情况。

三 编辑加工修改稿件与作者修改权的协调对接

编辑加工修改稿件，是编辑日常的工作。而按照《著作权法》的规定，作品的修改权、保护作品完整权属于版权的内容，由著作权人享有。作者投稿，就是将稿件的使用与报社、期刊社发生法律关系，而不是与编辑发生直接的关系。《著作权法》第三十四条第2款明确

---

① 毛文明、徐晓泉、胡苗苗等：《学术论文署名小议》，载《温州医学院学报》2003年第4期。

规定:"报社、期刊社可以对作品作文字性修改、删节。对内容的修改,应当经作者许可。"编辑加工修改稿件体现在法律上就是报刊、期刊社的权限。编辑人员是报刊、期刊社的具体业务人员,是具体实施"文字性修改、删节"的人员。这就决定了:编辑加工修改稿件要以不侵犯版权人的修改权、保护作品完整权为限。

实践中,对于文章的修改问题,编辑存在两种常见的极端倾向。一是"武断专权型",即认为,到我手的文章就要唯我意志是从,就要听任我的摆布,从而导致"无限扩权",编辑按照自己的意志和意愿任意"修改"文稿,甚至改动了文章的原意,变更了文章的风格。正如有编辑从业者所指出的:"一些编辑在加工过程中,过分随意,超越了修改范围,在没有征得作者许可的基础上,或将自己的观点强加给作者,或删去作者的重要观点,从而破坏了作品的完整性,侵犯了著作权人的利益。"① 二是"自我设限型",即将自己限定为错字的修改,以及计量单位、标点符号、句读的规范,对于文稿内容的不当之处甚至错误,听之任之,消极应对,认为"文责自负",编辑对文章是无须承担责任的。

对于文章的修改问题,作者也有两种极端的倾向需要克服。一是"放手不管型",即认为文章有错误或不合适而需要修改,那是编辑的事,甚至提出"如果我什么都改好,还要编辑干什么","编辑不就是要帮作者改文章嘛",写文章是我的事,改文章是编辑的事,愿怎么改就怎么改,只是别烦我。二是"过度自我型",即认为我是我文章的版权人,我的文章很完美,其他人不能作任何改动,即使编辑也没有权利做任何修改,否则就是侵权。

上述极端倾向都是错误的。编辑和作者都必须摆正自己的位置。作品是作者的作品,作品的写作、修改的权利以及相应的责任都属于作者。编辑是文章的编者,主要是将作品以适当的方式编在合适的位

---

① 彭雪梅:《编辑工作中的版权问题及编辑版权职责的思考》,载《科技与出版》1999 年第 3 期。

置、栏目。编辑要对所编辑稿件承担编辑责任，对于稿件中的知识性错误必须予以指出和修正。实践中，一些编辑同人探索出了一些可行的做法：对于可以由作者自己修改的地方，可建议让作者自己去修改；对属于思想偏差的问题，要与作者联系交谈，视其是否愿意修正其观点，然后决定稿件的去留；对于纯属认识上、学习上的问题，而要本着诚意，提出后让作者自己进行修正，即"编辑应在修改文字不放过错误的前提下，鼓励作者自行修改，态度要诚恳，尽量争取作者的谅解"；"对于没有问题的一般保持原貌，可以不动的干脆不要动"。[1] 编辑加工应主要限制在文字上作适当的修改。作者作品观点、内容、结构若在编辑看来确有不妥，应提请作者修改，自己动手修改要取得作者的明确授权，并在事后认可。[2]

有论者总结了编辑加工整理原则：尊重作者，忌强加于人；改必有据，忌无知妄改；依据规范，忌滥施刀斧。[3] 没有作者愿意自己的文字被编辑和出版者删改，通常也不会有作者反对自己文字的美化处理，正常的人不会去痛恨帮助自己修正错误的人。因此，编辑应妥善处理好严格把关、尽心尽力加工润色稿件与尊重著作权人的劳动成果、保护作品完整权的辩证关系。一方面，编辑对于编发的文稿应当满怀激情地予以修改、加工，协助或帮助作者提高写作质量和水平；另一方面，编辑要注意与作者不断交流、沟通、协商，而不是将自己的观点强加于作者。

---

[1]　陈建林：《高校文科学报编辑素质修养与改稿》，载中国人文社会科学学报学会编辑委员会、学术委员会编《编辑工作现代化的理论与实践》，工商出版社 2002 年版，第265—270 页。

[2]　赖洁玉：《编辑工作的法律思考》，载《编辑之友》1999 年第 6 期。

[3]　范进德：《编辑案头无小事——编校中的耕耘与收获》，载《编辑学刊》2010 年第2 期。

四　期刊版面费与作者获得报酬权的协调对接

通常发表文章，在作者和出版者之间的金钱来往，存在稿酬和版面费。稿酬是出版者向作者支付的，版面费则作者向出版者支付的。稿酬应按什么标准支付？收取版面费是否合法？这两者与作者的获得报酬权又是怎样的关系？这些都是值得关注的问题。

（一）稿酬问题

《著作权法》第十条规定，著作权人可以"依照约定或者本法有关规定获得报酬"。据此，作者依法享有获得报酬的权利，而稿酬是作者获得报酬权实现的常见方式。国家版权局《出版文字作品报酬规定》（国权〔1999〕8 号）第三条规定："除著作权人与出版者另有约定外，出版社、报刊社出版文字作品，应当按本规定向著作权人支付报酬。"第十七条规定："报刊刊载作品，应在刊载后一个月内向著作权人支付报酬。报刊刊载作品，未与著作权人约定付酬标准的，应按每千字不低于 50 元的付酬标准向著作权人支付报酬。"取代《出版文字作品报酬规定》的《使用文字作品支付报酬办法》（2014 年 9 月 23 日国家版权局、国家发展和改革委员会令第 11 号发布）第二条规定："除法律、行政法规另有规定外，使用文字作品支付报酬由当事人约定；当事人没有约定或者约定不明的，适用本办法。"由此可见，在稿酬标准问题上，法律采用的"约定优于法定"的原则，即出版者与著作权人有约定的，按照约定；只有在没有约定时，才按照法定标准执行。

在期刊编辑业务中，必须尊重作者的获得报酬权，并且要按时足额发放稿酬；低于法定标准的稿酬，或者不发放稿酬的，应提前与作者协商一致。考虑到办公效率问题（一一协商既不现实也不必要），可在期刊的稿约中载明稿酬标准，以提前告知作者。在对稿酬标准已知或应当已知的情况下，作者进行了投稿，可视为作者接受这一稿酬标准。同时，需要指出的是，不支付稿酬，并不意味着就侵犯了作者的获得报酬权。因为，版权人对自己的包括获得报酬权在内的版权享有完全的权利，放弃权利是权利的行使方式之一。因此，只要不支付报酬的行为是作者同意或接受的，就不存在侵权的问题。

（二）版面费问题

版面费，又称发表费或出版费，一般是指学术期刊编辑出版部门刊用稿件时向作者收取的费用。目前不少学术期刊收取版面费。《著作权法》规定了著作权人的获得报酬权，而版面却是向作者收费。由此产生的一个问题就是：版面费是否合法，作者的获得报酬权是否足以否定版面费的合法性？这在实践中，是一个颇有争论、见仁见智的问题。对此问题本书第四章还将做专门的探讨。

笔者认为，凭借获得报酬权，不能否定版面费的合法性。就法律性质而言，收、交版面费属于期刊（编辑部）与作者双方的合约行为。其实，《著作权法》是关于著作权的，不是关于期刊出版的，更不是关于期刊出版单位经营的法律，其更多地关注和规定作者的著作权，完全在情理之中。但《著作权法》并没有禁止期刊收费。《著作权法》作为民法的组成部分，民法的基本精神独立、自主、契约自由，很大程度上在著作权领域也是适用的。著作权是作者的"权利"，作为"权利"，权利人有权行使，亦有权放弃。就如同物权，法律保护物权，并不意味着你不能处分你的财产。一些作者交纳版面费，类似于一个企业为了打开市场，愿意免费送上自己的产品，并对试用者给予一定的礼品馈赠，你不能说企业的财产权没有得到保障。每一个作者都平等地享有著作权，但不意味着，每一份著作（作品）都是等值的，作者享有著作权，不是每一件作品在学术价值上是等值的。作者可以待价而沽，期刊也可以量力而为。

从现实来看，并不是所有的期刊都收费，即使收费的期刊也不是对投向该刊的任何一篇稿件都执行收费，或者对每一篇稿件都按照同

样的标准在收费。期刊与作者之间在法律上是平等的关系。期刊可以
收费，作者也有权要求稿酬。对于收费和稿酬达不成一致意见，双方
都可以再另外找各自合意的合作伙伴。期刊社可以拒绝作者，作者也
可以拒绝其不认同的任何期刊，写稿人和用稿人双方之间是一个双项
选择的关系。作者如果不愿意交纳版面费，绝对可以不交，作者完全
可以选择那些不收费甚至稿酬高的刊物投稿。

　　综上所述，笔者认为按照《著作权法》的规定，作者享有获得报
酬权，稿酬是作者获得报酬权的通常表现形式；稿酬标准问题上，约
定优于法定；期刊发放的稿酬低于法定标准，以及拟收取版面费，应
提前告知作者，并与作者协商一致。

五　引文标示规范化与版权合理
使用制度的协调对接

　　引文是期刊论文的一项重要内容。期刊编排规范化要求对引文标示
也必须规范化。目前的一些规范如 GB/T 7714—2015《信息与文献 参
考文献著录规则》（取代原 GB/T 7714—1987 和 GB/T 7714—2005）、
《中国高等学校社会科学学报编排规范》（修订版）、《中国高等学校自
然科学学报编排规范》（修订版）、《中国学术期刊（光盘版）检索与评
价数据规范》等对于引文规范化起到了至关重要的作用。

　　其实，引文标示规范化，不只涉及期刊编排规范和学术规范，同
时涉及版权保护。学术和知识是在传承中不断推进的，学术论文写作
往往要不同程度地借鉴、引用已有的成果。从推动知识传承和发展而
言，引用已有成果不仅是必要的，而且是必需的。而对已有成果的版
权又必须保护，为此，法律规定了版权合理使用制度。根据《著作权
法》第二十二条的规定，为介绍、评论某一作品或者说明某一问题，
在作品中适当引用他人已经发表的作品，属于版权合理使用的范畴，
可以不经版权人许可，不向其支付报酬，但应当指明作者姓名、作品

名称，并且不得侵犯版权人依法享有的其他权利。

引文标示规范化与版权合理使用制度的出发点不同，相互间也有一些不尽一致的地方。比较而言，版权保护是更具根本性的、实质性的价值目标，而与之相比，引文规范则属于形式化、外在化的要求。外在和形式应服从和服务于目的，因此，要实现两者的协调，就应按照版权合理使用制度要求审视现有的规范，建立以版权保护为目标的引文标示规范，乃是尊重所有作者版权、防止刊发文章侵犯先前文章作者版权的有力举措。新闻出版总署《关于进一步加强学术著作出版规范的通知》（新出政发〔2012〕11号）明确规定："引文、注释、参考文献、索引等是学术著作不可或缺的重要组成部分，体现了学术研究的真实性、科学性与传承性，体现了对他人成果和读者的尊重，是反映学术著作出版水平和质量的重要内容，必须加强出版规范，严格执行国家相关标准。""引文是引自他人作品或文献资料的语句，对学术著作的观点起支持作用。引文要以必要为原则，凡引用的资料都应真实、详细、完整地注明出处。"这对于期刊引文规范的建立具有指导性意义。

《信息与文献 参考文献著录规则》（GB/T 7714—2015）"3 术语和定义"部分，对"专著"所给定的定义为："以单行本或多卷册（在限定的期限内出齐）形式出版的印刷型或非印刷型出版物，包括普通图书、古籍、学位论文、会议文集、汇编、报告、多卷书、丛书等。"这种定义方式显然是对专著、文集、编著等不作区分。"4.1 专著"关于"著录项目与著录格式"的规定中，也不允许表明"著"或"编"等字样。《中国高等学校社会科学学报编排规范》（修订版）、《中国学术期刊（光盘版）检索与评价数据规范》也都不作区分。实际上，作品的形式是多样的，享有的权利也是有别的。现有的规范，强行划一是偏离实际的，也存在不符合版权保护要求之处。笔者认为，应区分以下词汇：著、编著、编、主编、总编、编审、组编等，并规范这些词汇的用法（就此，笔者拟另撰文辨析）。在引文标示时表明他们的差异，不同的词汇，表达和折射着不同的含义，也承载着不同的责任。比如引用的是某汇编作品中的某篇独立享有版权的文章，著者是思想观点的提出者，而编者可能只是思想观点的汇集人，而不是观点的提出者。做出明确的区别性标示，不仅体现了对版权的保护，而且也体现了学术研究的规范性。就这一点而言，《中国高等学校自然科学学报编排规范》（修订版）的规定是值得肯定的。《中国高等学校自然科学学报编排规范》（修订版）对著作类文献给出的示例区分了"著"和"主编"（对著者省略"著"字，但对编著则标明"主编"字样），涉及论文集的析出文献时对整本论文集的责任者也注明了"主编"字样。如：

竺可桢. 物候学. 北京：科学出版社，1973.

霍夫斯塔主编. 禽病学：下册. 第7版. 胡祥壁译. 北京：农业出版社，1981. 798—799.

张全福，王里青."百家争鸣"与理工科学报编辑工作. 见：郑福寿主编. 学报编辑论丛：第2集. 南京：河海大学出版社，1991：1—4.

笔者认为，在建立和推行以版权保护为目的的引文标示规范时，应尤其注意以下事项：

1. 如果引用的是翻译作品等演绎类作品，则必须注明演绎作品的版权。演绎作品是指改编、翻译、注释、整理已有作品而产生的作品。我国《著作权法》第十二条规定："改编、翻译、注释、整理已有作品而产生的作品，其著作权由改编、翻译、注释、整理人享有，但行使著作权时不得侵犯原作品的著作权。"可见，演绎作品和原作品一样，都是独立的受保护的版权作品。对于演绎作品的引用，必须标明演绎作品的版权事由。实践中，不标注"译者"的现象较为普遍。"译著"是经由原著产生的演绎作品，其是一项单独的作品，译者对译著享有独立的版权。实际参考引用的是译著而非"原著"却不标明译者的行为，不仅是学术研究不规范不严谨，同时也是对译者版权的漠视；当然，这也可能是写作者不懂规范和版权保护的要求所致。不论哪一种情况，作为编辑应做好导引工作，引导作者规范标注引文。

2. 如果引用的是合作作品和汇编作品，应区分情况，作出合理标注。

（1）合作作品是指两人以上共同创作的作品。合作作品可以分为可以分割的合作作品和不可分割的合作作品。对于可以分割的合作作品，作者对各自创作的部分单独享有著作权，当引文涉及这一部分专属于该作者的部分时，应专门标出该作者和该部分作品的文献名，再载明出处为宜。如：张某某和王某某合作出版的论文集，收录了两人各若干篇论文，现在引用了论文集中张某某的某篇论文，应首先指明张某某和论文的名称，再指明该文的出处为张某某和王某某的论文集。同理，对于合作的专著，也照此处理为宜。

（2）汇编作品可区分为集合作品和事实汇编。"集合作品是指期刊、选集、百科全书一类的作品。在这类作品中，有一系列单独享有版权的原创性作品，如单独的文章、词条等。同时，当这些作品经过选择、编排而汇集在一起时，又在整体上构成了一部可以受到保护的集合作品。可以说，集合作品就是将单独享有版权的作品汇编在一起而形成的作品。""集合作品的版权产生于对文章、词条的选择和编排，不及于具体的构成部分。"而事实汇编，则又称数据汇编，"是将不受版权保护的事实或数据汇集在一起而形成的作品"。[①] 事实汇编与集合作品的区别在于，事实汇编的构成部分，不享有版权；而集合作品的构成部分则享有独立的版权。因此，在引用了集合作品某一构成部分（即单独享有版权的原创性作品的部分）而进行引用标注时，既应标出该构成部分的作者和文献名，也应标明集合整体的版权人和文献名称。

实践中，对于期刊类汇编作品，基本做到了全面标示，既标明了

---

① 李明德：《美国知识产权法》，法律出版社 2003 年版，第 159 页。

作者与文章名称，又标明了文章出处的期刊名称及期刊的出版年份及刊次。期刊文章应注意的一个问题是，应准确全面标注期刊的版别版次，因为版别版次不同，其要么是不同的期刊，要么是同一期刊的不同刊次。不标注版别，可能导致意欲所指的刊物和实际上所指不同。如：引用《河北经贸大学学报（综合版）》，不标注"综合版"字样，仅标注《河北经贸大学学报》，就会造成"指鹿为马"，因为《河北经贸大学学报（综合版）》和《河北经贸大学学报》属于两份不同的刊物，二者有着各自独立的刊号。再如河北师范大学有三份学报，分别为《河北师范大学学报（哲学社会科学版）》《河北师范大学学报（教育科学版）》和《河北师范大学学报（自然科学版）》，如果不标版别，仅写《河北师范大学学报》，实际上是错误的标注，法律上根本不存在一个叫作《河北师范大学学报》的刊物。再如《公关世界》为半月刊，分为上半月刊和下半月刊，如果对此不标明，仅标注"6月号"，将无从得知是上半月刊还是下半月刊。

　　以上几个问题的看法，是笔者初步思考的总结，希望能对编辑业务中正确理解和执行版权保护，有所裨益。

第三章

编辑出版业务中的署名及署名权*

本章内容提要：在编辑出版业务中，必然要面对和处理作品的署名问题。真正参与创作的人有权利在作品上署名，没有参与创作的人不得署名。依此，论文的作者并不必然是执笔人，课题组成员不必然是合作作者。署名方式、署名变更、署名次序及引文标示，都涉及署名权问题。编辑出版工作者应严格依照法律规定和执行学术规范，以推动学术传统的养成。

本章关键词：作者；署名权；署名方式；署名次序

在编辑出版业务中，必然要面对和处理作品的署名问题。署名问题既关涉署名者本人，又关涉他人，还关乎学术和文化的发展与传承。编辑出版业务必须不折不扣地执行法律规定，并且应当认认真真地执行学术规范，以推动学术传统的养成。下面，笔者对编辑出版中常见的署名权问题做一初步的梳理和探讨，以就教于前辈和同人。

一 作品署名权的归属问题

谁创作的作品谁署名，是一个基本的常识，也是落实和保护作者知识产权的基本要求；不是自己创作的作品不能署名，是从事科研活

＊ 本章曾以《编辑出版业务中的署名权问题》为题，发表于《石家庄铁道学院学报（社会科学版）》2008 年第 4 期。

动起码的学术道德准则。署名权应由作者、视同作者的法人或非法人单位享有。

（一）作者身份的界定

一般认为，作者就是执笔写作的人。然而，实际上"作者"不等于"执笔人"，"执笔人"也不等于作者。"执笔人"是指直接动笔或者敲打电脑键盘打字或类似方法把思想、观点、看法诉诸文字等可视形式的人员。"作者"身份的确定，依据的是参与"创作"的事实。我国《著作权法》第十三条规定："两人以上合作创作的作品，著作权由合作作者共同享有。没有参加创作的人，不能成为合作作者。"从普遍性和确定性上讲，"创作"就是指署名作者自己构思和表现文学、艺术、科学等作品的精神生产活动。① 通常认为，所谓"创作"，是设计并完成文学、艺术、科学作品的行为，"是指直接产生文学、艺术和科学作品的智力活动。为他人创作进行组织工作，提供咨询意见、物质条件，或者进行其他辅助工作，均不视为创作"。（《著作权法实施条例》第三条）这就要求合作人对共同成果的完成做出了实质性的贡献。"参与创作"的形式不止"执笔"一种。在共同创作中，有几种通常的方式：一是几个人一起研究、磋商，确定创作的思路、方法、创作成果的最终观点以及形成最终观点的论述理据和阐释文章思想的内在理论的选取，等等，然后由一人负责具体执笔；二是几个人分头执笔写作，然后汇总探讨，再交由一人润色或多人共同润色加工；三是几个人共同选题确定合作，然后确定一人执笔起草，另外有人审阅修改定稿；四是几个人分工合作，有人确定研究路径和形成结论，有人专职负责观点的表达。不管是怎样的合作形式，不管以什么样的"创作"方式参与，只要是确实参与了"共同的创作活动"就可以构成作者，就享有作者应享有的署名权，就享有署名为作者的权利。如果"执笔人"在论文表述中所做贡献较大从而有必要指出"执

---

① 曹世华：《版权理论中的创作概念》，载《法学研究》1997 年第 6 期。

笔"的所属，则可以写明"执笔人：某某某"，但这并不表明只有执笔人才是论文的作者。

"执笔人"不等于作者，"作者"也不必然就是"执笔人"。具体如何署名，编辑出版业务中应尊重"作者"的意愿，保存好投稿时的原始稿件。

（二）法人作品的署名权问题

依据我国《著作权法》第十一条第 3 款规定："由法人或者其他组织主持，代表法人或者其他组织意志创作，并由法人或者其他组织承担责任的作品，法人或者其他组织视为作者。"由此看出，构成法人作品的要件有三：一是必须由法人或者其他组织主持（"主持"，即在人、财、物等方面，由法人或其他组织主持，如召集人员、投资、进行相应的管理等）；二是作品必须代表法人或其他组织的意志，即作品表达的意思是法人或其他组织的意思；三是作品产生的责任（包括投资的风险）必须由法人或者其他组织承担。法人作品的作者是单位，单位内具体实施创作的职工个人不是作者，不享有版权。因此，对于法人作品，署名权属于法人单位，创作者个人是没有署名权的。

二　署名的方式问题

有人主张"署名必须用真名，不得用化名、笔名和假名，以示文责自负"。[①] 这一观点背后的基础是对署名权意义理解的偏差，即有人所认为的论文署名"其意义不仅是体现作者通过自己的辛勤劳动所应获得荣誉，更重要的是体现作者的责任"。著名生物学家张香桐教授的精辟概括"署名 = 负责任"是坚持这种观点的有力论据。张香桐教

---

① 顾琳、汪时美：《学术论文署名的严肃性》，载《江苏科技大学学报》（自然科学版）2006 年第 2 期。

授曾说过"在科学研究中，研究者在自己的论文和实验报告上签上自己的名字，只能是这种责任的解释，这是唯一的科学的解释。所谓责任，一种是要负法律责任。另一种是要负学术责任"。① 这种观点甚至可以找到规范依据，如《高等学校哲学社会科学研究学术规范（试行）》（经教育部社会科学委员会 2004 年 6 月 22 日第一次全体会议讨论通过）第（十四）条规定："学术成果的署名应实事求是。署名者应对该项成果承担相应的学术责任、道义责任和法律责任。"但笔者认为，这里的"实事求是"，并不意味着署名必须为户籍登记的姓名，对于"鲁迅"的熟悉远大于"周树人"，但我们不能说在作品上署名"鲁迅"就不是"实事求是"。

科研成果的发表还应遵循科研规范。科技部《科研活动诚信指南》第四部分"学术写作与学术出版"中的第（二）部分"成果署名"中明确规定："只有符合作者或成果完成人身份要求者享有署名权。应当避免不该署名者署名，或该署名者没有署名等情况。任何人不应当在其未参与实际研究工作的成果上署名。"同时对科研人员提出如下要求：

1. 署名者应当是对概念构思、研究设计、数据获取、数据分析和解释等做出了实质性贡献，或起草、修改了手稿中的重要内容，并能够对研究结果负责的人。提供研究经费、实验条件、样本、标本或难以公开获得的资料的人员，或仅提供了一般性管理、语言翻译和文字润色等辅助性劳动的人员，不应当署名为作者或成果完成人。

2. 所有作者或成果完成人均应当事先审阅并同意发表任何有其署名的成果，并对其中自己所完成或参与的部分工作负责。

3. 合作研究产生的作品或成果的署名顺序，一般应当由所有

---

① 毛文明、徐晓泉、胡苗苗等：《学术论文署名小议》，载《温州医学院学报》2003年第4期。

作者或成果完成人共同决定，通常应当按各自对成果所作贡献大小排序。也可以按照学科的署名惯例或合作者之间的约定安排署名顺序。

4. 对于不具有在成果上署名的资格，但对研究工作有所贡献或帮助的个人或组织，应当在发表物中说明他们的贡献和帮助并致谢。

5. 不应当以增加自己发表作品、参与项目或获得奖励的数量为目的，与导师、同事、同学、学生等在各自所完成的作品或成果上互相署名。

6. 在发表或公布成果时，不得冒署他人姓名，即为了提高作品或成果的发表、出版、获奖机会等目的，擅自将他人列为作者或成果完成人。

7. 对于在研究中做出符合作者或成果完成人身份要求的贡献者，除本人要求或有保密需要者外，不能以任何理由剥夺其署名权。对于其中丧失行为能力或去世者，仍然应当被署名为作者。

笔者认为，署名权通过对"著作权人"的"权利"的设定，在于要保护一种法律关系，这种关系就是作品与署名之间的真实关系；他人只能保持和尊重这种关系，而不得破坏或割裂这种关系。我国《著作权法》第十条第 2 项指出"署名权，即表明作者身份的权利，是作者在作品上署名的权利"。由此可见，署名权的实质是著作权人有权在自己创作的作品上注明自己的名字、名称的权利。署名权是一种权利而不是义务或责任。无论是"权利"的本性（权利人可以行使权利或放弃行使权利）还是要保护一种真实法律关系来理解，就不难得出，署名权包括作者在自己的作品上署名或不署名两方面的权利，可以通过署真名、笔名、假名、艺名、网名或不署名的方式实现。所有经由编辑出版而发表的作品，都涉及作品的署名。编辑人员在编发文稿时一定要尊重作者的任何署名方式，弄清作者用真名、假名，还是匿名方式发表自己的作品，切不可将作者因特殊原因以笔名、匿名、假名创作的作品以作者真名发表，更不能以自己的意志强迫作者必须用真名发表。正如有论者主张的："作者署名是作者的权利，怎样署名完全是自己的自由""署名自由是一个人的基本权利，任何人都不能也不应该干涉，所以提倡写书评、搞争鸣时用真名，只能求助于高尚学术道德的养成和良好学术规范的建设。限制只能是提倡，而不能是强制。"①

三　"课题制"科研论文的署名权问题

进行科研项目的研究往往形成课题组，那么对于作为课题制科研成果的论文的发表就涉及课题组成员的地位问题。课题组成员是否必然是论文的合作作者。笔者认为应根据科研的实际情况，确定论文的作者范围。在分工合作的课题组内，单独完成部分科研成果的课题组成员，在无相反约定或要求的情况下，有权将自己独立完成的部分撰写成文独立发表。这时作者是单一的，而不是"复数"的。对于仅仅"进行资料收集并做统计处理"而"没有参与论文的撰写和修改"的人员，可将其列为"课题组"成员，表明其对于论文写作的贡献，而不是必然要将所有的课题组成员统统列为作者。论文写作与课题研究并不是完全相同的事情。正如有学者已指出的：人们往往把科研成果和学术论文混为一谈。实际上只有自始至终参加了科研活动，又参加了论文撰写的人才是论文的合法署名人；而科研课题的设计者、科研过程的始终参加者乃至科研指导人，则不一定是论文的撰写者及够资格的署名人②。作品的创作，实际上是在科研成果基础上的再创造。

---

① 陶范：《署名杂记》，载《编辑学刊》2003 年第 4 期。
② 李法惠：《作品署名中的不正之风及其预防》，载《科技与出版》1999 年第 6 期。

作品须以研究成果为基础，但成果毕竟不等于作品①。《科学技术报告、学位论文和学术论文的编写格式》（国标 GB7713—1987）明确规定，在学术论文的正文前，"署名的个人作者，只限于那些对于选定研究课题和制定研究方案、直接参加全部或主要部分研究工作并做出主要贡献，以及参加撰写论文并能对内容负责的人，按其贡献大小排列名次。至于参加部分工作的合作者、按研究计划分工负责具体小项的工作者、某一项测试的承担者，以及接受委托进行分析检验和观察的辅助人员等，均不列入。这些人员可以作为参加工作的人员——列入致谢部分，或排注脚"。这一规定是较为科学的。当然，课题组作为非法人单位也可以作为作者。

四　关于"非作者"署名的问题

我国《著作权法》第十三条规定"没有参加创作的人，不能成为合作作者"。《高校人文社会科学学术规范指南》第5.3.1条规定："个人发表学术论著，有权按照自己意愿署名。没有参与论著写作的人，不应署名。不应为了发表论文随意拉名人署名；主编、导师没有参与论文写作，又没有直接提供资料和观点，不应要求或同意署名。"然而现实中，一篇文稿多人署名的风气日涨，"非作者"在作品上署名以"作者"身份出现的情况相当普遍。"非作者"署名的情况大体有两种情况：

（一）非作者"主动"署名

由于制度上的因素，目前"学术成果"在晋升职称、攻取学位以及获奖、加薪等方面都有着十分重要的作用。现实中，有些人出于实

---

① 田海明、黄和平：《谈谈作品署名中的有关问题》，载《安徽大学学报》（哲学社会科学版）1998年第6期。

现个人某一目标的需要,千方百计地找他人的论文署名。但对于谁有作品将要发表,作者以外的人往往并不知情。于是,一些人"非常聪明"地想到通过编辑人员了解将要发表论文的作者的情况,甚至意欲通过编辑人员与作者协商"加名"。遇到这种情况,编辑人员应坚决予以回绝。此外,编辑人员自己更不能弄虚作假,擅自在作者作品上署名或利用编发文章的职务之便强行要求署名。对来稿进行润色加工是编辑的职责所在,因此编辑人员不能在作品上以作者身份署名①。

(二) 作者主动为"非作者"署名

作者主动为"非作者"署名的一种典型表现形式是:一些不知名的、尚未出道的"小人物"担心自己的作品不被重视、得不到发表,特意将所谓的专家学者的名字署在自己的作品之上,希望凭借"大人物"的虎皮(名望)能将自己的作品发表。有些编辑人员在编发作品时特别注重作者的身份和名气,审稿时先看作者身份,这与"小人物"的"借名"发表成果不能不说存在一定的关联,甚至可以说属于诱因。面对这种情况,就要求我们出版编辑工作必须实行匿名审稿制,坚持以质取稿,摈弃以人定稿的做法。

对于两人或两人以上作者署名的作品,责任编辑应当认真核实,以免文稿在辗转审阅的过程中在真正的作者不知情的情况下衍生出其他"非作者"的署名来。再有,如果"非作者"要求在作品上署名经作者同意的,或者作者在作品上署了"非作者"的名字事先征得了"非作者"允许或事后"非作者"表示同意的,出版编辑部门不必过分干预。出版编辑部门可以通过《投稿须知》告知署名的正确方式,引导作者正确行使署名权。

---

① 刘友朋:《学报编辑工作中的著作权问题》,载《河南大学学报》(社会科学版) 1998 年第 2 期。

五　合作作品的署名次序问题

作者署名先后顺序是合作作品必然要遇到的问题。合作作品是指两人以上合作创作的作品。合作作品的作者是两人以上，署名顺序不可回避。理论上讲，具有合作作者身份的作者享有同等的署名权，如何行使署名权包括署名的顺序如何排列，应由合作作者协商，任何一方不得擅自行使，编辑人员也无权过问和干涉。一般认为，由于作者署名的先后往往关系到作者应得的报酬、荣誉的分配及社会评价等论文作者的署名顺序，因此应该按照作者对论文写作贡献的大小排列。署名顺序已成为合作作品的署名权问题上最敏感的问题，也是较常发生纠纷的问题。中国科学技术协会《科技工作者科学道德规范（试行）》第十二条规定："合作完成成果，应按照对研究成果的贡献大小的顺序署名（有署名惯例或约定的除外）。署名人应对本人作出贡献的部分负责，发表前应由本人审阅并署名。"《高校人文社会科学学术规范指南》第5.3.2条规定："合作论著应联合署名，署名次序应按对论著的贡献排列，执笔者或总体策划者应居署名第一列，不可按资历、地位排列次序。贡献大致相同者也可按音序或笔画排列，由于承担义务和权利与署名排序有关，不按贡献排序时，需要明确说明，在这种情况下，署名人均可按第一顺序呈报成果。学位论文作为专著出版时，应由完成者署名，导师的观点和指导作用可在书中相关部分用注释或在前言、后记中说明。师生合作的论文视所起主要作用决定署名先后。学生听课后协助导师整理的讲稿，不应要求署名，更不可未经导师许可，用自己的名义发表，其整理的功劳可在相关处由作者说明。署名者必须对成果承担相应的学术责任、道义责任和法律责任。"这些规定为合作作品的规范署名提供了依据，但实践中仍不乏署名顺序的争端。

《最高人民法院关于审理著作权民事纠纷案件适用法律若干问题

的解释》第十一条规定："因作品署名顺序发生的纠纷，人民法院按照下列原则处理：有约定的按约定确定署名顺序；没有约定的，可以按照创作作品付出的劳动、作品排列、作者姓氏笔划等确定署名顺序。"当多位合作作者都争当第一作者或者对署名顺序意见不一致时，作为编辑没有义务去调查甄别①；同时，无论是编辑出版单位还是编辑人员个人都没有权力对作品的署名顺序作出"裁断"或"决定"而自行对诸位作者排序。可行的方案是，建议作者按照上述司法解释的规定协商解决合作作者协商一致后，编辑出版部门再行安排发表。

六　"通讯作者"标注问题

在期刊标注"通讯作者"，在我国基本上还属于新鲜事物。标注"通讯作者"表面上是要与国际接轨，其真正的动因却是利益驱动使然。

从笔者的观察来看，"通讯作者"的标注在我国已严重变异而成为一个"怪胎"。一些科研管理部门，在进行科研成果的考评时将"通讯作者"视为"第一作者"。其实第一作者也属于一个怪胎，因为从法律上讲，所有合作作者的法律地位是平等的。但在一些考评时特别强调第一作者，不是进行科研成果的质量考量，而是进行数量的计算。不是对科研成果计分，而是按人头计分。比如第一作者计满分，第二作者按1/2计分，第三作者按1/3计分。这样的结果是，假如存在同样质量的两项成果，其中一项为一个人独立完成，另一项为多个人共同完成或共同署名，那么二者计算的分值是截然不同的。一个人独立完成的成果，只能计分一项。而多人完成的，可以累加计分。比如一人独立完成的成果，计1分；多人完成的，就可以给第一

---

① 马敏峰、施业、熊水斌：《科技期刊编辑实践中常见的著作权问题剖析》，载《编辑学报》2003年第3期。

作者计 1 分，给第二作者计 0.5 分，第三作者计 0.33 分，第四作者计 0.25 分……这样，参与完成的人越多，计分越多。这也给那些"挂名"行为提供了制度便利。如果在你的成果上挂名对你的考评计分没有影响，你还可以送出一份甚至多份人情（或者不得罪人），挂名无疑是理性的选择。不允许挂名，你会得罪人，给你带来负收益。如此的制度设计，让成果的真正完成人难以理直气壮地拒绝"挂名"要求，也让那些有挂名需求的人肆无忌惮、底气十足地提出"挂名"主张，因为挂了我的名也不影响你的计分。

　　将"通讯作者"等同"第一作者"带来的结局是极其可怕的。除了第一作者外，所谓的通讯作者也可以享受与第一作者同样的"待遇"。当一篇作者又有通讯作者时，这篇文章的计分无疑实现了大跃进，可谓你好我好，第一作者和通讯作者都得满分，相得益彰，皆大欢喜。这样的好事，当然要发扬光大，自然也适宜扩大成果，于是有的文章在第一作者外开始有两位、三位甚至更多的通讯作者，美其名曰"共同通讯作者"，好不热闹，真是"你好，我好，他也好，大家都好"，每个人的计分都是满的。各个科研满分，却实实在在只有一篇文章。许多人的聪明才智在这方面都发挥得淋漓尽致。这也难怪，制度使然，所以业内有人私下评论说，如果不是考评者的脑袋被驴踢了，怕是难以想出如此的高招。

　　"通讯作者"从字面和本意来讲，就是一个稿件的通讯人、联络人而已。现在居然演化为一种不得不注重的身份。笔者建议，一概不标注"通讯作者"，就此做个了断。

七　署名事项的变更问题

　　在稿件编发过程中，编辑人员经常会遇到变更稿件署名的情况。包括：（1）变更合作作者中的某一作者的署名，如由原来的"甲某"变更为"乙某"；（2）增加或减少合作作者的署名，如起初署名是两位作者，后要求追加一个署名，或者相反；（3）变更合作作者的署名顺序，包括第一作者与其他合作作者顺序的变更以及第一作者之外各作者顺序的改变；（4）变更作者的署名单位或署名职称或学位等。

　　作者单位、职称、学位变动（如投稿以后作者工作调动、晋升职称、求学深造、获得学位等）引起的相关变更，属于正常的事实变化引起的表述变更，编辑出版部门无疑应该基于配合和协助，据实作出更改。而对于其他的变更署名的要求，编辑人员一定要慎重。可以在《投稿须知》中规定出版物在录用稿件时以最初原稿的署名情况为主，如有变更，须提交全部作者亲笔签名的书面材料及作者所在单位的书面证明，以免产生不必要的版权纠纷。

　　此外，编辑人员务必注意不能因自己编排、校对中的疏忽而出现作品署名的"变更"①。从期刊编辑实践来看，不仅有一些作者提出一些不合理的变更要求，而且也确有编辑人员在不经意间变更了作者的署名事项。如某 A 高校的教师甲某在 B 高校攻读博士学位，其投稿时标注的自我介绍是"甲某……，讲师，B 高校博士研究生……"，编辑人员在稿件编校时将其改为了"甲某……，B 高校讲师，博士研究生……"。后 B 高校在审核甲某论文时认为，甲某并不是 B 高校的讲师却标注为 B 高校的讲师，存在学术诚信问题。这种情况是期刊编辑从业人员应当特别予以关注的。

八　有关署名的数量问题

　　有些编辑出版单位对论文作者署名的数量作了限制，如在《投稿须知》中规定"论文署名不宜过多，一般不宜超过 5 人"。有人认为

---

① 张秀：《署名小议》，载《报刊之友》2000 年第 4 期。

这种规定的合理性值得商榷①。随着科技的高速发展，现代科学研究呈现出了规模化和复杂化的特点，这就要求科研人员必须适应大科学时代对科研工作的要求，不仅要有独立科研的能力，而且还要有协作精神，合作已成为现代科研的一大趋势。作为编辑出版部门，应该顺应科研发展的趋势，而不能逆向行事——硬性限制作品署名的人数，这样的结果可能与科研规律相悖，还可能会侵犯真正参与了合作创作作者的署名权。原则上讲，只要具备作者条件，就享有署名权，有多少作者，作品上就应署多少名。笔者认为，在当前论文署名失真现象相当严重的情况下，只要不是强制性限制署名人数，作为倡导性的建议，适当限制署名人数，无可厚非，且具有一定的积极意义。

九　论文中的引文涉及的署名权问题

论文中涉及的引文必须按照相关的法律规范和学术规范，作出规范的标示。根据《著作权法》第二十二条的规定，为介绍、评论某一作品或者说明某一问题，在作品中适当引用他人已经发表的作品，属于版权合理使用的范畴，可以不经版权人许可，不向其支付报酬，但应当指明作者姓名、作品名称，并且不得侵犯版权人依法享有的其他权利。《高等学校哲学社会科学研究学术规范（试行）》对"学术引文规范"有明确的规定："引文应以原始文献和第一手资料为原则。凡引用他人观点、方案、资料、数据等，无论曾否发表，无论是纸质或电子版，均应详加注释。凡转引文献资料，应如实说明。"上述规定要求切实尊重被引文献作者的著作权（包括署名权在内）。中国科学技术协会《科技工作者科学道德规范（试行）》第五条规定："进行学术研究应检索相关文献或了解相关研究成果，在发表论文或以其

---

① 毛文明、徐晓泉、胡苗苗等：《学术论文署名小议》，载《温州医学院学报》2003年第4期，卷首。

他形式报告科研成果中引用他人论点时必须尊重知识产权，如实标出。"

我们经常在一些文章中看到"有专家认为……"或者"有学者认为……"，但这些专家学者到底是谁，如果论文中不作明确的标注，读者往往不知所云，同时对被引的作者显然也没有给予应有的尊重，尤其是所提到的专家学者的观点是直接引用（以"……"形式出现）时，就更有必要做出清楚明白的交代了。我们不否认模糊处理，在特定的情况下是必要的，但就常态的学术研究而言，是不应当的，也是不规范的。

在业务实践中，编辑出版工作者严格按照相关的法律规范和学术规范，积极推行引文标注的规范化，这不仅有助于保护被引文献作者的署名权，更为重要的是这将有助于养成良好的学术氛围。

十　结语

鉴于作品署名权有多种情况，可在《投稿须知》或《稿约》中明确约定：

（1）署名的作者应为参与创作，对内容负责的人，署名作者的人数和顺序由作者自定。合作作品应附有由全部作者亲笔签名同意发表且同意署名顺序的书面材料①。

（2）课题制科研论文，请在投稿时附科研立项证明材料，并写明以个人作品还是课题组作品形式发表。

（3）本刊录用稿件，以最初原稿的署名情况为主，如有变更，须再次提交前述材料及作者所在单位的书面证明。

（4）引用他人文献，不论是借鉴还是批评，都应按照《著作权法》、有关学术规范和本出版物的编排规范，详加标明。

---

① 　金铁成：《科技期刊稿约应包含的著作权条款》，载《编辑学报》2003 年第 2 期。

（5）为便于稿件通联，本刊要求来稿有联系人及联系方式，但期刊上不标注"通讯作者"字样，敬请理解。

当前在现实中，正当的署名权行使受到了各种因素的不当干扰，署名与作者不相符合现象在很大程度上呈普遍化趋势。要维护学术的传统，保护真正的创作者的合法权益，需要方方面面的努力。编辑出版界应进一步强化版权意识，弘扬严肃认真的学术风气，为学术进步、知识增长、版权保护做出有价值的贡献。

第四章

期刊收取版面费的法律性质探析[*]

本章内容提要：学术期刊收取版面费是客观现实的产物。整体来看，期刊收取版面费属于合理合法的收费。从现有规定看，有关法规政策文件支持期刊收取论文版面费，《著作权法》不构成否定"版面费"的依据；就事务的本质而言，是否收取版面费完全属于期刊出版部门自主办刊范畴内的事务；就法律性质而言，收、交版面费属于期刊出版部门与作者双方意思表示一致而达成的合约行为；从科研流程来看，学术期刊充任着科研信息载体的作用，收取版面费符合有偿服务的原则。

本章关键词：学术期刊；版面费；合法行为；合约行为

期刊收取版面费是学术界和编辑出版界讨论的一个热点问题。有理解、支持和推崇者，也有反对、愤怒和抨击者，甚至有人斥之为犯罪。实践中亦是有人趋之若鹜，有人义愤填膺。收取版面费是否合理合法一直是讨论中的一个焦点问题。本章拟就学术期刊收取版面费的法律性质作一探析。

一 "版面费"的含义及由来

版面费，通常是指期刊编辑出版部门在录用刊发稿件时向作者收

* 本章内容曾以《学术期刊收取版面费的法律性质探析》为题，发表于《河北师范大学学报》（哲社版）2012 年第 6 期。

取的费用。因其发生于稿件的发表环节，故又称发表费或出版费。毋庸讳言，目前相当数量的学术期刊存在收取版面费的情况，偶尔也有以"订刊费""资料费"等形式出现。

我国目前版面费的由来，大致可从两个方面加以说明。一是经济转型为期刊收费提供了内在需求。学术期刊自身的性质决定了其基本无法产生经济效益，而在计划经济向市场经济转型的时期，主办单位又对学术期刊的经费大都存在投入不足的问题，于是收取版面费成为了解决经费缺口的可行途径。二是"版面"市场的发展为期刊收费提供了现实可行性。随着我国教育和科研的迅猛发展，科研队伍的逐步增大（尤其研究生扩招极大地壮大了写稿作者的队伍），科研论文数量为之激增，致使学术期刊的稿源供大于求，从而将学术期刊推到了"卖方市场"的地位，收费成为许多人可以接受甚至乐于接受的现实。

目前我国学术期刊收取作者的版面费，大约始于 20 世纪 80 年代，起初以"潜规则"形式存在，到 20 世纪 80 年代末至 90 年代，"潜规则"逐步显现化，进入 21 世纪，版面费是否"名正"和应否为其"正名"不时引起一些争论。

二　对"学术期刊征收版面费可构成单位受贿罪"的驳斥

有论者主张"学术期刊征收版面费可构成单位受贿罪"[1]（以下简称"犯罪论"）。其认为，学术期刊收取版面费为他人发表学术论文的行为，符合单位受贿罪的构成要件，情节严重的构成单位受贿罪，应依法予以制裁。其从主体、客体、主观方面、客观方面四个要件进行了分析。构成犯罪，需要四个要件同时具备。反之，只要其中任何一个要件不成立，就不构成犯罪。因此，笔者不打算针对其四个要件

---

[1]　张舒：《学术期刊收取版面费构成单位受贿罪》，载《法学》2007 年第 4 期。

——批驳，而主要就客观方面这一要件做些分析。

"犯罪论"者认为，学术期刊收取版面费的行为符合单位受贿罪的客观要件。因为其是根据期刊出版单位的意志，以期刊出版单位的名义向作者索要或非法收受财物并为作者谋取利益的行为。而为作者谋取的所谓"利益"体现在职称晋升、科研考评及获得学位证书等方面。笔者认为，这一论述是不成立的。其职称晋升与否、科研考评如何、学生应否获得学位证书，应由相关部门考核确定，与论文发表与否，并无必然联系。学术期刊编辑出版者进行的是编辑出版工作，不是职称和科研考评部门，编辑活动也不是要去发挥学位教育职能。诚然，"学术论文是考核学识水平的重要依据"。但并非是学术论文发表就应作为考核学识水平的唯一依据，同时，也不应当是学术论文发表与否作为考核学识水平的重要依据。甚至可以说，学术论文发表与否，与学识水平没有关系。一篇高水平的学术论文即使不发表也不能否认其水平为高，一篇水平一般的论文也不会因发表就变得水平不同。如果说发表与否影响了论文的评价，需要评价者进行检讨，需要对当前的科研评价体系、教育制度进行反思。编辑出版者有编辑出版者的考虑，并不是水平越高、质量越好的稿件就越是要优先发表，也不是一定要按稿件的质量去排序，除了稿件质量，编辑者更要考虑稿件是否符合既定的办刊方针和主办单位对于刊物的定位等。决定晋升职称、考评结果和颁发学位的是所在单位、职称部门、学位授予机构。如果说作者获得了利益，也是其所在单位、职称部门、学位授予机构考评后给予的，而不是出版单位给予的。《期刊出版管理规定》第六条规定"期刊出版单位负责期刊的编辑、出版等期刊出版活动"。可见，期刊出版单位的职责是编辑、出版，而不是考评、考核，期刊出版单位也没有权力去分配职称和学位。如果是职称主管部门非法收受财物授予职称资格，学位授予单位非法收受财物授予学位证书，存在"受贿"之嫌，尚能成立；而指责期刊出版单位在其负责的期刊出版活动之外的职称和学位中受贿，在情理、道理和法理上则是讲不通的。

　　另外，就客体要件而言，"犯罪论"者认为"学术期刊社收取版面费侵犯了国有单位公务活动的廉洁性"，也是值得商榷的。"编辑出版"活动不是国家机关的政务，也不是关涉"公家"（国家）的公共事务，而是期刊出版单位的工作业务活动。学术是天下公器，但学术出版单位不是学术的"主管"单位，也并非天下只是一家"期刊出版单位"。因此，将"编辑出版"称为"公务"活动，似有上纲上线之嫌、牵强附会之虞。

　　"犯罪论"者引用的法律规定，在理解上也是值得推敲的，下文中将做适当论述。

三　学术期刊收取版面费属于合理合法的收费

（一）　有关法规政策文件支持学术期刊收取论文版面费

　　1988 年 6 月 8 日中国科学技术协会①发出了《关于建议各学会学术期刊收取版面费的通知》（1998 ［科协学发字］039 号）建议各学会的学术期刊收取版面费。其认为，学术期刊收取论文版面费不仅是合理的，而且是可能的。因为各学会主管或主办的学术期刊充当的角

---

　　①　中国科学技术协会是中国科学技术工作者的群众组织，由全国学会、协会、研究会和地方科协组成，组织系统横向跨越绝大部分自然科学学科和大部分产业部门，是一个具有较大覆盖面的网络型组织体系。1958 年 9 月，经党中央批准，中华全国自然科学专门学会联合会和中华全国科学技术普及协会合并成立中国科学技术协会。从现实的权限配置和行政级别上看，中国科学协会是正部级单位，属中直系统，由中央书记处直接领导，中央政治局一位领导同志代表中央分管科协工作，国务院一位领导同志分工联系科协工作，中央书记处每年听取科协工作汇报（有关中国科学技术协会的具体情况详见其官方网站 ht-tp：//www. cast. org. cn）。尽管中国科学技术协会并不属于国家机关，但它也绝非一个纯民间的群众性组织，而是具有极强的官方背景，因此，中国科学技术协会虽不属于我国《立法法》中所规定的有权进行立法的主体，但中国科学技术协会的文件具有政策指导性当无疑问。

色是各学科领域内全国同行共有的论坛和财富。因此，在办刊经费方面，除受托的期刊承办单位给予支持外，也应争取各有关部门和单位等的支持。一般认为这是版面费浮上台面的开端。

1994年在中国人民政治协商会议第八届全国委员会第二次会议上，有4位科学家提交了《建议允许科学技术期刊酌情收取版面费案》。国家科学技术委员会（1998年后改称"科学技术部"）办公厅在对该提案的答复中明确表示："从科技期刊管理的角度看，我们同意这种合理收费的做法。"①

财政部、国家自然科学基金委员会《国家杰出青年科学基金项目资助经费管理办法》（财教〔2002〕64号）第八条规定："……（一）研究经费是指直接用于科学研究的费用。包括：测试、计算、分析费，动力、能源费、差旅费，调研和学术会议费，资料、论文版面费和印刷费，文献检索、入网等信息通讯费，学术刊物订阅费。"

财政部、国家自然科学基金委员会《国家自然科学基金项目资助经费管理办法》（财教〔2002〕65号）第八条规定了项目资助经费预算的要求以及研究经费的外延范围，其中在"科研业务费"项下明确提到包括"论文版面费"。

2015年财政部、国家自然科学基金委员对《国家自然科学基金项目资助经费管理办法》进行了修订，并于2015年4月15日公布了修订后的《国家自然科学基金资助项目资金管理办法》（会财教〔2015〕15号）。修订后的办法中没有"论文版面费"的提法，但有同样所指的"出版费"，其第九条规定："直接费用是指在项目研究过程中发生的与之直接相关的费用，具体包括：……（八）出版/文献/信息传播/知识产权事务费：是指在项目研究过程中，需要支付的出版费、资料费、专用软件购买费、文献检索费、专业通信费、专利申请及其他知识产权事务等费用。"有人可能认为：这仅是自然科学基

---

① 游苏宁、陈浩元：《科技学术期刊收取论文版面费合理合法》，载《编辑学报》2007年第1期。

金包括了论文版面费，哲学社会科学没有包括论文版面费。但这不能成为否定哲学社会科学也应包括论文版面费的内在需求和制度变革要求。笔者承认自然科学和哲学社会科学研究存在差异，但差异主要不在研究成果需要发表方面，如果两者都需要发表，应给予"同等"待遇。尤其是使用国家财政支持时，不应厚此薄彼。

财政部、科技部《国家科技支撑计划计划专项经费管理办法》（财教［2006］160号发布）第七条规定："课题经费的开支范围一般包括设备费、材料费、测试化验加工费、燃料动力费、差旅费、会议费、国际合作与交流费、出版/文献/信息传播/知识产权事务费、劳务费、专家咨询费、管理费等。"并明确规定"出版/文献/信息传播/知识产权事务费：是指在课题研究开发过程中，需要支付的出版费、资料费、专用软件购买费、文献检索费、专业通信费、专利申请及其他知识产权事务等费用"。

财政部、国家税务总局的有关规定也明确指出，对报社和出版社收取的"版面费"，按"广告业"征收营业税。（详见《关于宣传文化增值税和营业税优惠政策的通知》，财税［2006］153号公布）

此外，出版费用在中国博士后科学基金资助中也属合理的支出项。人事部、全国博士后管委会印发的《博士后管理工作规定》第四十九条规定："国家设立中国博士后科学基金，为博士后人员开展科研工作提供资助。"第五十一条规定："中国博士后科学基金资助按照《中国博士后科学基金资助条例》和配套办法执行。"作为配套办法的《中国博士后科学基金资助规定》第二十一条规定："资助金的开支范围包括科研必需的仪器设备费、实验材料费、出版/文献/信息传播/知识产权事务费、会议费、差旅费、专家咨询费、国际合作与交流费和劳务费的开支。"

其他支持期刊收取版面费的规定还有，如：

能源部、水利部《水利电力系统自然科技期刊管理办法》（能源技［1990］370号发布）第十二条规定："……对科学技术成果在期刊发表，编辑部可适当收取一定的发表费。"

《机电部关于科学技术期刊管理办法》（机电部机电科〔1991〕1167 号发布）第三十九条规定："学术性科技期刊刊登科技研究论文，可适当收取发表费。"

《中国科学院科技期刊收取发表费暂行办法》（〔1992〕出字 33 号发布）规定："二、依据　1.……科研经费本身包括科研论文发表所需的费用。科技论文的发表是一种有偿服务。"

《湖南省自然科学基金项目资助经费管理办法》（湘科字〔2006〕126 号发布）规定："开支范围包括：1. 科研业务费：……论文版面费和印刷费……"

《天津市科技计划项目资金管理办法》（津科财〔2005〕76 号发布）规定："信息费指科技项目研究开发或科技创新体系建设过程中发生的信息检索费、论文版面费、数据调查费和上机费等。"

《辽宁省大学生创新创业训练计划项目管理办法》（辽教发〔2013〕21 号，辽宁省教育厅 2013 年 1 月 16 日发布）第十七条规定："……经费主要用于资助项目实验费、资料费、调研费、耗材费、论文版面费、会议费、差旅费及创业实践相关费用等，经费支出要符合学校财务管理规定。"

《蒙古语言文字科研项目管理办法》（内蒙古民族事务委员会，内民委发〔2015〕215 号）第二十六条规定："项目经费仅限用于如下支出：……（七）出版费或版面费：指在项目研究过程中发生的项目研究成果的出版费或版面费等。"

《西藏自治区财政科研课题管理办法》（藏财研〔2017〕2 号，西藏自治区财政厅 2017 年 3 月 9 日发布）第二十八条规定："财政科研课题经费的支出范围包括：……（四）版面费及奖励费等。"该办法第三十八条第 1 款规定："科研成果存在下列情形的，按 5000 元/篇进行奖励：……（三）在 CSSCI 期刊上进行发表的。"同时第三十八条第 2 款规定："符合第三项规定的，同时报销版面费。"

山东省人力资源和社会保障厅、山东省财政厅《关于山东省高技能人才培养特色载体建设工程的实施意见》（鲁人社发〔2017〕10

号）的 3 个附件均将 "版面费" 作为制度允许的合法支出予以列明。
具体如下：

附件 1《山东省技工教育特色名校建设项目管理办法》第二十四条规
定："特色名校建设项目专项经费主要用于以下支出：……（四）人才培
养方案、特色人才引进方案、教师教学能力提升、教学团队建设、教育教
学改革与研究、学术交流等方面的支出（含差旅费、咨询费、培训费、
食宿费、交通费、版面费、评审费、办公耗材购置等）……"

附件 2《齐鲁技能大师特色工作站建设项目管理办法》第十五条
规定："技能大师工作站省级补助资金主要用于以下支出：……（四）
开展技艺传承，培养青年技能人才所需的课时费、劳务费等费用（含
评审费、专利申请费、版面费等）。"

附件 3《山东省世界技能大赛集训基地建设项目及竞赛获奖人员
奖励管理办法》第十二条规定："集训基地建设专项经费按照省财政
厅批复的项目预算内容、范围用于以下开支：……（三）职业技能大
赛科研课题研究、成果转化及资料翻译等费用（含评审费、专利申请
费、版面费等）……"

在上述各项规定中，财政部的规定是最有力的法律政策依据。财
政部是国家的财政财务的主管部门，其职责包括：制定和执行财政、
财务、会计管理的规章制度；监督财税方针政策、法律法规的执行情
况；检查反映财政收支管理中的重大问题等。从上述财政部发布的有
关规定来看，可以推断，财政部认为期刊收取版面费的行为符合国家
财务制度。

（二）《著作权法》不能构成否定 "版面费" 的依据

有论者从《著作权法》的角度来加以考量，认为版面费是非法
的，反对期刊出版部门向作者收取版面费。其理据在于：获得报酬权
是著作权人的一项最基本权利，也是著作权人因其付出了艰辛劳动撰
写学术论文或文章而依法应获得的最起码回报，而版面费的存在严重

侵犯了著作权人即作者获得报酬的权利。① 这可能是对《著作权法》的误用。对于《著作权法》宣示和保护的"获得报酬权是著作权人的一项最基本权利",笔者不持异议,并且作为一个创作者(著作权人)和尊重知识创造的人(学人)也极力主张和捍卫这项权利。期刊出版部门尽管收取了版面费,但并没有否定作者的获得报酬权,或者说版面费的存在不能等同于否定作者的获得报酬权。

笔者认为,《著作权法》不能构成否定"版面费"的依据,理由有两个方面:

一方面,《著作权法》中没有禁止收取版面费的规定。其实,《著作权法》在第一条中就开宗明义地阐述了其立法宗旨——为保护文学、艺术和科学作品作者的著作权,以及与著作权有关的权益,鼓励有益于社会主义精神文明、物质文明建设的作品的创作和传播,促进社会主义文化和科学事业的发展与繁荣。从自身的立法宗旨和使命出发,《著作权法》更多地关注作者的著作权是完全合情合理的。从理论上讲,任何一部立法都有其管辖领域,《著作权法》作为一部主要关于作品著作权的立法,其规定的内容也主要限于著作权及与著作权有关的权益的设权、权能、权项、权限及权利保护等,而不应干涉期刊出版事宜以及期刊出版单位经营。正是基于此,从法律条文的实际规定看,《著作权法》中没有任何一个条款规定禁止期刊收费。

另一方面,《著作权法》第二十八条关于"使用作品的付酬标准可以由当事人约定,也可以按照国务院著作权行政管理部门会同有关部门制定的付酬标准支付报酬。当事人约定不明确的,按照国务院著作权行政管理部门会同有关部门制定的付酬标准支付报酬"的规定,也不足以否定版面费。其实收取版面费,并不排斥当事人约定稿酬,期刊出版单位与作者就版面费达成协议,恰恰是当事人尊重和遵从了该条法律的规定。该法律条文的规定为"当事人约定不明确的,按照国务院著作权行政管理部门

---

① 刘长秋:《法治视野下的"版面费"》,载《河北师范大学学报》(哲学社会科学版) 2012 年第 5 期。

会同有关部门制定的付酬标准支付报酬"，这就是说意定优先于法定，即当事人的约定优先于法律规定，只有在当事人没有约定时才启动法定标准，如果当事人有约定的则按照当事人的约定执行。从现实期刊运行的层面看，在收取版面费与稿酬的处理上大体有以下几种情况：（1）期刊收取版面费，但不向作者支付稿酬；（2）期刊收取版面费，亦向作者支付稿酬；（3）期刊不收取版面费，也不向作者支付报酬；（4）期刊不收取版面费，且向作者支付稿酬。作为作者，当然都希望和喜欢第四种情况。其实这四种情况都包含了对稿酬的约定。因为"使用作品的付酬标准可以由当事人约定"，即使是第（1）和第（3）种情况下不支付"稿酬"的，可视为当事人约定的稿酬标准为零。上述四种情况完全可以理解为当事人对版面费和稿酬两项事务进行约定的集合。

（三）目前不存在禁止收取"版面费"的其他规定

那些认为"版面费"在性质上属于"违法"甚至"犯罪"者所持有的法律依据通常为《出版管理条例》第二十二条和《关于禁止"收费约稿"的通知》。下面不妨来分析一下有关规定的具体规定和其所指的内涵。

《出版管理条例》第二十二条规定的内容为："出版单位不得向任何单位或者个人出售或者以其他形式转让本单位的名称、书号、刊号或者版号、版面，并不得出租本单位的名称、刊号。"仔细推敲该条规范的内容并结合前后的条文，不难发现其针对的是"转让"行为和"出租"行为，即转让（包括出售或者以其他形式的转让）本单位的名称、书号、刊号或者版号、版面的行为，以及出租本单位的名称、刊号的行为。依此法条反对收取版面费的学者，往往不对这种行为究竟属于"转让"还是"出租"作出界定，而是笼统地指责为转让或出租。[①]其实，"转让"行为和

---

① 如有学者指出："版面费作为学术期刊编辑部因出卖或出租其刊物版面为作者刊发学术性论文或文章而向作者收取的费用，作为一种利用出版活动而谋取的不正当利益，依法显然在'出版单位不得……'这一禁止性规范所明文禁止的行为之列。"参见刘长秋《法治视野下的"版面费"》，载《河北师范大学学报（哲学社会科学版）》2012 年第 5 期。

"出租"行为的性质是完全不同的。"转让"是指"把自己的东西或应享有的权利让给别人","出租"则是指"收取一定的代价,让别人暂时使用"。① 从法律上看,"转让"行为处分的通常是所有权,有俗话讲就是"一次性卖掉了",而"出租"行为一般仅涉及使用权,并且是有期限的,到期使用权又会回归出租人。实际上,收取版面费,就通常情况而言,既不属于"转让"行为,也不属于"出租"行为。首先,收取版面费不属于"转让"版面,那种将"收取版面费"等同于"转让"版面的认识,在逻辑上存在偷换概念。其实,只要出版单位没有放弃自己的审稿、编辑等职责,即便收取了费用,仍然属于自主(自己)办刊。其次,收取版面费也不属于"出租"版面,因为期刊的版面是无法出租的,所有的期刊一经出版发行就已历史定格,期刊出版部门无法再收回版面,发稿者也无法再交回版面。

新闻出版署《关于禁止"收费约稿"的通知》(1994 年 7 月 18 日新出图〔1994〕556 号)针对的情况则是"一些学术团体、编辑出版部门直接发信,向各级党政领导干部本人'收费约稿,入书留名'",期刊对来稿收取版面费显然不属于这种情形。还有论者在主张不能收"版面费"时,引述了国家新闻出版总署 2000 年 12 月 15 日发布的《关于禁止收费约稿编印图书和期刊的通知》的规定("任何出版单位不得以任何名义和手段向供稿个人和单位收取任何费用,一经发现,将严肃处理")②。实际上,该通知已载明其要解决的问题是——"收费约稿编辑所谓'企事业名录''人名大典'以及期刊增刊等骗取钱财的社会丑恶现象"。如果不考虑上下文、时代背景和相关语境,对字面规定作"解释",难免会偏离规定的原初含义。

"犯罪论"者在论及主观方面时引用的法律依据为:新闻出版署《关于严格禁止买卖书号、刊号、版号等问题的若干规定》中明确规

---

① 《现代汉语词典(第6版)》,商务印书馆 2012 年版,第 1710、192 页。
② 李松、杨钟红:《论文"版面费",无处不在的学术腐败》,载《记者观察》2005 年第 6 期。

定"出版工作者在组稿和编辑过程中，不得以任何名义，向供稿单位或个人索取和收受各种费用（如审稿费、编辑费、校对费等），不得索取和收受礼品、礼金或有价证券等"。值得注意的是，这里规定的是"出版工作者"而不是"出版单位"。将对于出版工作者个人的要求完全延伸至出版单位，在逻辑上是不连贯的，照此逻辑进行推理恐将得出荒谬的结论。这就如同规定电工不得在供电服务中索要和收受各种费用，不能就此推导出"供电企业不得收取电费"的结论。

其实，收取版面费到20世纪80年代末，已在相当范围内存在甚至可以说是十分普遍。作为《著作权法》的起草和制定者以及出版管理部门，不可能不知道"版面费"的存在，而实际上他们并没有明令"禁止"它。如果有人想从出版管理法和著作权法的角度去寻求"禁令"，怕是除非会错意，否则很难找到适宜的规定。

就主管范围和主管事宜而论，对于学术期刊收取版面费合法与否，作为财政业务主管部门的财政部，比其他部门更有发言权，也更有决策权，文件的效力也更为有力。通常而言，涉及财政财务方面的规定，其他部门（包括国家新闻出版总署在内）的规定不得与财政部的规定相悖。

（四）收取版面费属于期刊出版部门自主办刊范畴的事务

期刊出版部门不是行政部门，其刊发采用稿件也不是"公"权力。在选择稿件方面哪些收费、哪些不收费，什么情况下要收费、什么情况下不收费，要不要收费，按照什么样的标准收费，期刊作为独立运营的主体，应有权作出自己独立的决定。只要不是沿袭计划经济的统筹统分，只要不是要坚持完全行政式的管理，就要给予期刊自主权（包括收费的自主权）。一家刊物如果要独立经营，就应允许其在法律、法规允许的范围内开展经营活动。就本质而言，收取版面费属于自主办刊范畴内的事务。不同的期刊出版单位在收取版面费问题上，可以根据自身的实际和市场的情况作出自主的判断。最近新闻出版总署印发的《关于报刊编辑部体制改革的实施办法》规定"原则上不再保留报刊编辑部体制，应转企改制的报刊出版单位所属的报刊编辑部，一律随隶属单位进行转企改制"。这就更加明确了期刊出版单位的非"公权力"机关的性质。

没有任何一个法律规范要求期刊的主办单位给予期刊同样的政策支持和同样的经费保障。实际上，各个期刊运行的成本是不同，主办单位给予的人、财、物方面的投入是不同的，面对的作者、读者和市场也是不同的。在供给不同的情况下，都在追求产出的最大化（当然对于产出最大化的理解，可能不同）。如何保障期刊的正常运转和发展壮大是期刊的实际经营者必须考虑和面对的。在收取还是不收取版面费问题上，期刊社可能很轻易地或者很艰难地作出决策必须收取版面费或者坚决不收取版面费，或者适度放开收取版面费。期刊社不能要求主办单位给予怎样的资金和政策保障，那么面对市场的竞争，就只能向市场想办法。基于以上认识，笔者认为，期刊收费与否，本身无可厚非。如果我们稍稍考察一下，不难发现，一份期刊坚持不收费，很大程度上（或者很多情况下）是因为主办单位的投入充沛。如同一个富家子弟因家境的优越而衣食无忧，没有资格歧视为生计而奔波的平常人，收费的期刊与不收费的期刊在道德层面是平等的，不收费的期刊并不具有道德上的优势地位。正如一个人可以在不违法的情况下自主或不自主地选择自己的生存和生活方式，一份期刊也可以在不违背法律规定的前提下自主选择自身的生存和发展方式。

（五）收、交版面费属于期刊出版部门与作者双方的合约行为

从法律上讲，作者与期刊出版部门是平等的法律主体，亦是平等的市场主体，其中的一方是稿件的供应方，另一方是稿件的使用方，双方之间围绕稿件的供给与采用形成的是一种双项选择的关系。作者作为稿件的供应方依《著作权法》享有相应的著作权。期刊出版部门作为用稿方，对于著作权客体——作品的使用也应遵守《著作权法》的规定。《著作权法》作为民事法律的重要组成部分，《著作权法》没有规定的，应援用或适用民事基本法的原则规定。民法的基本精神

在于民事主体个体的独立、自主、平等和契约自由。自由、平等、公平等民事活动基本原则在著作权领域同样是适用的。"著作权"作为一项"权利"，必然是归属于特定主体的，权利的特质就决定了权利人可以选择行使权利获取相关利益，亦可以选择放弃相关利益。就如一个人对一份财产享有同物权，《物权法》要保护他的物权，但这并不意味着物权人不能处分自己的财产。一些作者向期刊出版部门交纳一定数额的版面费争取论文发表的机会，实际上就类似于一个企业为打开产品的市场，不仅愿意免费送上自己的产品，而且还对愿意试用自己产品的客户给予一定的礼品馈赠。此时，并不能断言企业对自身产品的财产权没有得到应有的保障。我们承认，从法律地位上，每一位作者享有的著作权是平等的，但这绝不意味着或等同于，每一件作品都是具有同等价值的。更常见的情形是，尽管作者对作品享有平等的著作权，而作为著作权客体的每一件作品在学术价值上却是不等值的，甚至其价值差异悬殊。这就是说就权利而言是平等的，就价值而言则是各异的，作者可以持稿待价而沽，期刊也可以量力而为。综上所述，《著作权法》保障的是一种资格和法律地位，而不是实际的价值，一件享有著作权作品的实际价值需要通过市场来检验。

　　就现实的供需而言，没有任何一方处于垄断的地位，双方最终的合意基本上是顺应市场的产物。从现实来看，收取版面费的只是一部分期刊，另外一部分期刊则不收取版面费；即使那些收取版面费的期刊也不是对所有的来（约）稿都收费，或者说也不是按照统一的标准对所有的稿件进行收费。就双方主张权利的机会而言，期刊出版部门可以主张收费甚至提出高额的收费标准，作者也可以要求稿酬甚至主张高额的稿酬标准。作为作者，当然不希望期刊社收取版面费，并且稿酬多多益善；而作为期刊可能会希望版面费多多益善。而最终的选择必然是双方在市场上博弈的结果。作者对稿件有版权，但不能标高强卖，期刊有版面也不能巧取豪夺。就如同市场上的买家与卖家，各方都是从自身的利益和需求出发，但并不影响二者达成合意，也不应因出发点不同就指责对方"不道义"。作者如果不愿交纳版面费，完全可以不交，并且可以选择那些不收费的刊物投稿。迄今，笔者还没有听说哪家刊物强迫作者交费或者因索要版面费不成而诉至法院的。现实中，对于一些优质稿，期刊编辑部往往给予高额的稿酬。当期刊出版部门与作者无法就稿酬和版面费问题达成一致意见时，作者可以拒绝期刊采用其稿件，期刊出版部门也可以拒绝刊发作者的稿件，任何一方都可以另行寻找自己的合作伙伴。

（六）学术期刊收取版面费符合有偿服务的原则

对于学术期刊收取版面费符合有偿服务原则，已有人论及。学术期刊不仅是不同稿件荟萃而成，同时也充任着科研信息载体的作用。学术期刊出版工作，不仅是出版事业的组成部分，也是学术研究的重要一环。正是经由期刊的出版发行，作者的学术思想和科研成果才得以以论文的形式公之于世，逐渐为社会认可。期刊出版部门为作者论文的顺利出版需要付出一定的劳动和成本，如进行审读、编辑、加工、出版等一系列工作。目前我国正在进行体制改革，改革的一项重要内容就是开放科技市场，要求科技信息服务从无偿向有偿转化。学术期刊向作者收取论文版面费实质上包括了信息传播费、编辑劳务费和出版成本费，符合有偿服务原则，是名正言顺、合理合法的。[①] 你可以选择不接受服务，但如果自愿选择接受了服务，那么按照等价有偿的原则支付相应的服务费，不仅是情理中的事，而且也已转化为了一项法定义务。

新闻出版总署印发的《关于报刊编辑部体制改革的实施办法》中规定："对于党政部门、民主党派、人民团体、行业协会、社会团体、事业单位和国有企业主管主办的用于指导工作、面向本系统发行的报刊，一律改为内部资料性出版物，仅限于在本部门本系统内部交流，不得征订发行，不得刊登广告，不得拉赞助和开展经营性活动。"从

---

① 宋东岚、许朝广、徐北琼等：《科技期刊收取论文版面费刍议》，载《科技与出版》2001 年第 6 期。

这里可以反向推出，并非"仅限于在本部门本系统内部交流"的期刊，可以开展"经营性活动"。作为经营性活动，就不是无偿服务，而是要进行有偿服务。

　　综上所述，笔者认为：学术期刊在保持严格选稿、精心编辑、高质量出版的前提下，为了维持刊物的运行，在国家有关法律法规并未明确规定不可收取版面费的情况下，遵循市场经济规律，收取一定的版面费，其实更确切地说应称为出版成本，并没有超出国家政策的许可。① 有人认为，版面费可能引致或助长潜规则，实际上，不收取版面费同样可能存在潜规则。事物都有两面性，学术期刊收取版面费，对于学术或许会有不利影响，可能使学术沦为金钱的奴隶，使"学术价值"异化成为"金钱价值"，但也仅仅是"或许"和"可能"，而不是"必然"或"一定"。本章旨在探讨学术期刊收取版面费的法律性质，对于其对学术期刊和学术发展的负面影响，以及如何扬长避短，暂不论及。

---

　　① 刘英雄：《市场规律决定学术期刊收取"版面费"的必然性与合理性——兼与李松、杨钟红先生商榷》，载《科技与出版》2006年第3期。

第五章

期刊"稿约"法律性质的再思考

本章内容提要：关于稿约的法律性质，目前认识上尚有争议。从出版部门发出稿约到作者投稿再到出版部门采用稿件，是一个分阶段的过程，其间不是一个合同关系，而是两个合同关系。稿约是一份要约，但不是"版权许可使用合同"的要约，而是"有关订立'版权许可使用合同'应遵循的规则的合同"的要约。

本章关键词：稿约；要约；要约邀请；版权许可使用合同

稿约，是报社、期刊社及高校学报编辑部（以下简称"出版部门"）经常应用的一种书面表达形式，有时又被称为"投稿须知""征稿简则""征稿启事""本刊启事"等。《现代汉语词典》对"稿约"的解释为："报刊的编辑部向投稿人说明报刊的性质、欢迎哪些稿件以及其他注意事项的告白，一般写成条文，登载在报刊上。"① 正确认识稿约的法律性质是依法处理来稿所必需的。目前，对于稿约的法律性质，人们认识不一。

一 "稿约"性质的理论论争

有关稿约的性质，学界主要有四种观点。

---

① 《现代汉语词典（第6版）》，商务印书馆2012年版，第434页。

（一）稿约有无法律效力的争论

1. 有效说

多数人认同稿约是有法律效力的。如金铁成先生指出："稿约必须明确规定期刊与作者的权利和义务，这样才能更好地维护作者、期刊社和其他公民的合法权益，才能有效地防止著作权纠纷，才能持久地维护期刊社的良好声誉。"按他的观点，稿约应包含有关著作权条款，主要有"文责自负、作品署名、稿件修改、录用答复期限、参考或引用、抄袭或剽窃、转载或摘编、稿酬、审稿费和发表费等方面的内容"。[①]

2. 无法律效力说

《北京大学学报（自然科学版）》原主编陈进元编审即持此观点。其论证的理由在于：（1）稿约不符合《合同法》的原则。按照《合同法》的规定，合同都应遵守合法、平等、自愿、公平、等价有偿、诚实信用的原则。稿约仅仅是期刊社单方面意志的体现，而且往往不考虑或很少考虑到作者的合法权益，有时甚至是"霸王条款"。由此，不论是将稿约视作要约还是要约邀请，都和作者之间没有形成合同关系。因此，由于稿约不符合《合同法》对合同的规定，也就无法具有法律效力。（2）不符合《著作权法》的规定。根据《著作权法》，使用他人作品应当同著作权人订立许可使用合同，而稿约只是期刊社单方面的"告示"而已，连"格式合同"也很难算上，故没有法律效力。（3）不符合国际公约的规定和国际惯例。根据我国已加入的《保护文学和艺术作品伯尔尼公约》和《与贸易有关的知识产权协议》的规定，合理使用或法定许可的作品只限于在报刊上已经发表过的"经济、政治和宗教问题的时事性文章"。除此之外，其他任何作品（包括期刊的原作品）的使用都为其著作权人所专有，他人要使用，必须经过著作权人的授权。从实践侧面看，国际上尤其是发达国家的科技

---

① 金铁成：《科技期刊稿约应包含的著作权条款》，载《编辑学报》2003 年第 2 期。

期刊出版者，都要与作者签订作品出版合同，或者要求作者提交作品著作权使用授权书（或转让书）①。陈进元编审的上述观点，论述是很深刻的，其提出的期刊使用作品应当同作者签订论文著作权使用合同的主张，笔者深表赞同。但其有关稿约无效的论证，却是值得商榷的。不能凭借稿约获取作者论文的著作使用权，也并不代表稿约就没有任何法律效力。其实不论是要约还是要约邀请都不是截然无效的。

3. 有效与无效分情况说

这种观点认为稿约是否具有法律效力取决于作者是否知晓。如果作者知晓稿约的内容，稿约就有效，如果作者不知晓稿约的内容则稿约无效。如有论者指出："假设把征稿简则视为要约，那么，依据合同法理论，该要约到达投稿作者处才发生效力，而实际情况是，作者在投稿前并不必然知道所投期刊的征稿简则。期刊社的约定只有在投稿作者知晓的情况下才有效，否则无效。"② 根据这种观点，稿约的效力不在于其自身如何约定，而是取决于投稿者是否知情。

（二）稿约法律性质的争论

在承认稿约有法律效力的学者中，对于稿约究竟有怎样的效力，又有不同的认识。这主要是基于对稿约性质的不同认知产生的。

1. 要约邀请说

苏慧、陈卫萍撰写的《高校学报〈稿约〉与编辑的法律意识》一文（载《编辑学报》2003 年第 3 期）对稿约的法律性质进行了较为深入的探讨，指出"关于《稿约》的性质，有两种观点：一种视它为'公开的要约'，但作者的投稿并不一定导致合同的成立；另一种认为，合乎规范的《稿约》是'要约邀请'，作者完成创作过程后的投稿是'要约'，高校学报对作者的作品进行审查后予以刊发即为'承

---

① 陈进元：《科技期刊著作权讲析》，清华大学出版社 2005 年版，第 163—165 页。
② 刘明江：《期刊征稿简则中常见的著作权问题》，载《科技与出版》2010 年第 9 期。

诺'，经过'要约'和'承诺'，编辑与作者之间的约定即告成立，从而具有了法律效力。"笔者赞成后一种说法，前一种说法有点勉强。王亚莉的《试论版权的许可使用与许可使用合同》一文（载《西北成人教育学报》1999年第4期）也持同样的观点，认为"报社、杂志社的征稿启事只能视为要约邀请，而不能视为要约，因为征稿启事尽管规定了对稿件的要求和报酬支付办法，甚至声明不能一稿多投，但毕竟没有涉及规定的合同标的，因而不含有足以决定合同内容的合同必要条款"。以上两文，分析深入透彻，有着相当的说服力。笔者认为"'稿约'是'要约邀请'"的观点，有着致命的不足，那就是它无法说明为什么"稿约"能对发出"稿约"出版部门和响应"稿约"而进行投稿的投稿人双方都产生约束力。

2. 要约说

要约说认为稿约是期刊部对于不特定人群发出的有关稿件投送和审查、采用等环节都适用的格式"要约"。作为"要约"，稿约对于发出"稿约"出版部门和响应"稿约"而进行投稿的投稿人双方都是具有约束力的。

3. 要约与要约邀请分情况说

陈庆安博士的《学术期刊"稿约"的法律责任分析》[①]以及姚颉靖博士和彭辉博士合著的《稿约内容著作权保护的策略研究》一文均持此观点。这种观点认为，稿约性质根据稿约发送的对象是特定人群还是不是特定人群而有所差异，可分为构成要约和构成要约要求两种情况。（1）对于以期刊编辑部名义就某一主题向特定人群发生的稿约，从性质上看属于要约。其理据在于：从合同法的角度来看，由于要约人和受要约人特定，要约内容具体，在这样的情况下，一旦受要约人按稿约要求完成稿件，则合同关系成立，期刊则必须，否则承担违约责任。故该种稿约属于要约性质。期刊社在特定对象约稿中是主

① 陈庆安：《学术期刊"稿约"的法律责任分析》，载《河南大学学报（社会科学版）》2006年第4期。

动求稿的一方，因而这种"稿约"对稿件的形式要求较为宽松，但在约稿、公开发表等方面均具有极强的确定性。从合同的角度来说，期刊社具有明确的订立出版合同的意图、约稿内容具体明确、约稿对象特定化，因此具备要约的全部特征。一旦约稿对象交稿，双方就形成具有法律效力的用稿合同关系，期刊社应按约定刊载该稿件，并履行支付稿酬等义务，否则应承担违约责任。(2) 以条文形式刊载于期刊上，向不特定人群发出的稿约，属于要约邀请性质。其理据在于，由于此时稿约的目的是吸引他人向期刊投稿，其接受人不特定，内容也不完备，通常不产生法律上的效果，稿约的接收人有权对稿约中的某些内容作出实质性或非实质性修改。因此这种情况下，稿约只能是要约邀请的性质。

二　"稿约"法律性质的解构式剖析

想要弄清楚"稿约"究竟是"要约"还是"要约邀请"，需对"要约"和"要约邀请"的区别有所了解。要约是一个一经承诺就成立合同的意思表示；而要约邀请只是邀请他人向本人发送要约的行为，他人向本人发送要约后经本人承诺才成立合同。要约邀请处于合同的准备阶段，也仅仅是合同的准备阶段。要约邀请本身不具有法律约束力，不论是对于要约邀请的发出人，还是对于要约邀请的接受人即被邀请人。而要约处于合同的订立阶段，要约对于要约人和受约人都具有拘束力。辨别"稿约"属于要约还是要约邀请，首先需要看一下"稿约"是否具有法律拘束力。发出"稿约"的出版部门应当按照稿约的规定处理来稿，投稿人如不做特别说明视为同意按照"稿约"规定的规范和要求来进行投稿。

从出版部门发出稿约到作者投稿再到出版部门采用稿件，是一个完整的过程。如图 1 所示。

图 1 所示的是从发出稿约到采用稿件全过程，但必须同时看到这

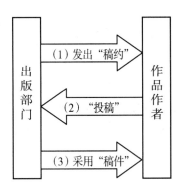

图1　征投稿的全过程

个全过程又是分阶段进行的。"从出版部门发出稿约到作者投稿",是第1阶段（如图2所示）;"从作者投稿到出版部门采用稿件",是第2阶段（如图3所示）。

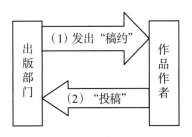

图2　征稿—投稿过程

在图2所示的这一阶段,出版部门与作者之间尚未成立"版权许可使用合同",但双方已就有关稿件按什么规则进行采用和处理达成了一致意见。作者向出版部门投稿,应视为接受认同出版部门的"稿约"的规定,同意按出版部门"稿约"中关于稿件采编、运用的规定和要求对稿件进行处理。这一阶段存在一个"合意",但这个"合意"尚不是就"版权许可使用合同"的"合意",而是就"有关订立'版权许可使用合同'应遵循的规则"的"合意"。其实出版部门发出稿约,不仅仅是在向他人传递自身需要某种某类稿件的信息,而且也是一份承诺,即会按照稿件处理的规则来处理稿件。如果他人向出版部门投稿，出版部门有义务按照在稿约中的承诺履行，即其应受到稿约中自身义务性条款的约束，而不能不顾稿约文本任意妄为。期刊界许多同人也都认可稿约对于期刊编者和作者的约束力。如有人指出：稿约顾名思义是报刊编者与作者间就投稿事宜达成的约定。稿约是编者联系作者的一种重要手段，是编者为保证来稿的基本质量事先提出的对来稿要求的通则。作者一经投稿，即视为同意该刊稿约并愿意执行其规定。①

从作者投稿到出版部门采用稿件，是成立"版权许可使用合同"的阶段，如图 3 所示：

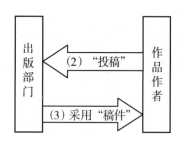

图 3　投稿—用稿过程

作者投稿是一种"要约"，即如果出版部门采用其稿件，其同意按照出版部门的稿约的规定（当然作者在投稿时可以提出自己的要求，这时出版部门可以接受作者的要求，也可以不接受；如果作者不做特别声明，应推定为同意按照出版部门稿约的规定）授权许可出版部门使用其作品，一旦出版部门"承诺"使用作品，"版权许可使用合同"即成立。

由此可见，从出版部门发出稿约到作者投稿再到出版部门采用稿件，其间不是一个合同关系，而是两个合同关系。一个是"版权许可使用合同"；一个是"有关订立'版权许可使用合同'应遵循的规则的合同"（简称规则性合同）。规则性合同是"版权许可使用合同"

---

① 钱元俭：《科技期刊稿约的修订与发布》，载《编辑学报》1995 年第 4 期。

的前奏和准备，其本身不是版权合同，只为版权合同的成立提供服务。对于"版权许可使用合同"而言，属于"要约"，是允许其稿件所投到的出版部门使用其版权作品的意思表示；出版部门一经采用予以刊发或发出"用稿通知"，即构成"承诺"，"版权许可使用合同"即告成立。

投稿行为具有双重属性，一方面是投稿人对出版部门有关稿件采用办法和要求的"要约"之"承诺"，即同意出版部门关于稿件采编、运用的规定和要求；另一方面投稿又构成"版权许可使用合同"的"要约"，经受要约人——出版部门"承诺"，"版权许可使用合同"即告成立。作为"要约"，应允许投稿人"撤回"和"撤销"。所谓"撤回"，即投稿人进行投稿行为后，投稿人可以撤回其投稿，撤回投稿的通知应当在所投稿件到达所投的出版部门之前或者与稿件同时到达所投的出版部门。所谓"撤销"，即在出版部门刊发或决定刊发所投稿件前，可以投稿撤销其对于出版部门的版权使用的许可，表示自己的作品不再授权出版部门发表，如果投稿人"撤销"投稿的通知在出版部门刊发或决定刊发所投稿件（已通知作者采用该稿件）前到达出版部门，出版部门仍进行发表，将构成侵权；如果投稿人"撤销"投稿的通知在出版部门刊发或决定刊发所投稿件后到达出版部门，出版部门进行发表，不构成侵权。

三　《著作权法》发展趋势下"稿约"性质的建构

知识经济与互联网时代带来了著作权法治的巨大变化，造成了"限禁"著作权侵权行为但难"止"的现实。现代著作权法对著作权的保护，渐渐地已经从早期的如何限制或禁止侵权行为的防御性保护，发展到怎样鼓励和促进著作权交易以实现著作权效益最大化的积极性保护。现代著作权法鼓励和促进著作权人最大限度地利用著作权实现权益的宗旨，体现于著作权保护期的限制、著作邻接权概念的创设、限制著作权的合理使用、法定许可与强制许可制度，及至著作权出资的投资形式等方面，潜藏这些方面制度之中的是著作权人权益与公共利益之间的动态均衡。①

有人总结了稿约对提高期刊质量具有有益的促进作用，具体体现为：一是有利于提高期刊来稿的整体水平；二是有利于拓宽期刊的稿源、扩大来稿量；三是有利于实现期刊的学术导向作用；四是有利于把科学研究引向深入；五是有利于获取高质量的稿件；六是有利于减轻编辑的技术性劳动。② 从法经济学的角度看，有着如此有益促进作用的稿约，如果法律上不认可其效力，将使本可高效工作的情形不能实现。

对于"稿约"性质的界定，要求《著作权法》与时俱进。在《著作权法》修改时对于有关"稿约"性质，宜做出分段性的考量与安排。从出版部门发出稿约到作者投稿再到出版部门采用稿件，是一个分阶段的过程，其间不是一个合同关系，而是两个合同关系。稿约是一份要约，但不是"版权许可使用合同"的要约，而是"有关订立'版权许可使用合同'应遵循的规则的合同"的要约。

希望笔者的理解，能为正确理解"稿约"性质带来积极的影响，也希望笔者的表达能准确明白地反映出笔者的认识，并为读者所理解。

---

① 叶姗：《著作权保护的现代发展：从侵权限止到交易励进》，载《河北法学》2009年第4期。

② 马立富：《稿约在提高期刊质量中的作用》，载《淮北煤师院学报（社会科学版）》1997年第4期。

第六章

期刊整体设计的法治化与规范化

本章内容提要：期刊整体设计要遵循法治化与规范化的要求。封面设计、目录页、目次页以及索引和年度总目次页在突出个性化追求的同时，必须以应遵守国家标准和行业准则，力戒不规范甚至明显违法的表述，充分践行依法依规严谨办刊的理念。

本章关键词：封面；版权页；目次页；索引

期刊出版业务法治化审视，要审查期刊的整体设计是否符合法治化的要求和符合相关规范。一本整本的期刊，映入眼帘的是封面，其次会看到目录，然后是一篇篇的单篇文章，期刊上还有版权页，另外还要有总目次和索引。

一　封面设计的法治化与规范化

期刊封面，又称封皮、外封，即期刊的外表面，包括前封（封一和封二）、后封（封三和封四）和书脊。期刊的封面是读者与期刊信息传递的第一纽带。读者和社会大众对包括期刊在内的各类读物的了解，首先是从它的封面开始的。期刊封面设计不仅要突出主题，形式上要简洁、美观、大方，能吸引读者眼球和激发阅读兴趣，而且要注意恪守期刊管理信息在封面编排的标准化和规范化，这也是实现信息快速、高效、准确传播的基础。

（一）期刊封面设计的基本规范

期刊封面设计应遵循新闻出版总署《期刊出版管理规定》及《期刊出版形式规范》等的相关规定。

《期刊出版管理规定》中第三十二条明确规定："期刊须在封面的明显位置刊载期刊名称和年、月、期、卷等顺序编号，不得以总期号代替年、月、期号。期刊封面其他文字标识不得明显于刊名。期刊的外文刊名须是中文刊名的直译。外文期刊封面上必须同时刊印中文刊名；少数民族文种期刊封面上必须同时刊印汉语刊名。"

《期刊出版形式规范》也规定："期刊名称应印在期刊封面、版权页等处"；"期刊须在封面的明显位置刊载期刊名称和年、月、期、卷等顺序编号，不得以总期号代替年、月、期号"；"期刊刊名应明显于期刊封面的其他标识性文字"；"期刊名称在封面、版权页、封底、书脊等处应保持一致"；"刊名包括分册（分辑）刊名、不同内容版本刊名"。它对期刊封面的 CN、ISSN、条形码、期刊名称、期刊出版标识等都有相应的规定及准则。

《科学技术期刊编排格式》（GB/T 3179—1992）规定，期刊的封面上应标明以下项目：a. 刊名，包括可能有的并列刊名和副刊名；b. 出版年月、卷号、期号；c. 责任者（包括主办者、或编辑者、或主编）；d. 出版者（必要时）；e. 标准刊号（按 GB 9999 的规定）；f. 本期如为"卷终"、或附有索引等，应分别予以标注。

2009 年 9 月 30 日由中华人民共和国国家质量监督检验检疫总局、中国国家标准化管理委员会发布并于 2010 年 2 月 1 日实施的《期刊编排格式》（GB/T 3179—2009）代替了《科学技术期刊编排格式》（GB/T 3179—1992）。《期刊编排格式》第 5.1 条规定：期刊的封一上应标明以下项目：a）刊名，包括可能有的副刊名和并列刊名；b）出版年、卷号、期号，或出版年、期号；c）主办者（刊名已表明主办单位者除外）；d）出版者（必要时）；e）中国标准连续出版物号（按 GB/T 9999 规定）；f）中国标准连续出版物号（ISSN 部分）条码

（按 GB/T 16827 的规定，优先位置为封一的左下角，也可为封四的右下角）。

《中国高等学校自然科学学报编排规范》（修订版）第 4.1 条第 2 款规定："封面应标明：a. 中文刊名及其汉语拼音。中文刊名必须用规范的汉字；汉语拼音刊名也可标在封底或目次页。b. 国际通用文种（如英文等）刊名。c. 出版年份、卷次、期次。卷末期应注明'卷终'字样，也可将"卷终"置于目次页或版权页。d. 国际标准刊号。用不小于新 5 号字印在右上角，也可同时标明 CODEN 码。e. 主办单位全称（刊名已反映主办单位全称者可不标）。f. 条形码（也可印在封底）。g. '增刊''×××特刊'或'×××专辑'。"

期刊封面设计中追求个性化以吸引读者，是无可厚非的，也是面向市场应做的。但个性化的设计追求，应当以严格遵守国家法律法规、国家标准和有关行业标准为前提和基础。期刊封面设计者应严格按照有关国家标准等规范的具体要求设计期刊封面，而不是只考虑设计是否个性化，是否吸引读者。应在封面的刊名及各项标识的设计中，通过色彩的合理搭配、字体、字号的合理运用及位置的合理摆放，使刊名及各项标识信息既醒目又美观大方，这样才更有利于期刊信息的有效传播。

（二）封面法定标注信息及注意事项

封面设计的规范化是期刊编排格式规范化的一个直观体现。人们看一份期刊首先是看其封面。

1. 刊名信息

刊名是一份期刊最基本、最核心、最重要的著录项目，表示期刊的基本属性、学术层次、编排要点，并直接影响信息传播、文献检索和期刊评价。[1] 根据《科学技术期刊编排格式》（GB/T 3179—1992）的规定，标识刊名的字符，应显著地置于封面、目次页和版权标识页

---

① 李如森：《关于期刊题名的编排问题》，载《中国科技期刊研究》2011 年第 5 期。

上的突出部位，便于辨识。刊名标识的印刷格式应该保持稳定。刊名不得与广告或其他内容混淆。根据《期刊编排格式》（GB/T 3179—2009）的规定，期刊名称，即刊名（periodical title），置于期刊封一、目次页、页眉以及版权标志等重要位置，用于标志该期刊并区别于其他期刊的文字。相对于被取代的《科学技术期刊编排格式》（GB/T 3179—1992），《期刊编排格式》增加了加注刊名汉语拼音的规定。《期刊出版形式规范》规定：期刊使用的名称，包括期刊中文刊名和外文刊名。中文期刊使用中文刊名，刊名包括分册（分辑）刊名、不同内容版本刊名。外文期刊使用相应语种刊名，刊名包括分册（分辑）刊名、不同内容版本刊名。少数民族语文期刊使用相应语言刊名，刊名包括分册（分辑）刊名、不同内容版本刊名。根据上述规范标准，刊名的标注应遵循以下规范：

（1）刊名应当简洁醒目。《期刊编排格式》第4.1条规定："刊名应当简明确切，能够准确界定该期刊所涉及的知识和活动领域，并便于引用。刊名应因其字体、字号和编排而易于识别，不和其他与之相伴的细节混淆，无歧义。广告、插图等不得对刊名构成干扰。封面中其他信息的字号应不大于刊名字号。"这就要求刊名信息在期刊封面的标注是醒目的、突出的，可以让人一目了然，不宜与其他信息混杂。

（2）期刊可以并列刊名和副刊名，并且对于并列刊名和副刊名必须按规范予以标注。按照《期刊编排格式》的规定，"期刊可有与刊名同义的其他文种的并列刊名，且二者同等重要。并列刊名次序在各期之间不得改变。外文并列刊名如用缩写形式，应以直观和不引起误解为原则"。现实可以看到一些有并列刊名的期刊，如《现代财经》的并列刊名为"天津财经大学学报"，《法律科学》的并列刊名为"西北政法大学学报"，《国际商务》的并列刊名为"对外经济贸易大学学报"。同时，还规定"刊名如未能确切反映该期刊的特定主题，应当用一副刊名补充表达。副刊名应紧随刊名，其格式应有明显区别"。这就是说，当期刊有副刊名时，副刊名是不能省略的，副刊名必须紧随刊名，并且对于副刊名的标注要选择与刊名有明显区别的格式。

（3）刊名必须保持一致。刊名必须出现在期刊封面和版权页，另外还可以出现在封底、书脊、目次页及页眉等处，而不论刊名出现在期刊中任何地方，都应呈现出一致性。

（4）按规范加注刊名汉语拼音。《期刊编排格式》第4.5条规定："中文期刊应按 GB/T 3259 的要求，加注刊名的汉语拼音，可印刷在期刊的适当位置，例如封一，或目次页版头，或版权标志块内。"按此规定，对于加注刊名汉语拼音的位置有"封一""目次页版头"和"版权标志块"等备选项，并不要求一定要在"封一"加注刊名汉语拼音。但需要注意的是，不论选择具体在什么位置加注刊名汉语拼音，都应完整加注。实践中，一些期刊，主刊名相同，但版别不同，如"河北师范大学学报"就有"哲学社会科学版""自然科学版"和"教育科学版"三个版别，不同版别对应的实际上是不同的期刊，尽管它们都称为"河北师范大学学报"，这时加注刊名的汉语拼音时，就不应仅仅加注"HEBEI SHIFAN DAXUE XUEBAO"，而应将版别信息的汉语拼音一并加注。因为各版别期刊的法定名称分别为《河北师范大学学报（哲学社会科学版）》《河北师范大学学报（自然科学版）》《河北师范大学学报（教育科学版）》。

同时，对于刊名汉语拼音的标注，必须遵循《汉语拼音方案》《汉语拼音正词法基本规则》（GB/T 16159—2012）和《中文书刊名称汉语拼音拼写法》（GB/T 3259—1992）。《汉语拼音方案》1958 年 2 月 11 日由全国人民代表大会批准公布的国家法定语言文字拼写和注音工具，也是拼写汉语的国际标准。2000 年 10 月 31 日第九届全国人民代表大会常务委员会第 18 次会议通过的《中华人民共和国国家通用语言文字法》（2001 年 1 月 1 日起施行）第十八条规定："《汉语拼音方案》是中国人名、地名和中文文献罗马字母拼写法的统一规范，并用于汉字不便或不能使用的领域。"这就再次确立了《汉语拼音方案》的法律地位。国际标准 ISO 7098《中文罗马字母拼写法》写道：

1982 年，国际标准化组织发出 ISO 7098 号文件《中文罗马字母拼写法》（该文件曾在 1991 年修订）采用《汉语拼音方案》进行中文罗马字母拼写，其中写道："中华人民共和国全国人民代表大会（1958 年 2 月 11 日）正式通过的汉语拼音方案，被用来拼写中文。转写者按中文字的普通话读法记录其读音。"

《汉语拼音正词法基本规则》（GB/T 16159—2012）是在《汉语拼音方案》的基础上进一步规定词的拼写规范的基本要点。该规则于 1982 年开始草拟，并在 1984 年 10 月经原中国文字改革委员会批准发表的《汉语拼音正词法基本规则（试用稿)》的基础上，经过多次修订而成；而后 1996 年 1 月由国家技术监督局批准、发布为国家标准 GB/T 16159—1996《汉语拼音正词法基本规则》，1996 年 7 月起实施。随着时间的推移，为了更好地适应汉语拼写的需要，经国家质量监督检验检疫总局、国家标准化管理委员会批准，对《汉语拼音正词法基本规则》进行了修订。修订后，《汉语拼音正词法基本规则》（GB/T 16159—2012）于 2012 年 6 月 29 日批准、发布，并于 2012 年 10 月 1 日正式实施。

《中文书刊名称汉语拼音拼写法》（GB/T 3259—1992）由国家技术监督局于 1992 年 2 月 1 日批准、发布并于 1992 年 11 月 1 日实施，它具体规定了用汉语拼音拼写我国出版的中文书刊名称的方法。

根据这些规范，刊名汉语拼音著录的规则主要有：其一，中文期刊名称拼写通常应以词为书写单位。每个词第一个字母要大写。因设计需要，也可以全用大写。其二，结合紧密的双音节和三音节的结构（不论词或词组）连写，四音节以上的表示一个整体概念的名称按词（或语节）分开写，不能按词或语节划分的，全部连写。其三，中文书刊的汉语拼音名称一律横写。实践中，有些期刊在著录刊名汉语拼音时，是以字为单位而不是以词为单位处理的，这一点需要特别注意。如对于"综合版"汉语拼音的著录应为"ZONGHEBAN"，而不能是"ZONG HE BAN"。还有些期刊对于期刊的汉语拼音名称，从设计角度采取了竖排的方式，在竖排时应尤其注意保持横写，否则将是不符合规范的。其四，并列结构、缩略语等可以用短横。如《山东工商学院学报》在封面著录的刊名汉语拼音即为"SHANDONG GONG-SHANG XUEYUAN XUEBAO"。笔者认为，这样处理"工商"二字的汉语拼音是较为妥切的，因为这里"工商"是"工"和"商"两个并列词的联合，"工商"相对应的英文为"BUSINESS AND TECHNOL-OLGY"。而《北京工商大学学报》对应的汉语拼音标注为"BEIJING GONGSHANG DAXUE XUEBAO"则是值得商榷的。此外，《河北经贸大学学报》的刊名汉语拼音似乎写为"HEBEI JING—MAO DAXUE XUEBAO"为宜。

（5）外文刊名的标注问题。《期刊出版形式规范》第5.1.3条规定："期刊的外文刊名须是中文刊名的直译。"第5.2.7条规定："期刊外文刊名的翻译应准确并与中文刊名保持一致，不能使用不相关的外文名称。"《中国高等学校自然科学学报编排规范》（修订版）也规定了在封面应标注国际通用文种（如英文等）刊名。实践中有些期刊存在不规范标注外文刊名的情形，应引起注意。

（6）外文期刊和少数民族文种期刊应标注汉语中文刊名。《期刊出版形式规范》第5.1.4条规定："外文期刊封面上必须同时刊印中文刊名，少数民族文种期刊封面上必须同时刊印汉语刊名。"

2. 出版年与期号信息

期刊封面上出版年和期号的信息中。《期刊编排格式》第5.3条规定："封面上标志项目中的数字应按规定采用阿拉伯数字。"

3. 主办者与出版者信息

主办者是期刊的主办单位。不能以主管单位和出版单位代替主办单位。

4. 刊号信息

刊号是一个刊物的独立合法身份的证明。在中国出版的刊物，必须有 CN 刊号。刊号信息应在封面作出准确、明显的标示。

（三）封面"标注语""加印项"的规范化问题

一些期刊在封面印刷了许多附加信息，如"CSSCI 来源期刊""全国中文核心期刊""中国人文社会科学核心期刊""RCCSE 中国核心学术期刊""中国期刊方阵双效期刊""全国高校百强社科期刊""中国北方优秀期刊""××省十佳期刊""中国人文社科学报核心期刊""中国学术期刊综合评价数据库统计源期刊""《中国学术期刊（光盘版）》全文收录期刊"等字样。

这些信息主要有四类：（1）期刊获奖信息（既包括国家级的评价也包括区域性或地方性的评价）；（2）评价工具收录信息；（3）被文摘数据库收录的信息；（4）被全文数据库收录的情况。经常被提及的全文数据库有 CNKI（包括其中的《中国期刊全文数据库 CJFD（WEB版）》《中国学术期刊（光盘版）》（CAJ—CD）、《中国期刊专题全文数据库（光盘版）》、维普数据库、万方数据—数字化期刊群、《中国生物医学文献光盘数据库》等。

对期刊获得的一些动态的荣誉应及时地将动态情况反映出来，被各个数据库收录的情况也要如实地写入。[1] 期刊附加信息应旨在方便读者直观了解期刊被各种数据库等收录的情况，但不应有意无意地误导读者和作者。

在相关法律、法规、规章等没有禁止性规定的情况下，期刊标注附加信息是允许的。有人将其称之为"期刊形象信息"，认为它是指能反映期刊级次的客观评价指标，可以左右读者的阅读选择以及作者投稿的取舍意向。[2] 然而鉴于期刊评价是动态变化的，比如核心期刊信息的标注应准确，应标明版次以及所属学科；对于已有新版评价信

---

[1] 吴治蓉、何晓阳：《学术期刊封面形象信息管理问题探讨》，载《现代预防医学》2007 年第 21 期。

[2] 马爱芳：《学术期刊封面信息标识存在问题探析》，载《编辑之友》2004 年第 3 期。

息的，如果是多次连续或间断性入围至今，可将多次入围信息一并表述，对于目前已"出局"的期刊，不宜将曾经的入围信息一再标注，否则有误导之嫌。

二　期刊版权页的规范化

版权页也叫版本记录页，是出版物在社会上流通和储藏的重要凭证及必须具有的标志。从规范本身而言，版权页是期刊出版情况的记录，列载供国家版本管理部门、出版发行单位、信息资源管理等部门使用的版本资料。其实其作用不限于对相关部门使用，客观上它也起到了便于人们查考书刊的版本源流和出版情况的作用，并且有助于保障作者和出版者的合法权益。

（一）　有关规范对版权页的基本要求

"期刊须设立版权页"是相关规范明确规定的（《期刊出版形式规范》第10.1.1条）。这就是说，"版权页"不仅是任何一种期刊必须具备的内容，同时是任何一种期刊中的任何一个刊期也必须具备的内容。不设立版权页或者不按照要求设立版权页，都将受到出版管理部门的监管。

《期刊编排格式》（GB/T 3179—2009）第10.1条规定："期刊每期在封四下方或其他固定位置登载版权标志，内容应包括：a）刊名；b）期刊；c）创刊年份；d）卷号（或年份）和期号；e）出版日期；f）主管者；g）主办者；h）承办者或协办者（必要时）；i）总编辑（主编）姓名；j）编辑者及其地址；k）出版者及其地址；l）印刷者；m）发行者；n）中国标准连续出版物号；o）增刊批准号（必要时）；p）广告经营许可证和商标注册号（必要时）；q）定价（必要时）。"第10.2条规定："用少数民族文字或外文出版发行的期刊，其版权标志应采用相应的文字。"

（二）　版权页的记载事项及应注意的问题

《期刊出版管理规定》第 31 条规定："期刊须在封底或版权页上刊载以下版本记录：期刊名称、主管单位、主办单位、出版单位、印刷单位、发行单位、出版日期、总编辑（主编）姓名、发行范围、定价、国内统一连续出版物号、广告经营许可证号等。领取国际标准连续出版物号的期刊须同时刊印国际标准连续出版物号。"

《期刊出版形式规范》10.1.2 规定，期刊版权页记录：期刊名称、主管单位、主办单位、出版单位、印刷单位、发行单位、出版日期、总编辑（主编）姓名、定价、国内统一连续出版物号、广告经营许可证号。

1. 总编辑（主编）

总编辑（主编）姓名是期刊版权页必须印刷的项目之一，并且按照规定，作为版权页记载内容的总编辑（主编）姓名只能是一个，而不能是多个。从期刊运行现状看，对于"总编辑（主编）姓名"项有标注多个的现象。具体的类型有：

（1）标注"总编辑（主编）"1 人，又加标"副总编辑（副主编）"1 人或多人，有些还对某 1 位或多位副总编辑（副主编）加注"常务"字样。

（2）标注"总编辑"1 人，又加标"副总编辑"1 人或多人，和"主编姓名"1 人。

（3）标注"总编辑（主编）"，加标"执行总编辑（执行主编）"及"执行副总编辑（执行副主编）"。

（4）标注"总编（辑）"一人，副总编一人或若干人，主编 1 人，副主编一人或多人，学术主编 1 人或多人。

（5）标注"主编"1 人，加注"某栏目主编"或"某学科主编"若干。

笔者认为，作为版权页记载事项的"总编辑（主编）"是要突出对于期刊编辑工作负责。"总编辑"（或称主编）作为一个名称，不仅是一份职务，而且包含了该职务所应承担和履行的事务，"总编辑"（或称主编）是期刊编辑事务的总的主持人。当然，"总编辑"（或称主编）的工作既是事务性的，也是学术性的，因此"总编辑"（或称主编）应具有足够的专业知识，丰富的编辑出版经验。为了便于工作的开展，配备若干名助手担任副总编辑（或副主编）是完全可以的。究竟是称谓"总编辑"还是"主编"可以由各期刊主办单位根据自己的期刊决定，但不应既有"总编辑"又有"主编"。此外"栏目主编""学科主编"的称谓犹如"小组国王"或"班级总统"，确实是在负责某一栏目或某一学科的人员，称为"栏目主持人或学科负责人"或更为适宜。"学术主编"更是一个无厘头的称谓。过多地使用"总编辑"或"主编"名称，对于这个要求有责任、有担当的职务而言，是灾难性的，就如某个笑话所说的一个东西砸下来砸到多少多少总经理，剩下的全是副经理。同时，"总编辑"或"主编"职务的泛化，不仅是极不严肃的，而且有违法之嫌。既然有关规范明确规定了版权页上必须标注"总编辑（主编）"的姓名，并且不允许标注多人，其意显然是要明确责任人，那么任何变相地标注多人的行为（不管是以"执行"的名义还是以"学术""栏目"或"学科"的名义），都不仅是在"封官"，而且也在混淆期刊编辑的责任主体，因此这些做法都是不妥的。一大堆的期刊负责人，难免会有沽名钓誉或封官许愿的嫌疑。此外，根据"法无禁止即自由"的基本理念，对于相关"副职"则因没有禁止性的规定而应允许自行标注。综上，笔者认为，任何同时标注了"总编辑"又标注"主编"的行为，都是不合规范的；任何同时标注了"总编辑（主编）"又标注"执行总编辑（执行主编）"的做法，也是不合规范的；在"主编"之外又标注"学术主编""栏目主编""学科主编"的做法，也是有违规范的。当然有些人之所以标注"执行总编辑（执行主编）"，主要是因为"总编辑（主编）"基本是"挂名的"，而缺乏实质性地履行职责。笔者认为，可以标注"常务副主编"，不宜实行"执行主编"。因为允许"执行主编"存在，就是允许主编只挂名不干事。其实，当标注"执行总编辑（执行主编）"时，也就意味着"总编辑（主编）"是不执行的。中国有一句老话叫"名正言顺"，建议通过相关规范的完善和切实执行，让挂名者停止挂名，让履责者有名有分。

期刊的主管主办单位要按照《出版管理条例》《期刊出版管理规定》《新闻出版行业领导岗位持证上岗实施办法》《出版专业技术人员职业资格管理暂行规定》《关于报刊社社长总编辑（主编）任职条件的暂行规定》《关于规范报纸期刊主要负责人任职资格的通知》（新出报刊〔2009〕184号）等法规、规章的要求确定报纸期刊出版单位的领导班子，选派报纸期刊出版单位的主要负责人。

《期刊出版形式规范》第八条专门对期刊总编辑（主编）作出了规定。按此规定，总编辑（主编）是主持期刊编辑和终审等工作的负责人，总编辑（主编）执行《期刊出版管理规定》和相关法规。总编辑（主编）姓名应印在期刊版权页等处。期刊上不得出现多个总编辑（主编）。据此，以在总编辑之外另行标注的"执行总编辑（执行主编）""学术总编辑""栏目总编辑"等都是不合规范的。

2. 版权页记录的其他事项

编委会的构成、采编人员。编委会应当说对期刊编辑的"大政方针"负责统揽全局，类似于公司的董事会。正如不懂事的人不应进入董事会，不理事的人不应进入理事会，不懂得编辑方针政策和参与编辑出版事务建设的人也不应作为编委会成员。评价较高的杂志，通过观察版权页也可略窥一二。阅读版权页，不仅可以看出采编力量的强弱，从纵向还可以看出其人员流动。

（三）版权页的位置

按照《期刊出版形式规范》10.2.1条规定："期刊须设立版权页，版权页位于期刊正文之前，也可设在期刊封底上。"

期刊正文之前，一般是编排在期刊的扉页。即一本期刊翻开后的右边第一页（左边的页码叫封二）。

第10.2.2条规定："期刊版权页记录的各个项目应完整。"第

10.2.3 条规定："期刊版权页记录的项目应与封面或封底上记录的相同项目保持一致。"

三 期刊目次页的规范化

目次，按照《现代汉语词典》的解释，即目录，亦即"书刊上列出的篇章名目"。①

（一）目次页的内容、位置及页码设置

1. 目次页的内容

《期刊编排格式》对目次页做了明确的规定。根据该标准，期刊每期应编有目次页。目次页包括目次页版头和目次表。目次页的版头应标明刊名、卷号、期号和出版年、月（半月刊、旬刊、周刊还应标明"日"）。目次表的标题为"目次"。在"目次"字样下方编排目次表，除上述内容外，目次页还包括期刊基本参数（对于目次表和期刊基本参数问题，下面再专门分析）。

2. 目次页的位置

目次页的位置问题具体包括以下几个细节：一是对于一种期刊中的某一期而言，目次页所在的位置；二是对于一种期刊的各期次而言，目次页的位置要求。

就第一点而言，目次页可以印在封一、封二、封三或封四，也可置于封二后的第 1 页。就第二点而言，目次页在一种期刊中的所在位置，应保持各期相同。如有必要变更时，应从新一卷（年）的第 1 期开始。比如说，某双月刊 2013 年第 1 期，目次页置于封二后的第 1 页，那么之后的各期（即 2013 年第 2 期、第 3 期、第 4 期、第 5 期和第 6 期）也都应将目次页置于封二后的第 1 页。如果期刊社认为有

---

① 《现代汉语词典（第 6 版）》，商务印书馆 2012 年版，第 923 页。

必要变更目次页的位置，则应从新的一年（即 2014 年）的第 1 期开始变更。并且，在变更之后，仍然不允许任意变换目次页的位置，如果又有必要变更时，还应遵从前述规则。

3. 目次页的页码设置及转页处理

目次页应单独编排页码，即目次页不宜编入期刊正文的连续页码。根据《期刊目次表》第 4.3 条的规定，目次表为多页并有必要时可用罗马数字单独编码，以便于查阅和复制。

目次页内容的丰富决定了其未必能在一页之内编排完毕，这就涉及转页问题。如前所述，目次页的起始页可以有不同的位置（即封一、封二、封三、封四，或者是封二后的第 1 页），转页问题也就因起始页的不同而有所差异。如果期刊目次页宜置于封二后的第 1 页，如需转页，应转到第 2 页；如果目次页起始于封一时，如有必要转页，则可接排在封二或接排在封四；如果目次页起始于封四时，如有必要转页，则应接排在封三。

（二） 目次表的规范化

1. 主要的相关标准

对于期刊目次页进行规范的依据主要是国际标准和国家标准。国际标准主要是 ISO18—1981《文献工作——期刊目次表》。国家标准主要有《科学技术期刊目次表》（GB/T 13417—1992）和《期刊目次表》（GB/T 13417—2009）。这几个标准的关系为：《期刊目次表》（GB/T 13417—2009）替代了《科学技术期刊目次表》（GB/T 13417—1992），修改采用 ISO 18—1981《文献工作——期刊目次表》。

该标准适用于期刊目次表的编排，它规定了期刊目次表的构成、内容要求和编排格式。对于期刊目次表的内容和结构，该标准规定"目次表应标示当期期刊登载的论文、评论、图片、通讯、消息以及补白和更正等的题名、责任者、所在页的起始页码和起止页码，以及分栏目编排的栏目名称。所刊登的广告宜单列广告目次，在广告目次上应标示'广告'"。

2. 条目与条目排列的规则

对于目次表中条目与条目的编排规则有顺序编排法、区分条目组法和栏目归类法三种。根据《期刊目次表》第3.2条的规定，可以按照区分条目组或设置栏目的方式进行分类编排。区分条目组，即根据其内容的重要性区分为主要条目组和次要条目组。主要条目组的内容一般为期刊的主体文章、图片和评论等，次要条目组的内容一般为通讯、消息、补白和更正等。除区分条目组对内容进行编排外，通常采用的就是栏目法。所谓的栏目，即"按内容、性质、表现形式或所属学科分支，将同范围、同类型或同主题的一组文章等分类编排所用的标目"。栏目是期刊中相对独立的信息单元，是按照一定内容编排布局的完整表现形式。栏目可以有自己的栏目名称和栏目宗旨。

《中国高等学校自然科学学报编排规范》（修订版）规定"目次表中的各条目，可按学报中文章的顺序排列，也可分专栏排列"，采取的是顺序编排法和栏目设置法。《中国高等学校社会科学学报编排规范》（修订版）第5.2条规定："中文目次表应列出本期全部文章的篇名、作者姓名和起始页码。英文目次表可选择列出重要文章的篇名、作者姓名和起始页码，排于中文目次表之后。作者超过3人时也可仅列前3人，后面加'等'字。"第5.3条规定："目次表可按学报内文章的顺序，也可分专栏排列。各种补白短文的篇名用较小字号集中排列于主要文章之后。"这里实际上是综合了三种排列方法。

3. 单个条目的著录内容和注意事项

《期刊目次表》第3.3条规定："目次表的主要条目应包括对应内容的题名项、责任者项和所在页的起始页码或起止页码，次要条目至少要包括对应内容的题名项及其所在页的起始页码。广告目次中一般只列广告发布者名称及广告内容的起始页码。"据此，每一个单个条目应著录的内容包括：

（1）题名项，即标示文章或其他内容的完整题名（及其可能有的副题名）。如果题名所标示的文章是译文，那么按照《期刊目次表》第6.6条的规定，还应在题名后加注原著语种标志。

（2）责任者项，即标示对文章或其他内容进行创作、整理、翻译、注释等负有直接责任的著者（自然人、法人或团体）。所谓责任者，亦即《著作权法》意义上的著作权人，根据权利与责任相一致的原则，有权利才有责任。对于《著作权法》意义上的作品，著作权人享有法律规定的著作权及相关权益，也应当承担与其相关的法律责任、学术责任和道德责任。当著作权人为多人（即责任者项为多责任者）时，各著作权人（即责任者）间可用逗号隔开或留空。对于译文而言，则应加注原著的责任者的译名后用圆括号注明其国别。

（3）页码。按照《期刊目次表》第 6.8 条的规定，目次表中应刊出各篇文章的起始页码或起止页码。刊出起止页码时，起始页码与终止页码之间用半字线（－）连接表示。现在多数期刊，采有著录起始页码的方式，是符合国标要求的。而页码标注的位置，既可在题名项和责任者项之后排列，也可将所在页码置于题名项前。

（4）国别标注问题。按照《期刊目次表》第 6.6 条的规定，译文应在题名后加注原著语种标志，原著责任者的译名后用圆括号注明其国别。从实践看，多以［］或【】在责任者之前标注国别。

（三）期刊基本参数的规范标注

期刊基本参数是指某期刊具体某一期的基本出版信息。编印期刊基本参数的目的是便于对某一种期刊某一期的一些参数进行统计。"期刊基本参数"由中国学术期刊（光盘版）编辑委员会制定，由中华人民共和国新闻出版署发布的《中国学术期刊（光盘版）检索与评价数据规范》[①]规制的概念，目前已经被我国学术期刊广泛采用。《中国学术期刊（光盘版）检索与评价数据规范》建议在期刊的目次

---

① 《〈中国学术期刊（光盘版）〉检索与评价数据规范（试行）》由中国学术期刊（光盘版）编辑委员会制定，于 1998 年 12 月 24 日通过由新闻出版署主持的专家评审会审定，随后新闻出版署发布了"关于印发《〈中国学术期刊（光盘版）〉检索与评价数据规范（试行）》的通知"（新出音［1999］17 号），从 1999 年 2 月 1 日在全国近 3500 种入编期刊中试行。

页下方排印该期期刊的基本参数。

期刊基本参数的内容包括该期刊的一般固有信息和本期期刊的可变信息两个部分，由编辑部在编辑期刊时完成。期刊基本参数相关数据排列顺序及格式为：国内统一刊号＊创刊年＊出版周期代码＊开本＊本期页码＊语种代码＊载体类型代码＊本期定价＊本期印数＊本期文章总篇数＊出版年月。其中，国内统一刊号、创刊年、出版周期代码①、开本参数②、语种代码③等为固有信息；本期定价、本期印数、本期文章总篇数、出版年月为本期期刊的可变信息。在期刊基本参数之前通常以"期刊基本参数："或"〔期刊基本参数〕"作为标志。例：

期刊基本参数：CN13 – 1207/F＊1980＊b＊A4＊96＊zh＊P＊¥10.00＊2000＊16＊2011 – 09

这一期刊基本参数中的"CN13 – 1207/F"是《河北经贸大学学报》的国内统一连续出版物号，"1980"表明该刊创刊于1980年，b表示该刊为双月刊，"A4"表示该刊印刷用纸的开本为A4，"96"表示该期总页码为96页，"zh"表示期刊文章的语种为汉语，"P"表示印刷本，"¥10.00"表示本期定价为10元人民币，"2000"表示本期印数为2000册，"16"表示发表在本期中具有文献标识码的文章总共有16篇，"2011—09"表示本期刊物的出版年月为2011年9月。

对于"期刊基本参数"的标注，稍有不慎，就可能出错，尤其是

---

① 出版周期代码，为1位字母：W——周刊，S——半月刊，M——月刊，B——双月刊，Q——季刊，F——半年刊，A——年刊。

② 期刊标准开本按 GB 788 采用 A 系列代号表示，如 A4；对传统开本仍用数字表示，如16。

③ 语种代码，根据 GB 4880 用双字母表示：汉文——zh，英文——en，蒙古文——mn，哈萨克文——kk，维吾尔文——ug，藏文——bo，朝鲜文——ko。对于混合文种，可以同时列出，如 zh + en。

对于出版年月的标注常被误标为出版刊期。如：

期刊基本参数：CN41 - 1028/C * 1934 * b * A4 * 160 * zh * P
* ￥20.00 * 2000 * 22 * 2013—2

这是某刊 2013 年第 2 期标注的期刊基本参数。该刊是双月刊，
2013 年第 2 期的出版日期为 2013 年 3 月 1 日。此期刊基本参数中的
出版年月应标示为"2013—03"。

再如：

[期刊基本参数] CN23 - 1457/D * 1994 * b * A4 * 160 * zh *
P * ￥15.00 * 800 * 46 * 2013—02

这是另一刊物 2013 年第 2 期标注的期刊基本参数。该刊是双月
刊，2013 年第 2 期的出版日期为 2013 年 3 月 15 日。因此期刊基本参
数中的出版年月应标示为"2013—03"。此外，"期刊基本参数"中
的"本期页码"参数记载为"160"也是值得商榷的。虽然该期刊物
以"160"作为最终页码，但在正文起始页第 1 页之前还有 4 页（即
扉页 1 页，中文目次页 2 页，英文目次页 1 页），该刊总页码应
为 164 页。

四　期刊索引与总目次编排的规范化

（一）索引的概念与作用

索引，是由英文"index"音译而出，最初被译为"引得"，在此
之前称为"备检""通检"等。按照《现代汉语词典》的解释，索引
是指"把书刊中的项目或内容摘记下来，每条下标注出处页码，按一

定次序排列，供人查阅的资料"①。按照新闻出版总署《关于进一步加强学术著作出版规范的通知》的规定，"索引是指向文献或文献集合中的概念、语词及其他项目等的信息检索工具，有助于学术内容的检索、引证、交流和传播。索引的编制应力求实用、简明、便捷、完备。"并且索引是"学术著作不可或缺的重要组成部分"，"是反映学术著作出版水平和质量的重要内容，必须加强出版规范，严格执行国家相关标准"。

索引可以揭示文献的内容和指引读者查找信息，期刊索引可以揭示一份期刊的基本情况（如篇目、文句），从而可以深入、完整、详细、系统地为读者提所需文献的具体线索。期刊素有"杂志"之称，它所承载的内容往往是极其庞杂的。当一期期的期刊出版以后，累积起来，信息就更为庞杂繁多，如果没有索引，要从期刊中找出某一特定有价值的信息或者特定著者的观点，无疑是相当困难的。如果配置了适当的索引，则可以帮助人们查找信息，从而也就提高了期刊的使用价值，延长了期刊的生命力。

（二）期刊索引规范的主要内容

《索引编制规则（总则）》（GB/T 22466—2008）和《期刊编排格式》（GB/T 3179—2009）确立了索引编排的基本规范。《期刊编排格式》第 11 条专门规定了"总目次和索引"。

1. 卷（年）终按需编排总目次和索引

《期刊编排格式》第 11.1 条规定："期刊可按需要在每卷（年）卷（年）终编印总目次，供全卷（或全年）合订成册时装订在卷首。"第 11.2 条规定："期刊可按需要在每卷（年）卷（年）终编印索引。索引可以有主题索引、著者索引和关键词索引等。"这就明确了期刊编印总目次和索引的时间为每卷（年）终。实践中，多数期刊都是在年终的最后一期加上总目次和索引。

---

① 《现代汉语词典（第6版）》，商务印书馆2012年版，第1250页。

2. 索引的种类有主题索引、著者索引和关键词索引等

《索引编制规则（总则）》和《期刊编排格式》不仅明确了索引可以有主题索引、著者索引和关键词索引等不同的类别。而且对各类索引的概念界定和著录项目都做了较为明确的规定。

　　主题索引：以文献主题或主题因素为标目、提供内容检索途径的索引。索引款目一般按照主题标目的字顺排列，例如商品名索引、动植物索引、矿物索引等。主题索引的著录项目是：每篇文章的题名、全部著者姓名、期号、起始页码或起止页码。

　　著者索引：按文献著者姓名字顺排列的、提供著者检索途径的索引。著者索引包括个人著者索引和团体著者索引。著者索引的著录项目是：全部著者姓名、题名、期号、起始页码或起止页码。

　　关键词索引：以文献题名或文献中的关键词为标目的索引。关键词索引的著录项目是词名、期号、所在页码。

期刊编排索引是应按照《索引编制规则（总则）》和《期刊编排格式》给定的内容和格式进行。

3. 总目次和索引应另编页码

《期刊编排格式》第 11.3 条规定："期刊的总目次和索引另编页码，不与正文部分混同连续编页码，并应从单页起排。"《中国高等学校自然科学学报编排规范》（修订版）第七条第 4 款规定："总目次或索引一般编印在卷（或年）终期的最后，应另编页码（不编入学报主体的连续页码）。"同时规定"学报中各篇文章的总汇称为学报主体（即除封页、目次页、总目次页或索引，以及与文章无关的广告、插页等之外的部分）"。这就是说，总目次和索引均应不占用正文的页码，更不应与期刊的正文部分连续编排页码。

（三）目前索引著录存在的问题及改进策略

目前我国大多数期刊对索引的著录不够重视，基本停留于编制年度总目次索引，即将本期刊全年各期所刊发的文章按栏目或者发表的次序排列。这其实只是一份过去一年该刊发表稿件的目录清单，不能有效地揭示文章的主题内容，对于论文检索的意义十分有限。为此，期刊应重视索引的编排著录工作，树立服务意识，从满足读者的需求出发，编制更具检索功能和价值的分类、主题、著者等途径的索引。

此外，实践中有些期刊在编制总目次索引时，采取了于正文连续编排页码的方式，这是不合规范的，应予纠正。还有期刊在编制总目次索引时，虽然采取了单独编排页码的方式，但是总目次索引却"挤占"了正文的页码，比如正文本来为128页，因总目次要占有4个页码，于是正文只编排到124页，另起4页编排了总目次索引。笔者认为，这样处理也是不妥的。作为当年（卷）的末期期刊，应当拥有与其他各期期刊同样的页码（即版面），可以承载同样版面内容的信息，这样也可以保障期刊不因编排总目次和索引而缩减版面，以保障读者获取到同样量的信息。总目次和索引应是读者订阅期刊的消费者盈余，不应因编印总目次和索引而克减读者的信息总量。

第七章

单篇文章编排的法治化与规范化

本章内容提要：期刊中单篇文章的编排的法治化与规范化要通过标题、摘要、关键词、文中层次标题、作者简介、引文标示、参考文献等细部的法治化与规范化予以实现。标题应简明、具体、确切，且用语规范；摘要应是内容和观点的凝练，而非写作背景或写作思路的交代；关键词应是具有检索价值的关键性词语，而不能是词组；文中层级标题要逻辑清晰，层次分明，序号选择符合要求；作者简介应注意区分任选项与必选项；引文标注要严格遵守著作权法的要求；参考文献要为参考者写明必要的线索。

本章关键词：学术期刊；标题；摘要；合约行为

一本期刊通常是由若干篇独立的文章组成的。谈论期刊的规范化和法治化，不能离开单篇文章编排的法治化与规范化。而每一篇文章又可细分为若干"部件"，每一个"部件"的编排也必须符合规范。以学术期刊为例，一篇独立的文章常见的组成部分包括标题、摘要、关键词、文中层次标题、作者简介、引文标示、参考文献等。

一　标题的拟定与规范化

（一）有关标题的规范

标题，即文章的题名。对于题目，在《科学技术报告、学位论文和学术论文的编写格式》（GB 7713—1987）、《中国学术期刊（光盘版）检索与评价数据规范》、《中国高等学校社会科学学报编排规范》（修订版）、《中国高等学校自然科学学报编排规范》（修订版）等文件中都有规定。

按照《科学技术报告、学位论文和学术论文的编写格式》（GB 7713—1987）的规定，题名的编写著录应遵循下列规范：（1）题名是以最恰当、最简明的词语反映报告、论文中最重要的特定内容的逻辑组合。（2）题名所用每一词语必须考虑到有助于选定关键词和编制题录、索引等二次文献可以提供检索的特定实用信息。（3）题名应该避免使用不常见的缩略词、首字母缩写字、字符、代号和公式等。（4）题名一般不宜超过20字。（5）报告、论文用作国际交流，应有外文（多用英文）题名。外文题名一般不宜超过10个实词。同时该标准还规定了在下列情况下可以有副题名：（1）题名语意未尽，用副题名补充说明报告论文中的特定内容；（2）报告、论文分册出版，或是一系列工作分几篇报道，或是分阶段的研究结果，各用不同副题名区别其特定内容；（3）其他有必要用副题名作为引申或说明者。此外，根据这一国家标准，题名在整本报告、论文中不同地方出现时，应完全相同，但眉题可以节略。

《中国学术期刊（光盘版）检索与评价数据规范》（CAJ—CD B/T 1—2006）确立的题名著录规范主要有：（1）题名应简明、具体、确切，能概括文章的要旨，符合编制题录、索引和检索的有关原则并有助于选择关键词和分类号。中文题名一般不超过20个汉字，必要时可加副题名。题名中应避免使用非公知公用的缩略语、字符、代号以及结构式和公式（参见GB 7713）。（2）理论与应用研究论文、应用性成果学习经验总结、业务指导管理类文章应有英文题名，英文题名的首字母及各个实词的首字母应大写。（3）同一期期刊中应避免出现完全相同的题名。对于笔谈（一类将多个作者围绕一个主题发表的独立署名文字组合在一起的文章形式）中某一作者文字的单独引用，其题名应由笔谈主题名与该作者文字题名以":"连接组成。

《中国高等学校社会科学学报编排规范》（修订版）第 7 条是对"篇名"的规定，具体内容为："篇名应简明、具体、确切，能概括文章的特定内容，符合编制题录、索引和检索的有关原则，一般不超过 20 个字。必要时可加副篇名，用较小字号另行起排。篇名应避免使用非公知公用的缩略语、字符、代号和公式。"

《中国高等学校自然科学学报编排规范》（修订版）第 6.3 条是对于"题名"的规定，其具体内容为：（1）题名应以简明、确切的词语反映文章中最重要的特定内容，要符合编制题录、索引和检索的有关原则，并有助于选定关键词。（2）中文题名一般不宜超过 20 个字，必要时可加副题名。（3）英文题名应与中文题名含义一致。（4）题名应避免使用非公知公用的缩写词、字符、代号，尽量不出现数学式和化学式。

《高校人文社会科学学术规范指南》规定：标题是以简明的词语反映学术成果特定内容的逻辑组合，是成果内容集中、高度的概括。标题的基本要求是：（1）文题相符，从标题中不但应当看到选题的范围，还应看到论证的主题也就是问题的焦点；（2）显示类型，例如：理论论文（立论或驳论）、学术综述、调查报告……最好在标题中有一定的显示；（3）语句平易，结构清晰；（4）双重重点或附带内容可加副标题。

（二）标题表述的要求

标题的表述要求，又称为拟定标题的标准或规则，主要有准确、精练、新颖等。

1. 准确

所谓准确，又称恰当，或准确性，就是"所拟定的题目，能将研究内容和思想准确、精练地表达出来，让人一看题目就知道研究的是什么，以及该题目研究的范围和深度。而且，用词要切题、要与研究内容相吻合，把研究内容、目的和研究中的某些要素之间的关系用含义确切的文字表达出来。也就是说，论文题目是能够反映论文中最重要内容的逻辑组合，它能概括整篇论文最重要的内容，对全篇论文有统领作用"①。

通俗地讲，标题的准确或恰当，就是文与题相符，或者说，文章的内容和文章的标题是一致的、对应的、相符的，这是对于任何文体的文章的最基本要求。如果标题与内容不一致，从标题的角度看，就是内容的写作偏题了，而从内容看就是标题不准确。文章是一个整体，文章的标题与文章的内容共同构成了这个整体，二者应是协调一致的。文章的标题要么是对文章内容的高度概括，要么是文章中心论点的揭示，要么是文章内容中集中论述、多次出现的关键词句。"题目之于文章好比帽子之于头，取题目应恰到好处，题目太大太小，对于文章来说，就好比帽子太大了不合头皮，太小了又戴不上，当然，如果题目与内容连一点联系都没有，那就好比是把袜子套在头上了，这些都是文不对题的体现。"

就像梁慧星教授所言，标题力求明确，极力避免文不对题、题意模糊、语法不通等语病。如果标题不能准确地表达研究对象，会使目标读者不能通过标题检索获取到该文章，从而对于文章的传播产生不利影响。

2. 精练

所谓精练，又称简洁，就是文章的标题应是对文章内容的高度概括提炼，用字上都尽可能的少。文学作品往往特别讲究语言的精练，有些文学作品的题目甚至只有一两个字，像鲁迅的《坟》《药》《故乡》《呐喊》，茅盾的《蚀》《虹》《子夜》，巴金的《家》《春》《秋》，莫言的《蛙》，贾平凹的《废都》《秦腔》等都精练至极。学术论文不能像文学作品那么简短，但是也应保持最大可能的精练。文章标题切忌冗长。

3. 新颖

研究题目的表达要生动，能吸引读者，让读者对题目有清晰而新

---

① 王定祥主编：《研究方法与论文设计》，高等教育出版社2013年版，第77页。

颖的理解。有人认为，题目表达不能过于肤浅，尽量在学位论文题目表述中不用诸如"刍议""浅议"或"初探"等字样。实践上，如果说对于一个老题目的"刍议""初探"是不合适的，而对于一些新问题进行"刍议""初探"则是允许的。

4. 明确性

梁慧星教授认为，"题目只确定研究对象，不表达作者观点"。①凌斌则认为"标题中应当尽量表达作者的研究主题、范围、方法和命题，在适当的情况下也可以加入作者自己的判断"。并指出，"这样做的好处在于清晰和有力地表达自己研究的精华，从文献的角度来看，这类文献往往是最具检索和参考价值的，研究（者）能够很快地从标题中确定是否与其研究领域相关、是否对其命题和研究方法或素材感兴趣。"的确，从期刊论文的实践看，有很多这样的例证，举例如下：

> 法治化是国家治理现代化的必由之路
>
> 　　　　　　（张文显，《法制与社会发展》2014 年第 5 期）
>
> 建立法治国家必须尊重宪法权威
>
> 　　　　　　（龚刃韧，《法学》2015 年第 5 期）
>
> 尊重和保障人权是法治国家的核心价值
>
> 　　　　　　（张伟，《现代法学》2015 年第 2 期）
>
> "释正义"的不正义
>
> 　　　　　　（王岩云，《人民政协报》2015 年 8 月 4 日）

要确保明确性，除直述观点型标题外，标题的主体部分应是名词性短语（即去除搭配词"论""研究"之外的部分应为名词性）。

（三）标题的格式举要

标题的构成要素通常包括研究范围、研究对象、研究内容、研究

---

① 梁慧星：《法学学位论文写作方法》，法律出版社 2006 年版，第 29 页。

目标、研究视角等内容。

1. 最常见论文标题

"论……""……研究""……法律规制（治理）""……的完善""……的构建""……法律认定""……探究（探析）""……及其（与）……"

论电视节目模板的著作权保护

房地产投资信托法律制度研究

电子数据库的著作权保护研究

土地征收中农民权利保护研究

知识产权质押风险及其法律防范

商标反向混淆及其法律规制研究

论我国代孕生殖的合法化与法律规制

论我国农民专业合作社法律制度的完善

农村土地信托法律制度的构建

论集体建设用地使用权市场化的法律规制

论我国行业协会信用缺失问题的法律治理

网络消费欺诈行为的法律认定

非全日制用工最低工资保障问题探究

家政服务人员法律适用之探析

2. 期刊论文标题格式举要

（1）"从……到……"

"从……到……"是一种逐渐定型化的标题格式。从语法的角度，"从……到……""表示空间、时间、动作、状态或系列的起讫点"，"表示是一段距离中所包容的形成系列的人、事物、情况、时间、地点和数量等"，意义上具有"人物性、时空性、数量性等"，这种格式用作标题，可以用最简单的形式表示人或事物等的发展变化，对比强烈，富有概括力、表现力和吸引力。① 在学术论文中，"从……到……"标题格式也很常见。例如：

从隐私到个人信息：利益再衡量的理论与制度安排

（张新宝，《中国法学》2015 年第 3 期）

从公私合一到公私分离——论集体土地所有权的使用权化

（李凤章，《环球法律评论》2015 年第 3 期）

从立法技术到治理理念——中国语境下法律激励理论的转向

（丰霏，《法商研究》2015 年第 3 期）

法治中国背景下的"契约式身份"：从理性规制到德性认同

（亓同惠，《法学家》2015 年第 3 期）

这样的标题，通常需要作者对文章内容和观点的高度概括能力，通过标题，快捷传递观点，引导读者阅读。

（2）"简评"类标题问题

"简评"意为"简要地评价、评论"，与"详论"对应。当然有时"简评"也可作为自谦用语。整体而言，"简评"类标语，强调论述的"短平快"，忌讳论述上的冗长和"假大空"。这是一种常见的标题，如：

简评近年来的刑事司法解释

（张明楷，《清华法学》2014 年第 1 期）

简评 TRIPS-Plus 知识产权执法及其合法性

（余敏友、廖丽，《法学杂志》2011 年第 12 期）

简评《刑法修正案（八）》有关发票犯罪的规定

（陈洪兵，《华东政法大学学报》2011 年第 5 期）

---

① 尹世超：《标题语法》，商务印书馆 2001 年版，第 55 页。

（3）"初探"类标题问题

"初探"是由"初"和"探"结合的组合词，其意义也就是两个组合元素的合意。"初"既有"初次"之意也有"初步"之意；相应的"初探"意为"第一次探索或探讨；初步探索或探讨"。"初探"在标题上后倾使用。无论是"初次之探"还是"初步之探"都是在研究的初期，研究成熟之后就不再适宜做"初探"。相关例证如：

罗马公共卫生法初探

　　　　　　（徐国栋，《清华法学》2014 年第 1 期）

土地改革的法理初探——基于财产权的社会功能学说

　　　　（夏立安、董晓杰，《浙江社会科学》2015 年第 6 期）

行政审判法律原意适用规则初探

　　　　　　（曹炜，《行政法学研究》2015 年第 3 期）

旅游服务合同中旅游经营者的附随义务初探

　　　　（付建国、王希慧，《法律适用》2015 年第 5 期）

审判中心与相关诉讼制度改革初探

　　　　（陈光中、步洋洋，《政法论坛》2015 年第 2 期）

新媒体版权相关法律问题初探

　　　　　　（万蓉，《新闻战线》2015 年第 5 期）

公物设立行政行为司法审查初探——以我国首例道路命名行政诉讼案例分析为视角

　　　　　　（贾茵，《政治与法律》2015 年第 1 期）

香港形式法治与实质法治二元发展路径初探

　　（高中，《湖南大学学报（社会科学版)》2014 年第 6 期）

我国反恐立法走向初探

　　　　　　（任永前，《法学杂志》2014 年第 11 期）

检察文化及其建设路径初探

　　　　　　（张梁，《人民检察》2014 年第 21 期）

社会治理型民事检察制度初探——实践、规范、理论的交错

视角

　　　　　　（韩静茹，《当代法学》2014 年第 5 期）
　　佛教观念对中国古代法律的影响初探

　　　　　　（陈义和，《比较法研究》2014 年第 4 期）
　　依宪治国的涵义初探

　　　　　　（马岭，《环球法律评论》2013 年第 5 期）
　　作为法价值的"和谐"涵义初探

　　　　　　（王岩云，《法制与社会发展》2006 年第 4 期）

　　最后一个例证是笔者的文章，该文写作于"和谐社会"概念引入学界之初，其时"法治与和谐社会"的讨论刚刚起步。文章尝试性地对"和谐"的特征做了四点概述：第一，和谐是一种配合适当的理想状态。第二，和谐是一种功能多样的动态平衡。"和谐"是众多个体不断融合的状态组成，是一种动态的平衡。第三，和谐是一种涵盖周延的目标系统。"和谐"的目标指向是人与社会、自然的多维系统，包括人的和谐、社会的和谐、自然的和谐，以及人与社会、自然和平共存与发展。第四，和谐是一种亦真亦善的审美旨趣。如果说，自由、正义、效率代表着真与善，秩序代表着美，那么和谐则代表真善美的统一。

　　文章最后提出：

　　　　在此有一个或许不确当的比喻，假如自由、正义、效率、秩序可以比作支撑法治运行的四根擎天大柱，那么，和谐就如一个大的圆形桌面，自由、正义、效率、秩序恰如四根桌腿，五者结合形成一个精美的法价值"圆桌"，各个价值之间既各自独立又相互交融的。

（4）"之我见"型标题
从道理上讲，每一篇文章都应有独立见解，而不是人云亦云，但真正做到这一点可谓难之又难。"之我见"型标题突出的是对相关问题的"我见",要求文章必须有作者独到的见解。如果个体性见解不足,则不宜适用"之我见"型的标题。相关例证如:

新闻传播立法之我见

(李丹林,《青年记者》2015 年第 10 期)

最高人民法院设立巡回法庭之我见

(顾永忠,《法律科学》2015 年第 2 期)

检察机关依法独立行使职权之我见

(陈光中《人民检察》2015 年第 2 期)

党的领导与司法独立关系之我见

(龚廷泰,《法制与社会发展》2014 年第 6 期)

获利返还制度之我见——对《侵权责任法》第 20 条的检讨

(王若冰,《当代法学》2014 年第 6 期)

区分故意类型定罪问题之我见

(陈烨,《中国刑事法杂志》2013 年第 2 期)

中国式沉默权制度之我见——以"美国式"为参照

(何家弘,《政法论坛》2013 年第 1 期)

犯罪学研究范式之我见

(杨方泉,《法学评论》2013 年第 1 期)

社区矫正立法原则之我见

(阎玮、董亚娟、苏喜民,《河北法学》2013 年第 1 期)

完善处理交强险案件的法律规则之我见——从最高人民法院《关于审理道路交通事故损害赔偿案件适用法律若干问题的解释(征求意见稿)》谈起

(贾林青,《保险研究》2012 年第 9 期)

人身权立法之我见

(郭明瑞,《法律科学》2012 年第 4 期)

（5）冒号型标题

在标题中使用冒号（:）的情况很常见，也很有特色。因为冒号具有提示引出作用，可用在需要解释的词语后边，引出解释或说明，既可引人注目，又可节省词语，很适合在标题中使用①。例如：

超越权力分工：行政司法化的证成与规制

（耿玉基，《法制与社会发展》2015 年第 3 期）

"热"与"冷"：非法证据排除规则适用的实证研究

（左卫民，《法商研究》2015 年第 3 期）

监听侦查的法治实践：美国经验与中国路径

（曾赟，《法学研究》2015 年第 3 期）

从冒号所发挥的作用看，又可有若干的细分。

A. "："相当于"是"

从标题可以看出观点。文章是对标题中阐明观点的详细论。如：

孝道：中国传统法律的核心价值

（龙大轩，《法学研究》2015 年第 3 期）

认同的宪法难题：对"爱国爱港"的基本法解释

（田飞龙，《法学评论》2015 年第 3 期）

B. "："相当于"的"

之所以被区分为两部分，是为了更好地突出研究的内容。如：

核心国际人权条约缔约国报告制度：困境与出路

（尹生，《中国法学》2015 年第 3 期）

论联合国制裁措施在香港特区的执行问题：争议与实践

---

① 尹世超：《标题语法》，商务印书馆 2001 年版，第 192 页。

　　　　　　　　　　　　（吴燕妮，《法学评论》2015 年第 3 期）

C. "："相当于"——"

"："之后部分是对之前部分的限定。如：

　　　寻衅滋事罪的法教义学形象：以起哄闹事为中心展开

　　　　　　　　　　　　（陈兴良，《中国法学》2015 年第 3 期）

（四）副标题常用格式

　　副标题是文章的重要组成部分，关系到一篇文章的精神、格调。副标题的功能是对正标题（或称主标题）加以解释说明，明确并且完善作者想要表达的内容。正标题之后加个副标题，可以使题目变得更加生动，避免与他人的题目雷同。副标题主要有三种情形：一是给出研究的"视角"；二是突出研究的"方法"；三是限制研究的范围；四是点明研究的"证据"或经验材料；五是交代研究的"背景"。副标题中的常用语：

　　1. "——以……为切入（视角）"

　　　　论诉权的人权属性
　　　　——以历史演进为视角
　　　　　　　（吴英姿，载《中国社会科学》2015 年第 6 期）
　　　　实体法与程序法双重约束下的污染环境罪司法证明
　　　　——以 2013 年第 15 号司法解释的司法实践为切入
　　　　　　　（焦艳鹏，《政治与法律》2015 年第 7 期）
　　　　论外资并购国家安全审查中的投资者保护缺失
　　　　——以三一集团诉奥巴马案为视角

　　　　　　　　　　　（赵海乐，《现代法学》2015 年第 4 期）

2. "——基于……的思考（实证分析/反思）"
背景与方略：中国《刑事诉讼法》第三次修改前瞻

——基于全面推进依法治国战略的思考

（左卫民，《现代法学》2015 年第 4 期）

专利侵权法定赔偿中的主体特征和产业属性研究

——基于 2002—2010 年专利侵权案件的实证分析

（李黎明，《现代法学》2015 年第 4 期）

非法证据排除规则的结构性困境

——基于内部视角的反思

（马明亮，《现代法学》2015 年第 4 期）

3. "——以……为中心（样本、例）"

公民参与司法：理论、实践及改革

——以刑事司法为中心的考察

（陈卫东，《法学研究》2015 年第 2 期）

我国《保险法》中不可抗辩条款完善之研究

——以《保险法》第 16 条第 3 款为中心

（孙宏涛，《政治与法律》2015 年第 7 期）

美国刑事诉讼案件过滤机制及其启示

——以地方重罪案件为实证样本

（王禄生，《现代法学》2015 年第 4 期）

刚弱两需分野下我国判决说理模式新探

——以 S 市 F 区法院判决书为样本的研究

（李滇、樊华中，《法制与社会发展》2015 年第 3 期）

4. "——……反思"
利用未公开信息交易罪量刑情节的刑法解释与实践适用

——"老鼠仓"抗诉案引发的资本市场犯罪司法解释反思

（谢杰，《政治与法律》2015 年第 7 期）

5. "——兼……"

对按日连续处罚适用问题的法治思考

——兼评《环境保护主管部门实施按日连续处罚办法》

（刘佳奇，《政治与法律》2015 年第 7 期）

我国民事诉讼诚实信用原则的适用现象、问题与完善

——兼以法国民事诉讼的理论争论与实务判例为参照

（巢志雄，《比较法研究》2015 年第 3 期）

私人行政司法审查受案标准的美国经验

——兼论我国私人行政责任机制的建构

（李年清，《法制与社会发展》2015 年第 3 期）

6. 其他

司法规律的理论和现实问题

——十八大以来的司法规律研究文献综述

（罗梅、寻锴，《法制与社会发展》2015 年第 3 期）

司法判决中的实践理由与规范适用

——儒家"原情定罪"整体论法律推理模型的重构

（王凌皞，《法制与社会发展》2015 年第 3 期）

正副标题有时可以互换，而互换之后会产生不同的效果。比如一篇博文原题为《警惕"有罪推定"：虐童案的反思》，后编辑在采用刊发时将标题改为《虐童案的反思——警惕"有罪推定"》（载《人民政协报》2012 年 11 月 26 日）。因为当时人们普遍关注的是"虐童案"，这样一改，将"虐童案"前置，的确更容易被关注。

（五）标题修改的示例

【原】不能照搬"诺瑟姆曲线"来研究我国的城镇化

【修】"诺瑟姆曲线"的二重性分析与我国城镇化道路的现实选择

【再修】不能照搬"诺瑟姆曲线"来研究我国的城镇化

【简析】

文章分为四个部分，"一、诺瑟姆曲线及其在我国城镇化研究中的影响"；"二、对诺瑟姆曲线的二重性分析"；"三、我国城镇化与西方城镇化不同"；"四、结论"。结论部分在总结前文分析基础上指出了城镇化道路的现实选择。原文采用否定性语句的标题，但对文章的内容涵盖论述不明。最初修改时给出的是一个中规中矩的标题，但特色不足。再修时将标题又改回原样，理由是这种带有否定性词语的标题有质疑通常认识的意味，容易引起人们的阅读兴趣。如此修改后，该文一经刊出即被中国人民大学报刊复印资料系列刊中的某刊全文转载。

二　摘要的撰写与规范化

在目前的学术期刊出版编排体系下，摘要是一篇学术论文的必备项。摘要写得怎么样，在一定程度上反映了写作者的研究能力和写作水平。对于期刊而言，文章摘要的水准还影响着学术信息的传播力。

（一）有关摘要的基本规范要求

1. 国家标准

根据《文摘编写规则》（GB6447—1986）的规定，文摘是指"以提供文摘内容梗概为目的，不加评论和补充解释，简明、确切地记述文献重要内容的短文"。

2. 行业标准

《中国学术期刊（光盘版）检索与评价数据规范》（CAJ—CD B/T 1—2006）对于摘要的主要规范内容有：（1）理论与应用研究论文、应用性成果学习经验总结、业务指导管理类文章等三类文稿都应中文摘要，其中理论与应用研究论文还应附英文摘要。（2）摘要应具有独立性和自含性，不应出现图表、冗长的数学公式和非公知公用的符号、缩略语。（3）中文摘要编写应执行 GB 6447 规定，篇幅 100～300 字。短文可不写摘要。（4）根据 GB 7713 "学术论文应有所创新" 的要求，A、B 两类文章的摘要中应明确列述该文的创新点（新理论、新观点、新技术、新工艺等），建议用黑体字（英文用斜体字）排印，以便于创新性知识的发现、提取和评价。例：

摘要：……首次提出了利用洋流发电的新设想，其可行性已被初步的试验证实。……

Abstract：……*A new idea of utilizing the ocean current to generate electricity was proposed for the first time and the feasibility was demonstrated by some preliminary tests.* ……

3. 文科规范

《高校人文社会科学学术规范指南》第 5.1.2 条规定："内容摘要也称提要，是学术成果的内容不加注释和评论的简短陈述。其写作目的，是使读者不看全文即可尽快地了解论文的大致内容，也便于二次文献的编制，促进信息的交流与传播。硕士、博士学位论文的内容提要有两种：一种是单独印发给学位委员会成员与有关人士的详细提要；另一种是置于正文之前题名页之后的提要。内容摘要应客观地用第三人称的方式撰写。在撰写内容上，一般不应少于以下几点：研究对象、研究方法、主要结构、结论要点。"

《中国高等学校社会科学学报编排规范》（修订版）第 9 条是对

"摘要"的规定。具体要求为："摘要应能客观地反映论文主要内容的信息，具有独立性和自含性。一般不超过 200 字，以与正文不同的字体字号排在作者署名与关键词之间。"

4. 理科规范

《中国高等学校自然科学学报编排规范》（修订版）在第 6.5 条对"摘要"作出了专门的规范。其具体内容主要为：

（1）论文都应有摘要（3000 字以下的文章可以略去）。摘要的编写应符合 GB 6447—1986 的规定。

（2）摘要的内容包括研究的目的、方法、结果和结论。一般应写成报道性文摘，也可以写成指示性或报道—指示性文摘。

（3）摘要应具有独立性和自明性，应是一篇完整的短文。一般不分段，不用图表和非公知公用的符号或术语，不得引用图、表、公式和参考文献的序号。

（4）中文摘要的篇幅：报道性的以 300 字左右，指示性的以 100 字左右，报道—指示性的以 200 字左右为宜。

（5）英文摘要一般与中文摘要内容相对应。

（二）摘要写作的要点和注意事项

1. 摘要写作的关键点

（1）摘要须能够反映出文章的实质性内容，要避虚就实。一篇文章洋洋洒洒或者磕磕绊绊，总有那么几千字甚至数万字。其中有些文字是实质性的，有些则是辅助性的，并且必然有"废话"存在，并且在某种意义上"废话"在数量上占有压倒性的绝对优势，实际有用的话则就那么几句。"摘要"就是要摘出那么几句有用的、实质性的话，让人一看就知道你说的是什么。

（2）摘要是观点的摘要，不是结构的摘要。"摘要"写作要突出"要"。一是要简明扼要，要言不烦。不要啰里八唆，尽可能不要字数冗长；二是这里的"要"是指主要和重要的思想与观点，而不是结构提纲。不能全是问题，没有答案。要明白，摘要不同于目录和提纲。

我看你的目录就好了。摘要是要看观点的。看摘要就不需要再去几千字甚至几万字中去翻阅查找观点了。

（3）"摘要"是"摘"要，而不是全要，因此不要面面俱到，而是要侧重于突出本文的新点和亮点。

2. 注意事项

（1）摘要属于"文"摘，要求以文字形式表述，不能有图表等非文字性表达。

（2）摘要属于思想和观点的精华荟萃，要高度精练，切忌冗长繁杂。

（3）摘要必须是客观公允，应当以第三人称的语气书写。切忌主观表述，不使用"本文""文章""论文""笔者"等类似用语。

（4）要注意区分不同学科的习惯做法。不要把理工科摘要的要求与文科摘要搞混了。

（三）摘要实例讲析

实例 1：

【原】摘要：大学生兼职已成为当下社会的一种普遍现象而广受关注。兼职不仅能为家庭困难的大学生带来一定的经济收入，也能为其提前进入社会、锻炼、提升自身能力提供机会。然而，由于现实中存在的种种不利因素，许多大学生在兼职过程中其经济、人身及其他权益屡受侵害，大学生兼职本应起到的积极作用大打折扣。究竟大学生在兼职过程中受到了哪些伤害，大学生兼职应享有哪些合法的权益，大学生的兼职行为能否纳入到劳动法的保护范围之内，劳动法视角下的大学生兼职权益范围该如何界定？本文将从这些问题入手，着重对劳动法视角下大学生兼职权益的范围界定作进一步探讨。

【修】摘要：大学生兼职已成为当下社会的一种普遍现象而广受关注。兼职不仅能为家庭困难的大学生带来一定的经济收入，也能为其提前进入社会、锻炼、提升自身能力提供机会。然而，由于现实中存在的种种不利因素，许多大学生在兼职过程中其经济、人身及其他权益屡受侵害，大学生兼职本应起到的积极作用大打折扣。劳动法应当对大学生兼职过程中获取劳动报酬权、休息休假权、获得劳动安全卫生保护权、提请劳动争议处理权等权利予以保护，针对接受职业技能培训权、享受社会保险福利权应当附条件地予以保护；新型兼职中产生的其他权益不宜纳入劳动法的视野，但要做好和其他法律法规的立法衔接。

【简析】

原稿是"写作背景+写作思路"式摘要，通过摘要根本无法看出文章的观点是什么。修改稿保留了原稿中的写作背景交代，将写作思路的内容突出了具体的观点。

实例2：

【原】摘要：建设低碳经济，需要充分地循环利用自然资源，实现生态退化、环境污染的最小化和社会经济效益的最大化。目前低碳经济发展刚刚起步，低碳经济体制尚不健全，通过建立低碳审计制度、强化企业低碳审计、发挥财政低碳审计作用、做好低碳审计宣传等审计监督方法，规范和助推低碳经济的健康发展。

【修】摘要：建设低碳经济，需要充分地循环利用自然资源，实现生态退化、环境污染的最小化和社会经济效益的最大化。目前低碳经济发展刚刚起步，低碳经济体制尚不健全，可通过建立低碳审计制度、强化企业低碳审计、发挥财政低碳审计作用、做好低碳审计宣传等审计监督方法，规范和助推低碳经济的健康发展。

【简析】

原稿的写作基本符合规范，但语句有些生硬，加上一个"可"字就使表达流畅。

实例3：我国反垄断法宽大制度的完善研究

摘要：宽大制度是指垄断协议参加者在垄断协议尚未被发现前或者被发现后、尚未被认定违法前进行自首或揭发其他经营者的违法行为，其提交了有利于执法机关展开调查或认定行为违法的证据并与执法机关真诚合作，执法机关因而减轻或免除其法律责任的制度。而我国的反垄断法宽大制度的引进具有政治妥协性，在司法实践的实际操作中具有困难性。因为卡特尔本身所具有的某些特征，尽管我国对反垄断法宽大制度也在不断地进行完善。但在自由裁量和可预见、具体实施方面仍然有一定缺陷。我国反垄断法宽大制度要想真正发挥作用需要相关实体规范、程序规则、实施机制、法律制裁等外部配套措施共同推进。笔者以宽大制度的产生原因、基本机制、适用条件以及世界各国的立法实践为切入点，针对我国实施宽大制度过程中发现的不足之处，提出相应的完善建议。

【简析】

这篇摘要看不到任何的观点。讲了选题的背景和写作思路，但对于具体的观点却失于空泛。

实例4：我国反垄断纠纷的可仲裁性

摘要：反垄断法具有明显的公法色彩。从诞生伊始，反垄断法就肩负着管理市场、维护竞争秩序和公共利益的重任，在市场经济法律中占有根本性的地位，故被称为"经济宪法"。在传统上，各国均认为基于该法产生的争议也带有较强烈的公法色彩，因此有过该法的争议由代表国家权力的法院来审理则被视为解决反垄断争议的主要途径，也更能维护国家利益和社会公共秩序。传统上，解决反垄断争议的方法有民事诉讼、行政制裁和刑事制裁，将仲裁排除在外，对反垄断争议的性质不作区分，一律被认为不能通过仲裁解决。随着社会的发展，商事仲裁的可仲裁事项呈现出扩大的趋势。反垄断争议不能通过仲裁解决的传统法律实践也逐渐得到突破，某些国家已经开始允许特定的反垄断争议提交仲裁解决。在这种趋势下，我认为我国在某些情况下也可以用仲裁解决垄断纠纷。

【简析】

这是"写作背景"式的摘要。标题是"我国反垄断纠纷的可仲裁性"，写了一大堆反垄断法、反垄断争议的解决方法，只在最后写道了"某些国家已经开始允许特定的反垄断争议提交仲裁解决。在这种趋势下，我认为我国在某些情况下也可以用仲裁解决垄断纠纷"。这里并看不到"我国反垄断纠纷"何以具有"可仲裁性"。并且，这里用了"我认为"也是不符合要求的。

实例5：中国南海主权权益的国际法思考

摘要：笔者将从三个部分来分析在国际法上南海主权属于中国的合法性以及解决南海问题的一些可行性手段。第一部分为"南海争端的概述"。本部分旨在对南海争端的相关事实问题进行总结。第二部分为"南海争端中的岛礁主权争议"。本部分主要对南海争端中的焦点问题——岛礁主权争端进行研究，试图弄清依照现存国际法对领土主权问题的相关规定，南海岛礁究竟应该归属哪个国家所有。本章首先对岛礁领土主权的国际法理论与实践进行了介绍，国际法理论部分涉及了先占、添附、时效、割让、征服等传统领土取得方式。其次对南海争端中的海洋划界争议运用国际法原理进行探究，并着重研究一下"九段线"问题，并对其进行论证。第三部分为南海问题的现实抉择，主要从三个方面，即外交、司法、共同开发来分析解决。希望对当下解决南海国际争端的不同方法进行可行性分析和选择，着重关注实际建立区域多边合作机构的研究，提出不少思路和借鉴，来捍卫我国在南海主权权益。

这个摘要属于"写作思路"式摘要，并且缺乏观点陈述，且自我进行"拔高"性的评价，如声称"提出不少思路和借鉴"。

实例 6：浅析违反强制性规定法律行为效力的判断标准

摘要：我国司法实践及理论传统上大都认为违反法律强制性规定法律行为无效，凡是违反强制性规定的行为当然地不具备私法上的效力。国家作为社会管理者对私法行为进行必要干预是正当的，但是过度强制干预对私法领域来说却是不妥当的，这不仅侵蚀了私法原有的领地，损害了私法的基本价值，还阻碍了社会主义市场经济和市民社会的发展壮大。因此，近几年来，理论界和实务界纷纷对"违法＝无效"的观点进行检讨，学术和实践相互推动，最终带来了我们认识上的根本的进步。基于对近些年来的法律发展认识，所以我试图从介绍、分析我国关于违反强制性规定的法律行为效力认识的现状入手，进而采用比较研究方法，考察各法域立法、实务和学说，借鉴各国经验，找到我国解决认定违反强制性规定法律行为的效力的较为可行的方法。

【简析】

这是"写作背景＋写作思路"式摘要，不是观点型摘要。

三　关键词的规范选择

关键词是学术论文进入流通和引用的窗口，规范关键词选择有利于检索和引用。按照《科学技术报告、学位论文和学术论文的编写格式》（GB 7713—1987）规定，关键词是为了文献标引工作，从报告、论文中选取出来用以表示全文主题内容信息款目的单词或术语。中国科协学会学术部 2002 年 8 月 22 日科协学发字［2002］049 号通知发布《关于在学术论文中规范关键词选择的规定（试行）》对关键词的选取给出了指导性的建议。

（一）关键词的数量

《科学技术报告、学位论文和学术论文的编写格式》（GB 7713—1987）规定"每篇报告、论文选取 3—8 个词作为关键词，以显著的字符另起一行，排在摘要的左下方"。《中国学术期刊（光盘版）检索与评价数据规范》（CAJ—CD B/T 1—2006）规定的，每篇文章可选 3—8 个关键词。《中国高等学校自然科学学报编排规范（修订版）》亦规定"一般每篇文章标注 3—8 个"关键词。中国科协《关于在学术论文中规范关键词选择的规定（试行）》规定"发表在中国科协系统学术期刊中所有学术论文，必须在摘要后列出不少于 4 个关键词"。

笔者认为，规定关键词的数量是有一定积极意义的。关键词的语义重心，即所谓的"关键"是相对而言的，如果选择过多的词为关键词，则将"稀释"掉"关键"所承载的意涵。但不宜强行限制数量，因文章的性质和具体情况有差异，应允许作者根据需要列举适当数量的关键词。稳妥的做法是在规范允许的范围内尽可能多地标引关键词，是有一定积极意义的。

（二）关键词的排列顺序

大多数规范对于关键词的排列顺序没有规定。中国科协《关于在学术论文中规范关键词选择的规定》（试行）》。按其规定，关键词按以下顺序选择：第一个关键词列出该文主要工作或内容所属二级学科名称。学科体系采用国家技术监督局发布的《学科分类与代码》（国标 GB/T 13745—1992）。第二个关键词列出该文研究得到的成果名称或文内若干成果的总类别名称。第三个关键词列出该文在得到上述成果或结论时采用的科学研究方法的具体名称。对于综述和评述性学术论文等，此位置分别写"综述"或"评论"等。对科学研究方法的研究论文，此处不写被研究的方法名称，而写所应用的方法名称。前者出现于第二个关键词的位置。第四个关键词列出在前三个关键词中没有出现的，但被该文作为主要研究对象事或物质的名称，或者是题目中出现的作者认为重要的名词。如有需要，第五、第六个关键词等列出作者认为有利于检索和文献利用的其他关键词。

（三）关键词的选择

关键词是不是一定要选择文中使用的词，人们也有不同的认知。有人认为必须选择文中出现频率较高的词语，有人认为不应将文中未出现的词语作为关键词。通常情况下，选择文中出现频率较高的词语作为关键词是没有问题的，但不应一概否认文中未出现词语进入关键词的行列。比如，写作京津冀协调发展中法治问题的文章，可以选取"区域法治"这一京津冀法治发展的上位概念作为关键词。同时在检索文献时也可通过检索"关键词"为"区域法治"的文章作为写作的参考资料。

四 层级标题的拟定

何为层级标题？层级标题又称次级标题或文中标题，或小标题。层级标题的作用主要在于，提供文章各个部分的入口，便于浏览；帮助读者快速了解文章的主要内容。

（一）层级标题的格式与序号

1. 社会科学类文章常用的格式与序号表述

一、×××××××

（一）×××××××

1. ××××××

(1) ××××××

1) ××××××

相关规范：

《中国高等学校社会科学学报编排规范》（修订版）第 17.1 条规定："文内标题力求简短、明确，题末不用标点符号（问号、叹号、省略号除外）。层次不宜过多，一般不超过 5 级。大段落的标题居中排列，可不加序号。层次序号可采用一、（一）、1、（1）、1）；不宜用①，以与注号区别。文中应做到不背题，一行不占页，一字不占行。"

2. 自然科学类文章常用的格式与序号

1 ××××××

1.1 ××××××

1.1.1 ××××××

1.1.2 ××××××

1.1.3 ××××××

1.2 ××××××

1.2.1 ××××××

相关规范：

《中国高等学校自然科学学报编排规范》（修订版）第 6.9.1 条"层次标题"规定：

1) 层次标题是指除文章题名外的不同级别的分标题。各级层次标题都要简短明确，同一层次的标题应尽可能"排比"，即词（或词组）类型相同（或相近），意义相关，语气一致。

2) 各层次标题一律用阿拉伯数字连续编号；不同层次的数字之间用小圆点"."相隔，末位数字后面不加点号，如"1"

"2.1""3.1.2"等；各层次的序号均左顶格起排，后空 1 个字距接排标题。

　　3）各层次标题要醒目，其字体与非标题要有区别。

3. 层级标题格式方面的注意事项

（1）独立占行。如果是作为任何一级的标题存在的，那么应独立占行。

（2）句末通常不用句号。不是作为文内的一句话存在，而是作为任何一级的标题存在时，不需要在句末加句号，即使这个标题本身就是一句话。正如文章标题通常不用句号，问号、叹号、省略号除外。

如果根据排版习惯，不独立占行，这是可以看作是标题下的几层意思的内容，而不是作为标题存在。

（二）层级标题的原则

1. 围绕中心，体现行文思路

要实现围绕中心的目的，层级标题宜适当重复上一层级标题中含有的词语。对于一个好的文章构架，各级标题与次级标题应当与论文的主标题存在关联关系，如果多个次级标题与主标题无关，构建可能出了问题。

2. 格式一致，体现工整美感

统一的格式或者统一的句式或者统一的字数表述往往能够营造一种视觉美感，有利于提升文章的表达效果。

3. 结构协调，合理划分单元

要控制各个部分的长度和详细程度，不要让各个部分的长短差距过于悬殊。对于实在无话可说的部分，可以放在最后，以"另外""此外"等单独成段表述，而不列出标题。

（三）层级标题处理的一些实例

例 1：劳动派遣法律关系研究

前言

一、劳动派遣关系的多边性

二、劳动派遣关系引发的相关法律权益问题

三、劳动派遣法律关系的法律保障

四、防范与控制劳务派遣风险的对策与建议

（葛琳，载《学术观潮：中国人民大学在职硕士研究生论文集》，上海三联书店 2012 年版）

【简析】

从目录可以看出，四个一级标题中都有"劳动派遣"字样，这就确保了论述紧紧围绕"劳动派遣"这一主题而不发生偏移。

例 2：知识产权法定赔偿制度研究

一、知识产权法定赔偿制度含义解析

二、知识产权法定赔偿制度立法模式比较研究

三、知识产权法定赔偿制度在我国的建立和发展

四、我国现行知识产权法定赔偿制度存在的问题

五、完善我国知识产权法定赔偿制度的几点建议

（王岩云，《河北师范大学学报（哲学社会科学版)》2007 年第 1 期）

【简析】

标题是"知识产权法定赔偿制度研究"，从目录看五个一级标题均含有"知识产权法定赔偿制度"字样，这就确保了论述围绕文章主题。

例 3：知识产权侵权损害赔偿原则探析

一、知识产权侵权损害的范围和特性

（一）知识产权侵权损害的范围

（二）知识产权侵权损害的特性

二、知识产权损害赔偿原则讨论：补偿性原则与惩罚性原则

之争

三、知识产权损害赔偿采纳惩罚性原则的必要性和可行性

（一）知识产权领域内的补偿性原则先天不足：惩罚性原则建立动因之一

（二）防止恶意侵权，提高侵权成本：惩罚性原则建立动因之二

（三）降低执法成本，激励守法行为：惩罚性原则建立动因之三

（四）国际立法的示范：惩罚性原则建立的可行性分析之一

（五）域外立法的借鉴：惩罚性原则建立的可行性分析之二

（六）消费者权益保障法的启示：惩罚性原则建立的可行性分析之三

四、合理的选择：建立补偿性原则与惩罚性原则相结合的赔偿制度

（王岩云，《河北师范大学学报（哲学社会科学版）》2009 年第 6 期）

【简析】

该文不仅围绕主题，而且在次级标题处理，尤其是"三、知识产权损害赔偿采纳惩罚性原则的必要性和可行性"的次级标题处理上，选择了大体一致的结构，这样不仅在视觉上可能形成一种美感，而且在论证效果上也有助于强化效果。

例 4：《复旦抄袭门评析》

该文的三个一级标题为：

版权客体要件：原创性而非首创性

抄袭判断标准：接触 + 实质性近似

版权理论基础：思想与表达二分法

（王岩云，《人民政协报》2015 年 6 月 23 日）

【简析】

该文的三个一级标题形式处理保持一致，都是由"："区隔的符号型标题，而且每一个标题的长度基本保持一致，易形成一种美感效益。

例 5：《优化法治环境的系统思考》

该文的文内一级标题为：

一、践行依法执政理念，发展依法治国的基础政治环境

二、厉行科学民主立法，构建良法善治的基本制度环境

三、全面推进依法行政，创建透明高效廉洁的政务环境

四、增强司法公信建设，构筑公平正义为民的司法环境

五、深入开展法治宣传教育，营造尚法和谐稳定的社会环境

六、加强法律服务建设，创建优质诚信规范的法律服务环境

（王岩云，《河北师范大学学报（哲学社会科学版）》2013 年第 3 期）

【简析】

可以看出，文内的一级标题处理，不仅在格式方面保持了一致，而且在标题长度方面也做了协调处理，努力追求论证表达能力与语言结构美感的统一。

例 6：《数字化浪潮下期刊版权保护路在何方》

该文的文内一级标题为：

源头控制：完善版权授权方式

收益共享：健全利益分配机制

联合起来：建立协作维权机制

（王岩云，《人民政协报》2012 年 12 月 24 日）

【简析】

这篇文章的各个一级标题形式与长度都持协调统一。这样处理不仅层次清楚，而且视觉上也有美感。

　　文章标题包括各级标题的处理是一项贯穿写作始终的重要工作——在最初谋篇布局的列提纲阶段要考虑，在文章写作过程中有想法要及时调整标题的表述，即使在文章初稿完成的编校修改审核中，也应加强对文章各级标题的凝练。重视标题，不仅体现在文章写作中，也体现在各种题材的书面表述材料中。如：

　　某高校某年度的毕业生就业质量年度报告，初稿为：

　　……

　　三、毕业生就业特点

　　（一）大部分毕业生服务于京津冀地区经济社会发展

　　（二）有专业技能和实践经历的毕业生就业竞争优势明显

　　（三）校园招聘会是毕业生求职就业的主渠道

　　（四）就业行业相对集中

　　（五）部分专业的学生就业压力增大

　　四、就业工作的主要做法

　　（一）以人为本，构建立体就业工作机制

　　（二）以社会需求为导向，深化教育教学改革

　　（三）积极探索实践"3＋X"的创业教育体系

　　（四）以就业帮扶为载体，切实解决毕业生实际困难

　　（五）积极探索校企合作"预就业"人才培养模式

　　（六）充分发挥校园招聘在毕业生就业中的主渠道作用

　　……

　　在编校时，对标题做了调整，调整后的表述为：

　　……

　　三、毕业生就业特点

　　（一）大部分毕业生服务于京津冀地区经济社会发展

　　（二）有专业技能和实践经历的毕业生竞争优势明显

（三）校园招聘会是本科毕业生求职就业的主要渠道

（四）就业行业相对集中于服务业、金融业和制造业

（五）部分专业本科毕业生的就业压力呈增大的趋势

四、就业工作的主要做法

（一）坚持以人为本，构建立体就业工作机制

（二）以社会需求为导向，深化教育教学改革

（三）创新创业工作，实践"3＋X"的创业教育体系

（四）以就业帮扶为载体，切实解决毕业生实际困难

（五）加强校企合作，探索"预就业"人才培养模式

（六）充分发挥校园招聘在学生就业中的主渠道作用

……

上述调整意见主要是考虑标题的表达力和形式美，这些修改意见得到了报告撰写的承办人和主管领导的认同和吸纳。

五　作者简介的内容与规范化[①]

"作者简介"是期刊编排中经常处理的事项。在期刊编排规范化过程中，如何对待"作者简介"，相对而言，论述的较少。论述的较

---

① 本部分内容的初稿曾以《学报论文"作者简介"编排规范化探析》为题，发表于《河北经贸大学学报（综合版）》2005 年第 4 期。初稿曾投至中国人文社会科学学报学会2004 年"期刊发展趋势与新版核心期刊评价标准学术研讨会"并有幸荣获优秀论文一等奖。本部分的核心观点为："作者简介"是期刊编排规范化中涉及的一项重要内容。实务中，编辑人员为处理"作者简介"耗费了很多精力；同时，在期刊审读及编排规范化的检查评比中，通常也把"作者简介"作为必备项。通过整体理解会发现"作者简介"不是必备项，而是任选项。将"作者简介"作为必备项，主要源于理解上的偏差，故应注意加强沟通，统一认识；且将"作者简介"作为任选项，可使编辑人员专心于"编辑"业务，从而有助于提高刊物质量和真正实现编排规范化。

少，并不等于没有论述和探讨的必要。高校学报在期刊尤其是学术期刊中占有相当的份额，这里以高校学报的编排规范实践为例作出探析。

学报编排规范化，就字面而言，是指使学报的编排合于一定的规范。现在最通常和最直接参用的规范有两个，一个是《中国高等学校社会科学学报编排规范》（修订版），另一个是《中国学术期刊（光盘版）检测与评价数据规范》。为叙述方便，以下将前者简称为《学报规范》，将后者简称为《光盘版规范》。尽管两个规范存在一些不足，受到了一些批判，但它们毕竟使我们的编辑人员基本实现了有据可依，其广泛应用性是不争的事实。鉴于此，笔者以两个规范作为探讨的起点。

《学报规范》第"16　作者简介"条规定"对文章主要作者的姓名、出生年、性别、民族（汉族可省略）、籍贯、职称、学位等作出介绍……"。《光盘版规范》第"8　作者简介"条之8.1规定"对文章的主要作者可按以下顺序刊出其简介：姓名（出生年—）、性别（民族—汉族可省略）、籍贯、职称、学位、简历及研究方向（任选）……"。就笔者了解的情况而言，目前高校学报收到的来稿中，有许多稿件提供的作者信息达不到两个规范列明的项目。为了适应编排"规范化"的要求，迫不得已，编辑人员（有时是编务人员）千方百计联系落实这些信息，花费了许多精力和财力（多次电话询问核实）。

有学者对两个《规范》的上述规定提出质疑。如范俊军博士发表于《中山大学学报论丛》2003年第6期的《入网学术期刊规范化质疑》一文指出："这种要求作者公开个人信息的规定，反映的只是光盘资源编制者的主观愿望，即学术资源统计上的方便，但在实际操作中常遇到麻烦，且其合法性令人质疑。这9项信息涉及个人隐私问题，从法律的角度看，任何规范都无权要求作者提供这9项全部信息。即使只是为了学术资源统计上的需要，也必须征得文章责任人的许可。综观国外的学术期刊，我们尚未发现有某个刊物或学术统计机构对文章作者提出这么多的公开个人信息的要求。"

范俊军先生的质疑，或许道出了编辑界和学术界许多人想说的问题，笔者对于范先生的论据是极为认同和赞赏的。但是，在这里笔者想首先澄清一个理解和认识问题，而不是一上来就批评两个规范。其实，《光盘版规范》中"附录 A 使用说明"之"表 A2 各类文献规范数据选项表"已表明，对于文献标识码为 A（即理论与应用研究论文）、B（即实用性成果和学习实践总结）及 C（业务指导和管理类文章）的文献，"作者简介"为"有则加项"；对于文献标识码为 E 的文献（即文件、资料），"作者简介"为"任选项"；对于文献标识码为 D 的文献（即一般动态性信息）和无须标识码的文献（即其他类文献），"作者简介"为"不要求项"。对于所有类文章，"作者简介"都不是"必备项"。由此可见，仅就这一点而言，对于《光盘版规范》的质疑，实际上是在学习理解时没有能全面、整体把握规范的规定所致，而不是规范本身的错。

此外，《学报规范》也没有规定，必须列出第"16 作者简介"条指出的各项内容。从整体理解和系统解释的角度讲，第"16 作者简介"条应为任意性规则，即适用与否可由各学报自行选择。系统解释，就是将该条放在整个文件中，注意到条文在情事上的一致性，并综合考虑条文之间的相互关系，联系此条与其他条款来进行解释。我们不妨来看一下《学报规范》其他条款的规定。如：

"3.1 每种学报的版式应力求统一和稳定"

"4.1 封面设计应庄重大方……"

"4.2 封面应标示中文刊名……"

"5.1 目次页版头应标注刊名全称、出版年月……"

"6.2 刊眉应标注中英文刊名全称……"

"7 篇名应简明、具体、确切……"

"8.1 文章均应有作者署名……"

"9 ……论文应附有中英文摘要……"

"13 ……A、B、C 三类文章必须编码……"

"17.5……插图应标明图序和图题……"

"17.6……表格应有表序和表题……"

与这些条款的规定相比，"16　作者简介"中没有使用"应""必须"之类的强行性规则用语。由此可见，"16　作者简介"不是强行性规则，而是任意性规则。对于任意性规则，我们可以自行决定采用与否，当然，也就没有将其作为强行性规则而提起质疑的必要了。

另外，"作者简介"整个条目而言为任选项，即作为一篇文章而言，可以列明"作者简介"，也可以不列"作者简介"；而"作者简介"所涉及的9项信息，则属于倡导性的规定，即提倡而非强制要求必须采纳、必须全面列明，其中涉及的"9项信息"同样属于任选项。我们注意到，两个规范的条文中专门对——民族是汉族时可省略、简历及研究方向可任选——作出了明确规定，那么，按照整体性理解和系统解释的理论，是不是可以得出其余的项目如籍贯、职称、学位等是必备项而不能省略或者不允许任选呢？答案应当是否定的。试想，如果某作者没有职称、没有学位，是不是他（她）的文章写得再好也不能在刊物上发表？或者我们要发表他（她）的文章，还需先给他（她）职称和学位，然后才能发表他（她）的文章？这显然是荒唐的。此种情况下，期刊上没有标示作者的"职称"和"学位"，是不是也应归入"执行规范不彻底"之列？或者，还有个好办法能解决这个"缺陷"，我们给不了他（她）职称和学位，不妨在刊物上给他（她）随便标示个"职称"和"学位"，以达到项目齐全的要求。假设，这时有人评论作者不是"教授"妄称"教授"，不是"博士"假冒"博士"，那么，沽名钓誉的又是谁呢？——作者？还是期刊编辑部？笔者认为，从字面理解，规范的意思应该是，推荐、提倡各期刊能按列明的项目对"作者简介"进行标示，可以采用也可以不采用；即使全面采用，仍有很大的灵活度，仍有根据需要和可能取舍的自主权。

综上所述，"作者简介"应当是学报论文编排规范中的任选项，同时两规范也是将它作为任选项对待。目前现实中存在的问题，主要发生于理解环节。因此，关键是在实践中应加深理解，加强沟通，统一认识，以避免因理解偏差而生的无谓争论。当然，理解和沟通应当是广泛的，除了编辑与编辑沟通外，还需要期刊编辑部与期刊主管部门及出版行政部门的沟通。

值得关注的是，将两规范中"作者简介"条款作为强行性规范的认识相当普遍。一定程度上，这种认识已成为主流认识，在编辑出版部门，因为感觉"作者简介"是必备项，不可或缺，从项目要完备、内容要完整的业务要求出发，期刊编辑人员一而再、再而三，不厌其烦、不辞辛苦地联系落实需要的作者信息，甚至以此作为敬业的行为而自我认同；同时，学报的主管部门、学报研究会、期刊协会及出版行政管理部门也大都持此种认识，在审读期刊和考查规范化执行情况时，以这种认识指导工作。以笔者的自身经历为例，2004年上半年由河北省教育厅组织的学报、期刊审读和河北省新闻出版局组织的期刊审读，均将"作者简介"作为一项必备项列入检查的内容。河北省教育厅《学报、期刊审读内容和办法》和河北省新闻出版局《期刊编校质量审读办法》均在第3.5条第（3）项规定"检查中图分类号、文献标识码、文章编号、收稿日期、作者简介、基金项目等是否完整、准确"。将"作者简介"作为一项必备项对待，混淆了强制性规则和任意性规则的界限。而主管部门、相关行业部门及出版行政管理部门持有此种观点，无疑对错误认识起到了推波助澜的作用，也为正确理解规范和实施规范产生了极为消极的影响。可见，加强沟通，统一认识的任务还很艰巨。由此看来，范俊军博士的质疑也并非空穴来风，实乃"事出有因"，针对性极强。

如果期刊出版的主管部门与相关部门，早日认识到"作者简介"是个任选项，不再将它作为必备项对待，期刊界也就不必为了应付"规范化"的检查和评比而将错就错；如果期刊界能联合起来，对"作者简介"是个任选项早日达成共识，那么编辑人员也就不必为了"调查"作者的信息而劳神劳力，从而可以将有限的精力用于精心修改稿件、组织稿件和提高办刊质量上来。其实，逐项落实作者个人信息，问了出生年，问性别，再问籍贯（哪里人）……，有些像盘查户口，又有些像审讯犯人，想到此，大概问者和被问者的滋味都不会太舒服。有时候，一个不留神，一次没能问全信息，还要再问一次。毋庸置疑，多一分工作，多一分出错的概率。有时候，作者本人不在，其他人说了，结果错了，作者知道了，电话打到编辑部，又是一番"交代"，编辑人员还得把原来的材料拿来重新录入；更有甚者，作者所在单位人员中有与作者姓名相同或相近但性别不同的情况，打电话到作者单位问作者信息时，接话人员把与作者姓名相同或相近、但性别不同的另外一人的信息一一做了通报，待到刊物出版，作者找来，怎么在你们这里发表一篇文章，把性别都给我改了（性别相同的，其他信息通常也不同），编辑部所处的被动局面可想而知。出现这样的情况，追究责任倒是次要的，关键是如何补救。况且，究竟是谁的错，能说得清吗？不管谁的错，作者依法要求编辑部在刊物上刊登"更正声明"，编辑部又能怎么办？……种种情况，非一言两语，所能穷尽。此中的甘辛，无须细表，想来大多数编辑都有切身的体会。

正确理解了规范化中"作者简介"属于可有可无的项目，编辑就可以安安心心地做编辑业务。不需一一调查作者的信息，编辑就不用再"自找麻烦"，也可以少给作者找"麻烦"，从而编辑和作者都可以把精力用在"正事"上，免得彼此"烦扰"。当然，我们的编辑大都是爱岗敬业、不怕苦不怕累、勤于工作、勇于奉献的（历史和现实都证明了这一点）。但，关键在于，"作者简介"本来就是一个任选项，我们投入精力是不必要的。并且，一一追问各项信息，要求作者必须"交代"，其合法性令人质疑，我们为什么要冒着涉嫌窥探他人隐私的风险去做与办好刊物无实质意义的事情呢？这一方面，高校以外单位的主办的学术刊物，做得相对较好，基本上不进行"作者简介"的标示，仅标示"作者"署名和作者单位；有些则连作者单位也省去，仅标示"作者"署名。当然，习惯于"全面"标示作者信息的学报编辑可能认为，这恰是社会上期刊不规范的表现。然而，规范不规范，不能以自我为中心进行评判，而应以有效的规范和基于对有效规范的正确、客观地理解为前提展开。其实，作者的姓名、出生年、性别、民族、籍贯、职称、学位、简历及研究方向等，与文章本身的学术水平和规范化程度并不相干。文章是否可在刊物上安排发表，应该看的是文章本身的水平是否达到编辑部对文章发表水平的要求和是否符合本刊的办刊宗旨，而不应是看文章的作者叫什么，是"大腕儿人物"还是"无名小辈"，也不是作者是男是女，是什么职称，有什么学位，做什么方向的研究。年龄、学位和职称只能代表曾经的拥有或者现时的拥有，拥有的也只是年龄、学位和职称而已，并不能代表现在的这篇文章就能与他（她）的年龄、学位和职称相称。更何况，年龄、学位和职称，与文章的优劣，并不存在必然的相互联系。这一点，我想各位都是明理人，无须赘述。

学报的质量好坏，不在作者简介的有无。莎士比亚说的好"名称有什么关系呢？玫瑰不叫玫瑰，依然芳香如故"。我们评价一份学术期刊的水平看的是文章的水准，而不是作者是谁；一篇文章的优劣和它的规范化程度，关键在于文章本身，而不是作者或作者简介如何。

笔者注意到《编辑学报》的一则启事（见《编辑学报》2004 年 1 期第 19 页），声明："为了保护作者的个人隐私，避免过多著录作者信息带来的负面影响，经与有关专家讨论，《编辑学报》决定从 2004 年第 1 期起简化著录作者信息，只著录作者的工作单位、邮政编码、所在城市（必要时著录具体地址）。"笔者认为，《编辑学报》的理解基本正确，其做法值得我们学习。其简化著录作者信息的公开声明，是我们期刊界对这一问题的传统做法重新思考形成新认识的重要标志。如果说，笔者才疏学浅，见识难免偏颇，那么，《编辑学报》乃编辑界"大家"聚集的论坛，其盛名和威望足以成为一面旗帜！愿我们能见贤思齐，效仿好的做法！

笔者在此呼吁："作者简介"应当是期刊论文编排规范中的任选项！基于此，与期刊相关的考核、审读、评价、评定等事宜均不应把"作者简介"作为一项指标来对待，以免误导编辑实务（当然，本章提及的"作者简介"是任选项，限于编排规范而言，至于编辑部为了便于通联向作者提出要求及作者自行提交相关信息，则不在讨论的范畴之中）。

六　引文标示的法治化与规范化

《著作权法》规定了"适当引用"。适当引用必须具备下列条件：（1）引用目的仅限于介绍、评论某一作品或者说明某一问题；（2）所引用部分不能构成引用人作品的主要部分或者实质部分；（3）不得损害被引用作品著作权人的利益；（4）应当指明作者姓名和作品名称。

根据新闻出版总署《关于进一步加强学术著作出版规范的通知》（新出政发〔2012〕11号）第四条的规定："引文是引自他人作品或文献资料的语句，对学术著作的观点起支持作用。引文要以必要为原则，凡引用的资料都应真实、详细、完整地注明出处。""学术译著应尊重原作者研究成果，力求准确完整，不应随意删改原著的引文、注释、参考文献、索引等内容。"

《高等学校哲学社会科学研究学术规范（试行）》第三部分为"学术引文规范"，共两个条文，即第（七）条和第（八）条。第（七）条规定："引文应以原始文献和第一手资料为原则。凡引用他人观点、方案、资料、数据等，无论曾否发表，无论是纸质或电子版，均应详加注释。凡转引文献资料，应如实说明。"第（八）条规定："学术论著应合理使用引文。对已有学术成果的介绍、评论、引用和注释，应力求客观、公允、准确。伪注，伪造、篡改文献和数据等，均属学术不端行为。"

《高校人文社会科学学术规范指南》明确了学术引用的作用主要有：学术引用有利于将成果放在相关学术史的适当位置；学术引用是学术评价的重要指标；学术引用的伦理状况是学术职业化程度的衡量

尺度。该指南对于学术引用的规则主要有：（1）引用应尊重原意，不可断章取义；（2）引用应以论证自己观点的必要性为限；（3）引注观点应尽可能追溯到相关论说的原创者；（4）引用未发表作品应征得作者同意并保障作者权益；（5）引用未成文的口语实录应将整理稿交作者审核并征得同意；（6）学生采用导师未写成著作的思想应集中阐释并明确说明；（7）引用应伴以明显的标识，以避免读者误会；（8）凡引用均须标明真实出处，提供与引文相关的准确信息。同时规定伪注"属于学术不端行为"，也是"学术态度不诚实的表现"。

科学技术部《科研活动诚信指南》在第四部分"学术写作与学术出版"中的第一个问题"文献引用"中，规定："科研人员在论文或专著中，应当明确区分自己的和他人的研究成果；在引用他人的观点或研究成果时，应当力求准确，并列入文后的'引用文献'或'参考文献'。"同时对科研人员提出了七点具体要求：

1. 对于为自己研究中的重要事实陈述或假设提供支持、为论文中引用的他人的工作提供文字依据以及说明自己所参考的文献和资源等情况，都应当按照本学科通用的标准或规范，以注释、引用文献、参考文献等方式给予承认。

2. 不应当在参考文献中列入没有参考、引用过，或与本研究不相关的文献（无效引用或不相关引用）。

3. 应当尽可能使用直接引用，如果无法接触到原始文献，或原始文献使用的是自己不懂的语言，应当注明系转引并给出出处。

4. 不应当故意忽略、隐匿他人已发表的重要文献或对自己的研究结论不利的证据；不在引用他人文献时有意歪曲或贬低他人的学术观点或研究发现。

5. 引用他人未公开发表的新思想、新观点，包括在非正式交流中获得的资料，应征得相关人员的同意，并给予引注或说明。

6. 对于并非众所周知的原理、理论，在引用时应当注明出处；引用教科书、工具书中的资料也应当作出明确说明。

7. 不应当以盲目增加文献被引率等为目的，进行不适当的自我引用或与他人约定的相互引用。

七　参考文献著录的规则及格式设定①

参考文献的著录是一个很现实也很严肃的问题。"参考文献著录是学术论文的重要组成部分，它标识论文中所引资料的来源，反映作者对前人（包括自己）研究成果（包括理论、观点、方法、资料等）的引用和借鉴。"② 有学者已敏锐地指出，作为反映和展示某项科研结果的学术论文，一定离不开引用必要的相关参考文献，参考文献的著录错误则是"科技论文的严重缺陷"。③ 科学合理的参考文献著录规范不仅是版权保护的要求所在，而且也是杜绝学术不端的有效利器，糊里糊涂地著录参考文献，很可能纵容某些蒙世之作以"参考"之名招摇过市。现有的规范标准难以有效解决这样的问题，因此，修订完善相关标准已迫在眉睫。鉴此，笔者拟就现行规范和编辑实践中的具体做法提出补漏之管见，并与同人共磋商，也愿能为相关标准的修订献计献策。

（一）参考文献著录的规范与实践

理解参考文献著录的规范与实践，必须首先理解何为参考文献。何为参考文献是基础性的，同时本部分拟结合参考文献著录的规范，

---

① 本部分观点曾以《参考文献页码著录规范的探讨》为题，发表于《河北经贸大学学报（综合版）》2015年第2期。这里做了修改完善与内容拓展。

② 李梅：《参考文献时代"加减法"》，《深圳大学学报（人文社会科学版）》2013年第6期。

③ 朱久法、郑钧正：《参考文献引用错误是科技论文的严重缺陷》，《编辑之友》2014年第6期。

审视参考文献著录的实践。

1. 何为参考文献

中华人民共和国国家标准《文献著录总则》（GB3792.1—1983）将文献定义为"记录有知识的一切载体"。据此，以文字、符号、图画、音频、视频等方式记载知识的载体，包括图书、期刊、报纸及各类数据库、各种视听资料（如胶片、影片、唱片、光盘、录音带、录像带、幻灯片）等都属文献范畴。人类社会的进步就是在知识继承和文化传承下实现的。每一个人对知识的贡献都是立足于前人的知识。为了学习或研究而查阅有关资料，或者在处理各类事务时借鉴、利用有关材料，都是在所难免的，也是应当的。那些被查阅、被借鉴、被利用的文献材料，就是参考文献。新闻出版总署《关于进一步加强学术著作出版规范的通知》第四条第 4 款规定："参考文献是为撰写或编辑著作而引用的有关文献信息资源，是学术研究依据的重要体现，对研究内容起到支持、强调和补充作用。参考文献应力求系统、完整、准确、真实。"

2. 参考文献著录的主要规则

参考文献著录的规则主要有《信息与文献 参考文献著录规则》（GB/T 7714—2015）、《中国高等学校自然科学学报编排规范》（修订版）、《中国高等学校社会科学学报编排规范》（修订版）、《中国学术期刊（光盘版）检索与评价数据规范》（CAJ—CDB/T1—1998）等。2009 年 9 月 30 日发布并于 2010 年 2 月 1 日实施的《期刊编排格式》（GB/T 3179—2009）第 9.8 条规定："期刊文章如有参考文献，应按照 GB/T 7714 的规定著录。"

3. 参考文献著录的实践做法

（1）一一对应式的著录

所谓一一对应式的著录，就是正文中的引文与文后的"参考文献表"形成一一对应关系。"学术和知识是在传承中不断推进的，学术论文写作往往要不同程度地借鉴、引用已有的成果。从推动知识传承和发展而言，引用已有成果不仅是必要的，而且是必需的。"一一对应式的参考文献著录，能够切实反映出本文与被参考的文献之间的参考关系，有利于文献的查证比对。不过这种著录方式，为确保参考关系的一一对应，著录标引时有时相当烦琐。

（2）笼统列举式的著录

所谓概况列举式的著录，就是对于参考文献的著录主要体现于文后的"参考文献表"，而参考文献表是对正文写作的"参考文献"的笼统列举。而正文中的引文与文后的"参考文献表"并不形成一一对应关系，这种著录方式操作起来简便，但无法呈现具体的参考关系。

（二）参考文献的页码著录问题

参考文献的页码著录是一个很现实也很严肃的问题。科学合理的页码著录规范不仅是版权保护的要求所在，而且也是杜绝学术不端的有效利器，糊里糊涂的页码著录规范，很可能纵容某些蒙世之作以参考之名招摇过市。而现有的规范标准难以解决这样的问题，因此，修订完善相关标准已迫在眉睫。鉴此，笔者拟就现行规范和编辑实践中的具体做法提出补漏之管见，并与同人共磋商，也愿能为标准修订献计献策。

1. 现行规范对参考文献页码著录的要求

（1）国家标准的要求

《信息与文献 参考文献著录规则》（GB/T 7714—2015）对于参考文献页码著录的要求，主要体现在4.2、4.4、8.5、8.6、10.1.3、10.2.4等条款。对于"专著中的析出文献"和"连续出版物中的析出文献"，在文后的参考文献表中必须著录标明"析出文献"在"源文献"中的所在页码；对于正文中页码的著录问题，仅规定"多次引用同一著者的同一文献"时要求在正文的相应位置标注页码（详见"10.1.3""10.2.4"的规定）。其他情况下则没有著录页码的要求。

（2）《中国高等学校自然科学学报编排规范》的要求

《中国高等学校自然科学学报编排规范》（修订版）有关参考文献著录的要求集中体现在"6.12 参考文献"部分。按照该规范，参考文献表中有关页码的著录要求为：连续出版物，著录"起始或起止页码"；专著中的析出文献和论文集应注明起止页码；专著、学位论文、专利、技术标准等无须著录页码。正文中的参考处不涉及页码著录问题。

（3）《中国高等学校社会科学学报编排规范》的要求

《中国高等学校社会科学学报编排规范》（修订版）有关参考文献著录要求集中体现在规范的第二十条。"一种文献在同一文中被反复引用者，用同一序号标示，需表明引文具体出处的，可在序号后加圆括号注明页码或章、节、篇名，采用小于正文的字号编排。"对于"专著、论文集、学位论文、报告"类文献，"起止页码"为"任选"项目；对于"期刊文章""论文集中的析出文献"则必须列明"起止页码"；报纸文章须注明"版次"；对"各种未定类型的文献"，没有页码著录的要求。

（4）《中国学术期刊（光盘版）检索与评价数据规范》的要求

《中国学术期刊（光盘版）检索与评价数据规范》有关参考文献著录的要求集中体现在"14 参考文献（WX）"。该规范采用顺序编码制格式著录。对正文中的参考处的页码著录，没有规定。文后参考文献表的著录内容，该规范按照文献类别作了不同的处理："专著、论文集、学位论文、报告"，文献的"起止页码"为"任选"著录项目；"期刊文章"则要求著录"起止页码"；"论文集中的析出文献"，要求著录"析出文献起止页码"；"各种未定义类型的文献"，不要求著录页码。

2. 参考文献页码著录规范的执行现状

由于《信息与文献 参考文献著录规则》（GB/T 7714—2015）、《中国高等学校自然科学学报编排规范》、《中国高等学校社会科学学报编排规范》以及《中国学术期刊（光盘版）检索与评价数据规范》对参考文献著录要求的不统一，造成了实践中参考文献页码著录非常混乱的局面。

（1）页码的著录位置

（A）文后标注页码。即对每一个参考文献，在文后的参考文献表中分别标注页码，在正文中只著录参考文献序号（采用著者—出版年制的，只著录著者、出版年），而不标注页码。

（B）文中标注页码。即对每一个参考文献，在正文中"文献"被"参考"的位置分别标注页码，在文末参考文献表只著录参考文献的序号、类别、文献名称、出版信息等内容，而不标注页码。

（C）不标注页码。即对每一个参考文献，在文后参考文献表和正文中均不标注页码。

（D）上述三种情形的混合。即同一文献对于同一类参考文献的处理却不同，文后标注页码与文中标注页码并存，或文后标注页码与不标注页码并存，等等。

（2）页码的著录选项

（A）起始页式。即著录参考文献的起始页。如主张著录格式为"期刊中析出的文献：［序号］作者. 题目［J］. 刊名，出版年，卷（期）：起页."。

（B）起止页式。如主张著录格式为"专著：［序号］作者. 书名［M］. 版次（第1版不标注）. 出版地：出版者，出版年. 起止页"。

（C）所在页式。如主张著录格式为"专著中析出的文献：［序号］析出责任者. 析出题名［A］. 见（英文用In）：原文献的责任者. 原文献题名［M］. 版本. 出版地：出版者，出版年. 起止页（或所在页）."①。

（D）混合式。即同一文献中对有的参考文献标注起始页，有的标注起止页，有的标注所在页。

3. 完善参考文献页码著录规范的建议

现行的著录规范规定不一致，不仅使得编排不一，而且也不利于学术规范和版权保护的推进。由于有些规定缺乏科学性，尤其是对正文中参考文献处的页码著录问题缺乏明确的规定，这就无法规避以所

---

① 彭润松、甘辉亮：《科技论文中参考文献的作用及其著录》，载《海军医学杂志》2000年第3期。

谓的引用或参考引用为名的编纂类文章的合法出现。规范没有规定的就属于作者可以自由处理的，甚至一些作者本来严谨的做法可能因为规范的不严谨而被要求按照"规范"执行，从而使得严谨科学的著录反而由于不合理属于常态而显得"怪怪的"。因此，建立科学严谨的著录规范是极为迫切和必要的。

（1）参考文献页码著录的基本要求：以"实引实录"为原则

参考文献的引用是论著写作基本的表达手段和方式，也是学术规范的一个重要内容。诚实是学者应有的治学品格，求真务实是学术研究的基本要求，因此，参考文献著录应以"实引实录"为基本原则。参考文献页码著录也应坚持这一原则。贯彻实引实录，既是对原作者的尊重，也是对读者的负责任的态度。实引实录，要求不仅要标明引用文献的来源，即"凡是引用都应该注明详细的出处，以示有案可查"①，而且要标明"本文献在何处"参考、引用"参考文献内容具体在何处"。没有参考处的标示，就无法体现出本文献与已有文献（即参考文献）之间的真实关联关系。究竟是继承基础上的创作，还是参考文献的剪贴和汇编，使人很难看出两者的内在关系。"有些论著只在文末笼统地开列参考文献，还有的仅在前言后记中简单地交代资料来源。论著不著录出处是不尊重原作者，埋没了他人的劳动，更严重的是会造成侵权行为的发生，事关著作权，不可忽视。同时，这也是对读者不够负责，读者倘若需要作进一步的研究也就无从查找原资料，不得已只能转引，一旦失实就会对文章立论造成极大的影响"。②

参考文献的著录涉及两个部分，一是文后的参考文献表，一是正文相应位置的标示。参考文献表要解决的是被引文献的信息，在正文中则要通过规范化的著录标准来建立和揭示"参考处"与"被参考处"之间真实而有效的关联。参考文献页码著录的实引实录要求需要

---

① 陶范：《学术引用的规范与禁忌》，载《学术论坛》2006年第4期。

② 同上。

通过上述两个部分来体现。正文中参考文献的页码著录不仅在"多次引用同一著者的同一文献"（《信息与文献参考文献著录规则（GB/T 7714—2015）》的规定）或"一种文献在同一文中被反复引用"（《中国高等学校社会科学学报编排规范》的规定）时需要，而且为建立现有文献与参考文献之间明晰的关联关系，时时处处可能都是需要的。"各种未定义类型的文献"统统不要求著录页码，也绝非科学的态度。

（2）参考文献表的页码著录：以"文献"类别为维度

"参考文献表"乃表明这里的"文献"是形成本文过程中"参考"过的"文献"。因此，应准确标注"文献"的各项事项，不应缺项，也不应多项。缺项将造成文献信息传达不明，而多项则会引起画蛇添足，使"文献"不再是"文献"。如专著的某页码，就不再是"专著"这一文献，而是专著的部分或分子，这就犹如一个人身上的肉和血，不是"人"这一类生物体一样。

文献的种类划分在各种规范中并不完全一致。笔者认为，可以大体将其分为独立类文献和析出类文献两大类。专著、论文集、学位论文、报告、连续出版物（期刊、报纸）、电子文献及各种未定类型的文献中的独立文献，属于独立类文献。参考文献表对独立的文献进行著录，不应著录"页码"；而对于析出类文献，则必须标注析出文献在源文献的起止页码，"期刊文章"应看作期刊的"析出文献"。

有论者针对"期刊中的析出文献的页码"问题，向现行规范提出了质疑。认为："实际上，期刊中析出文献的页码可以包括起讫页、起始页和引文所在页三个内容。如果析出文献属于阅读型文献，仅仅是为了让读者尽快地查找到该文献全文，那么页码著录为起讫页和起始页均可，但若属于引文文献，想让读者尽快地查找到引文，则著录起讫页的弊端就暴露无遗了。"因此，"尽管现行关于文后参考文献著录的国际标准和国家标准对期刊中的析出文献的页码都在示例中倾向于著录起讫页，为了节省文献表著录的篇幅，更为了方便读者很快地查找到引文，我们建议：期刊中的析出文献的页码最好著录引文所在的页码，只有当析出文献作为阅读型文献引用时才著录起始页或起讫页。"①

　　上述学者"方便读者很快地查找到引文"的思考是十分必要的现实关切，但处理问题的方式，笔者认为，可以进一步推敲和商榷。如果不是著录起止页码，就表示的不是期刊文章，而是起止页码之间的某一页，这一页不构成期刊文章这一类"文献"。而上述学者的关怀，在笔者看来，若通过在正文中标示页码的方式解决可能更为适宜。

　　（3）文中参考文献标示的页码著录：以"参考"方式为维度

　　段明莲、陈浩元先生编著的《文后参考文献著录指南》指出："按参考文献的提供目的划分，可分为引文参考文献、阅读型参考文献和推荐型参考文献。引文参考文献是著者在撰写或编辑论著的过程中，为正文中的直接引语或间接引语而提供的有关文献信息资源。阅读型参考文献是著者在撰写或编辑论著的过程中，曾经阅读过的文献信息资源。推荐型参考文献通常是专家或教员为特定读者的特定目的而提供的、可供读者阅读的文献信息资源。"② 还有学者主张："对于引文参考文献，无论是直接引语（如一段原文、数据、公式、图、表等）还是间接引语（如著者用自己的语言概括了引文的原意），都是可以而且必须著录引文页码；只有阅读型文献和推荐型文献，因无法指明具体引用页码而可以不著录引文页码。"③ 一般情况而言，上述说法是适宜的。但对于阅读型文献和推荐型文献，笔者认为，可以进一步地说，即使是阅读型文献和推荐型文献，如果可以指出具体页码，也可以并且也应当著录页码。对于阅读型文献，如果阅读的只是某一文献中的某些页码，则应当据实著录这些页码；同样，对于推荐型文

---

① 孔艳、陈浩元、颜帅：《探析 GB/T 7714—2005 中的 5 个问题》，载《编辑学报》2008 年第 2 期。

② 段明莲、陈浩元：《文后参考文献著录指南》，中国标准出版社 2006 年版，第 3 页。

③ 孔艳、陈浩元、颜帅：《探析 GB/T 7714—2005 中的 5 个问题》，载《编辑学报》2008 年第 2 期。

献，如果只是推荐阅读某一文献中的某一个或者某几个章、节、段落、图表等，也应当据实著录该文献中涉及的页码。当然，是否作为参考文献著录可以商榷，从目前有关规范对参考文献和注释的分工看，阅读型文献和推荐型文献作为注释著录更为适宜，而作为注释，也应依据上述原则著录页码。当然，不论是引文参考文献，还是阅读型参考文献和推荐型参考文献都应尽可能地著录页码。如果只是概括性的说明，则无须标注页码，事实上也无从标示页码。

综上所述，笔者认为除非不能或不便标注页码者外，正文的参考处都应标注页码。

（三）　参考文献"附注"著录的问题

参考文献著录中除了页码著录问题外，还有一些值得关注的"非常规"的必要事项。

1. 版次标注

《信息与文献 参考文献著录规则》（GB/T 7714—2015）第8.3条规定："第1版不著录，其他版本说明应著录。版本用阿拉伯数字、序数缩写形式或其他标识表示。古籍的版本可著录'写本''抄本''刻本''活字本'等。"

2. 印装说明

有些书籍在出版时，有"普及本"和"典藏本"之别（或者与之类似的区分）。不同的印装，页码编排、字体大小以及定价或许都有差异。如1992年译林出版社推出的外国名著译本（套书），就有两种印装本，一是"普及本"，一是"典藏本"。如果在参考文献标注时，不能说明究竟是参考的哪一种印装本，将可能使阅读者无法找到参考的所在，从而给人一种虚假标引的嫌疑。因此，遇到这种情况，应将"印装说明"作为参考文献的"附注"项目予以明确标示。参照古籍版本的著录格式进行处理。

《信息与文献 参考文献著录规则》（GB/T 7714—2015）所给古籍

文献的著录示例①：

汪昂．增补本草备要：四卷［M］．刻本．京都：老二酉堂，1881（清光绪七年）．

参照这一示例，前述"印装说明"的附注格式可考虑为：

【俄】列·托尔斯泰．复活［M］．普及本．力冈，译．南京：译林出版社，1992.

或可标示为：

【俄】列·托尔斯泰．复活（普及本）［M］．力冈，译．南京：译林出版社，1992.

3. 印次说明

有些著作，有多个印次，不同印次的页码也有变动。如沈宗灵著《现代西方法理学》一书，1992 年 6 月第 1 版，2005 年 8 月第 8 次印刷，虽然版次没有变化，但印次不同，编排页码却不一致。因此这种情况，将"印次说明"作为"附注"项予以标示为宜。如，对此可标示为：

沈宗灵．现代西方法理学［M］．北京：北京大学出版社，1992（2005）．

4. 同名著述的套、系、丛、集说明

如由沈宗灵主编、北京大学出版社于 1988 年出版的《法学基础理论》有两本，一本属于"高等学校文科教材"，一本属于"全国高

---

① 该标准的"附录 A"中的"A.1"中例［6］。

等教育自学考试教材"。著录时，基于全面真实地呈现文献，便于阅读者参考的考虑，应标示为：

> 沈宗灵（主编）. 法学基础理论（高等学校文科教材）[M].北京：北京大学出版社，1988.

5. 国别标示问题

《信息与文献 参考文献著录规则》（GB/T 7714—2005）所给示例，对国别不做标示的，如：

> 尼葛洛庞帝. 数字化生存［M］. 胡泳，范海燕，译. 海口：海南出版社，1996.

规则不给出国别的著录，不利于检索所需。很多期刊著录国外作者时，在作者之前著录其所属国籍的做法是值得推广的。由此，上例可著录为：

> 【美】尼葛洛庞帝. 数字化生存［M］. 胡泳，范海燕，译. 海口：海南出版社，1996.

6. 朝代标示问题

《信息与文献 参考文献著录规则》（GB/T 7714—2015）所给示例，对责任者的朝代是不做标示的，如：

> 王夫之. 宋论［M］. 刻本. 金陵：曾氏，1845（清同治四年）.

笔者认为，对于责任者的朝代予以标注为宜。据此，上例可写为：

（明）王夫之．宋论［M］．刻本．金陵：曾氏，1845（清同治四年）．

7. 民族标示问题

国内少数民族作者，可在作者姓名前对其民族加附注。如：

（藏）丹曲．拉卜楞史话［M］．兰州：甘肃民族出版社，2010.

8. 区域标示问题

对于港澳台作者，可在作者前对其所属区域加附注。如：

（台湾）白先勇．台北人［M］．广西师范大学出版社，2010.

以上是笔者对参考文献著录问题的初步思考，立足点在于参考文献著录应遵从学术规范，能满足学术研究上的文献追溯和检索之需。希望这些思考能够为有关标准的修订提供有益的借鉴。

第八章

期刊行文表达的法治化与规范化

本章内容提要：期刊行文必须符合法律法规及规范性文件的规定，并且必须重视对有关标准的遵守。期刊行文表达的一些常见错误主要有政治性错误、知识性或常识性错误、逻辑性错误，这些大多与对法律法规和标准掌握不准、理解不透密切相关。文稿编辑加工中被错误修改的例证，说明不能自以为是，也应加强学习。编辑人员必须加强学习，以不断提高编校质量，从而使期刊行文达到法治化与规范化的要求。

本章关键词：期刊；政治性错误；常识性错误；逻辑性错误；数字用法；标点符号

除了少数图画类期刊外，实践中的多数期刊是以文字单元进行的，行文表达如何直接决定着期刊的传播力和对期刊的评价。期刊出版业务的法治化与规范化要求，不仅体现于期刊整体设计和单篇文章的法治化与规范化如何，还要看期刊行文表达的法治化与规范化如何。

一 期刊行文表达法治化与规范化的基本要求

期刊上的行文表达必须符合国家法律法规和行政管理类规范，以及相关的国家标准和行业标准。主要体现在《宪法》《国家通用语言文字法》《计量法》《标准化法》和《期刊出版管理规定》《出版物汉字使用管理规定》《出版物上数字用法》等。发表学术研究类成果的期刊行文，还应遵守相应的科研学术规范。

《宪法》规定"国家推广全国通用的普通话""中华人民共和国公民必须遵守宪法和法律"，这些是日常行为的规范，也是期刊行文中要遵守的规则。

《国家通用语言文字法》第三条规定："国家推广普通话，推行规范汉字。"第十一条第1款规定："汉语文出版物应当符合国家通用语言文字的规范和标准。"

《期刊出版管理规定》第三十条规定："期刊出版质量须符合国家标准和行业标准。期刊使用语言文字须符合国家有关规定。"该条规定就将期刊质量符合国家标准和行业标准提高到法律责任的高度。

1992年7月7日国家新闻出版署和国家文字委员会联合发布的《出版物汉字使用管理规定》第五条规定："报纸、期刊、图书、音像制品等出版物的报头（名）、刊名、封皮（包括封面、封底、书脊等）、包装装饰物、广告宣传品等用字，必须使用规范汉字，禁止使用不规范汉字。出版物的内文（包括正文、内容提要、目录以及版权记录项目等辅文），必须使用规范汉字，禁止使用不规范汉字。"

2010年11月23日新闻出版总署下发的《关于进一步规范出版物文字使用的通知》（新出政发〔2010〕11号）要求充分认识规范使用汉语言文字的重要意义，严格执行规范使用汉语言文字有关规定。

国务院发布的《出版管理条例》强调："出版物的规格、开本、版式、装帧、校对等必须符合国家标准和规范要求，保证出版物的质量。"

新闻出版总署发布的《期刊出版管理规定》指出："期刊出版质量须符合国家标准和行业标准。期刊使用语言文字须符合国家有关规定。"关于标准的实施，《新闻出版标准化管理办法》要求："强制性标准一经批准发布，必须执行。凡正式生产的产品必须按照标准进行生产和检验。不符合有关强制性标准的产品禁止生产和销售。""推荐性标准一旦被企业采用、作为合同的依据或被政府规定必须贯彻执行，则在企业内部、合同双方或政府规定的范围内强制执行。""鼓励新闻出版行业各有关单位采用推荐性国家标准和行业标准，制定严于国家标准和行业标准的企业标准，在企业内部使用……任何单位不得无标准生产。"

《计量法》不仅是计量实践的规范，也是对表述的规定。《计量法》的立法目的在于"为了加强计量监督管理，保障国家计量单位制的统一和量值的准确可靠，有利于生产、贸易和科学技术的发展，适应社会主义现代化建设的需要，维护国家、人民的利益"。期刊行文中应严格遵守国家法定的计量单位和用语进行表述。

《标准化法》是中国标准化工作的基本依据。我们必须依据有关标准和规范编辑出版期刊。对强制性标准应严格执行；对推荐性标准，尤其是已纳入指令性文件、具有相应的行政约束力的推荐性标准，也都应积极自觉地采用。

此外，对于学术研究类成果还应遵守有关学术规范。《高等学校哲学社会科学研究学术规范（试行）》规定："高校哲学社会科学研究工作者应遵守《中华人民共和国著作权法》《中华人民共和国专利法》《中华人民共和国国家通用语言文字法》等相关法律、法规。""学术成果文本应规范使用中国语言文字、标点符号、数字及外国语言文字。"

二　编辑出版业务中行文表达中常见错误及修正

在编辑出版业务中一定要严格遵守各项规范和标准，精益求精。尤其是不要迷信那些名家大家，学术大家是思想家，但不一定是编辑家和校对的专家，也可能存在文字差错，或者由于其自身的知识盲点，或者由于排版处理的原因。对于大家名家的稿件更应仔细慎重，保持与其学术水平相应的编校水准。通过编校，使其得到完美的体现，而不是相反。

(一) 政治性错误

编辑出版业务中首先要注意防范的差错是政治性错误。这就要求编辑人员要坚定政治立场，不断增强政治敏锐性和政治鉴别力，切实把握政治观点的准确提法，避免出版的成品中出现政治倾向错误以及导向性、政策性错误。一些作者可能政治敏感性不足，在文本中无意识地发生了政治上不适当的措辞或提法，这时必须通过编辑人员的编校对其予以纠正，否则将构成出版业务中的政治性错误。尤其在涉及中国台湾问题上的提法和措辞用语，必须符合"一国两制"的宪法要求，不能有任何模糊或歧义存在。

例1：

【原】对印度反倾销申诉样本构成、金额进行统计分析后，发现被诉中国、台湾和欧盟的影响较大。实证分析发现印度反倾销申诉对被诉国出口贸易的影响不尽相同。但征收关税和实施反倾销措施都会导致被诉国涉案产品出口贸易额的减少，即均存在贸易破坏效应，比较关税与反倾销措施的影响，发现反倾销措施对印度进口贸易的限制作用均远大于关税，表明反倾销措施已经成为印度替代传统关税控制进口的贸易政策。同时，印度反倾销措施还对被诉国出口具有贸易转移效应，使被诉国出口市场丧失。

【修】对印度反倾销申诉样本构成、金额进行统计分析后，发现被诉中国、中国台湾和欧盟的影响较大。实证分析发现印度反倾销申诉对被诉方出口贸易的影响不尽相同。但征收关税和实施反倾销措施都会导致被诉方涉案产品出口贸易额的减少，即均存在贸易破坏效应，比较关税与反倾销措施的影响，发现反倾销措施对印度进口贸易的限制作用均远大于关税，表明反倾销措施已经成为印度替代传统关税控制进口的贸易政策。同时，印度反倾销措施还对被诉方出口具有贸易转移效应，使被诉方出口市场丧失。

【解析】

众所周知，台湾是中国的一个组成部分，而不是一个独立的国家。为了防止不必要的误解，在期刊行文表达中将"台湾"写作"中国台湾"为宜。此外，原句中的"被诉国"一词的用语也是不确切的，被诉的不一定是国家，也包括地区，如中国台湾、欧盟。

(二) 知识性或常识性错误

例1：

【原】1949年新中国成立后，中共中央便颁发文件废止了国民政府的六法全书……

【修】1949年新中国成立前，中共中央颁发文件废止了国民党的六法全书……

【解析】

《中共中央关于废除国民党的六法全书与确定解放区的司法原则的指示》发布时间为1949年2月。当时任中国共产党中央委员会委员、中央法律工作委员会主任的陈绍禹（即王明）起草了一份文件，代表党中央下发各根据地，要求在中国共产党领导的司法审判工作中废除国民党的六法全书。这份文件经过毛泽东、周恩来的修改，以及任弼时、董必武、林伯渠等领导的圈阅同意下发全党执行。这份文件，就是《关于废除国民党的六法全书与确定解放区的司法原则的指示》。"指示"发布以后，1949年3月由董必武为主席的华北人民政府训令《废除国民党的六法全书及其一切反动法律》和同年9月的《中国人民政治协商会议共同纲领》第十七条，也都重申了同样的立场。由此可见，中共中央颁发文件废止国民党的六法全书，时间是在新中国成立之前，而不是之后。

例 2：

【原】马克思，恩格斯．资本论（第 1 卷）［M］．北京：人民出版社，1975.

【修】马克思．资本论（第 1 卷）［M］．北京：人民出版社，1975.

【解析】

《资本论》是马克思单独完成的著作，而不是马克思与恩格斯的合著。

例 3：

【原】汉文帝时，御史大夫晁错建议削蕃，结果爆发"七国之乱"。

【修】汉景帝时，御史大夫晁错建议削藩，结果爆发"七国之乱"。

【解析】

御史大夫晁错建议削藩是在汉景帝时，而不是文帝时。汉文帝，名刘恒（前 203—前 157），是汉朝的第三个皇帝，汉高祖刘邦第四子，汉惠帝刘盈弟。惠帝死后，吕后立非正统的少帝。吕后死，刘恒在周勃、陈平支持下诛灭了诸吕势力，登上皇帝宝座，是为文帝。汉文帝在位期间（前 179—前 157），是汉朝从国家初定走向繁荣昌盛的过渡时期。他和他儿子汉景帝统治时期，政治稳定，经济生产得到显著发展，历来被视为封建社会的"治世"，被史家誉为"文景之治"。由于汉王朝大力推行无为政治，对诸侯王势力的恶性发展，起了催化作用。诸侯坐大，形成"尾大不掉"之势，必然使刘氏宗室内部在皇权和王权的分割问题上产生了尖锐的矛盾，这个矛盾从文帝即位后就开始激化了。但当时他用心于稳定政局、恢复和发展社会经济，形势不允许他与诸侯王公开对抗。于是文帝对同姓诸侯王基本上采取姑息政策，这就为景帝时期的吴楚七国之乱埋下了隐患。汉景帝（名刘启，公元前 157 年—公元前 141 年在位）即位后，吴王刘濞日益骄横，反迹也越发明显。御史大夫晁错建议削夺诸侯王的封地，收归汉廷直接统治。他给景帝上《削藩策》，力主"削藩"，指出："今削之亦反，不削亦反。削之，其反亟（迅速），祸小。不削，其反迟，祸大。"这是景帝二年（前 155）的事。

　　例 4：

　　【原】舒尔茨．改造传统［M］．上海：商务印书馆，1998．

　　【修】舒尔茨．改造传统农业［M］．北京：商务印书馆，1998．

【解析】

（1）商务印书馆是我国出版业中历史最悠久的出版机构。它于 1897 年 2 月 11 日创立于上海，它的创立标志着中国现代出版业的开始。1897 年创办于上海，1954 年迁北京。另，1993 年商务印书馆、商务印书馆（香港）有限公司、台湾商务印书馆股份有限公司、商务印书馆（新加坡）有限公司、商务印书馆（马来西亚）有限公司共同投资创建了我国国内首家综合性合资出版机构"商务印书馆国际有限公司"，地址在北京。所以将商务印书馆出版地标注为上海是错误的。

（2）商务印书馆官方网站产品在线查询可知以作者为"舒尔茨"或书名含"改造传统"查询，只有美国学者西奥多·W．舒尔茨著《改造传统农业》一书，该书是汉译世界学术名著丛书之一，由著名经济学家梁小民翻译。舒尔茨早在 20 世纪 30 年代就从事农业经济问题的研究。当时，农业经济隶属农学的范围。他反对这一传统，认为农业经济学应该是一般理论经济学的组成部分。他坚持按这一看法研究农业经济问题，为现代农业经济理论的形成奠定了基础。

例 5：

【原】郑灿堂. 风险管理理论与实务［M］. 台湾：五南图书
出版股份有限公司，2007.

【修】郑灿堂. 风险管理理论与实务［M］. 台北：五南图书
出版股份有限公司，2007.

【解析】

根据相关规范，出版机构之前标注的出版地，指的是出版机构所
在的城市，而非省份，台湾是中国的一个省。五南图书出版有限公司
的前身为"五南出版社"，创立于 1968 年，因设址于创办人杨荣川先
生的家乡——台湾省苗栗县通霄镇五南里而得名。1975 年因应业务之
扩展而迁往台北市铜山街，并增资改制为五南图书出版有限公司。因
此出版地应标示为城市名"台北"，而不是省份名称"台湾"。

例 6：

【原】就何伟于 1993 年发表于《经济社会体制比较》第 3 期
的《对社会主义社会本质的重新认识》一文来看，……

【修】就何伟于 1993 年发表于《经济社会体制比较》第 5 期
的《对社会主义社会本质的重新认识》一文来看，……

【解析】

这是一个常识性错误，查阅发表文章的刊期即可知。

例 7：

【原】为了计算简单，把日振幅乘以 100，化为百分率，是常
用的价差率，它一般用来测算投资风险。

【修】为了计算简单，把日振幅乘以 100%，化为百分率，是
常用的价差率，它一般用来测算投资风险。

【解析】

一个数值要转化为百分率表示，应该是乘以 100%，而不是乘以 100。

例 8：

【原】联合国馆副秘书长阿瓦尼·贝南在茶会上发表讲话说："我们今天举行的'世界和谐茶会'，就像我们已经举行和经历过许多活动一样，是为了在全球范围内提升大家对我们所面临的挑战的理解和认识水平。……"

【修】联合国副秘书长阿瓦尼·贝南在茶会上发表讲话说……

【解析】

阿瓦尼·贝南是联合国副秘书长，上海世博会期间担任上海世博会联合国馆展区总代表（俗称世博会联合国馆馆长）。对于阿瓦尼·贝南先生的称呼，可以根据具体的语境，称其为联合国副秘书长，也可以称其为世博会联合国馆馆长，但不能称其为联合国馆副秘书长。

例 9：

【原】天宝五载（746 年），李齐物到竟陵为太守，成为陆羽一生中的重要转折点。……公元 775 年（天宝十四年），二十四、五岁的陆羽随着流亡的难民离开故乡，流落湖州（今浙江湖州市）。

【修】天宝五载（公元 746 年），李齐物到竟陵为太守，成为陆羽一生中的重要转折点。……天宝十四年（公元 755 年），二十四五岁的陆羽随着流亡的难民离开故乡，流落湖州（今浙江湖州市）。

【解析】

表述中应注意上下文的协调一致。对于历史典故，采用我国古代通行的年号纪年法，同时为了更好地理解时间以空号方式夹注表明现行的公元纪年法，是适当的，此外，作为概数，"二十四五"的表述是正确的，中间不需要加顿号。

例10：

【原】……河北省总人口达到7037万人，其中农业人口约5773.3万人，占全省总人口的9.2%。

【修】……河北省总人口达到7037万人，其中农业人口约5773.3万人，占全省总人口的79.2%。

【解析】

这应该是一个引用数字的错误，即在打印"79.2%"少了一个数字"7"。但通过计算可以得出正确的数值。5773.3万相对于7037万的百分比为"79.2%"，这里的"9.2%"应该为"79.2%"。因此可以作为常识性错误对待。

（三）逻辑性错误

逻辑性错误就是文字表述上违反了基本的逻辑。

例1：

【原】纵观世界各国关于罪刑法定原则的立法模式，大体有以下三种情况：一是仅将其规定于宪法中，如日本、缅甸、挪威、瑞典及英美等国；二是将该原则同时规定于宪法与刑法中，如德国、意大利、西班牙等；三是仅将其规定于刑法中，如瑞典、奥地利及我国。

【修】纵观世界各国关于罪刑法定原则的立法模式，大体有以下三种情况：一是仅将其规定于宪法中，如日本、缅甸、挪威、英国及美国等；二是将该原则同时规定于宪法与刑法中，如德国、意大利、西班牙等；三是仅将其规定于刑法中，如奥地利及我国。

【解析】

从逻辑上讲，瑞典不能既属于第一种又属于第三种。否则，逻辑上是矛盾的。

例 2：

【原】只有对症下药，河北的循环消费法规才能有效遏制破坏环境、浪费资源的违法犯罪行为，避免不法分子利用法律的真空违法犯罪而逍遥法外。

【修】只有对症下药，河北的循环消费法规才能有效遏制破坏环境、浪费资源的违法犯罪行为。

【解析】

既然利用"法律的真空"，那么就不构成"违法犯罪"。

（四）文字性错误

文字性错误主要有多字、少字、同音字误用、形似字误用等。

1. 多字

多字是编校实践中常见的一个问题，"多字"情况的发生一般是重复表述所致，以下为一些例证。

例 1：GDP 值——GDP

【原】……这就证明了农村劳动力转移支付对 GDP 值的拉动力量。

【修】……这就证明了农村劳动力转移支付对 GDP 的拉动力量。

【解析】

GDP 是英语 "Gross Domestic Product" 的缩写，其本身即表示"国内生产总值"。如果说 "GDP 值" 就成了 "国内生产总值值"，显然多出个"值"字。

例 2：GDP 总量——GDP

【原】2009 年日本 GDP 总量是 50490 亿美元，中国 GDP 总量是 49100 亿美元，印度 GDP 总量是 12329.25 亿美元，韩国 GDP 总量是 8200 亿美元。

【修】2009 年日本 GDP 是 50490 亿美元，中国 GDP 是 49100 亿美元，印度 GDP 是 12329.25 亿美元，韩国 GDP 是 8200 亿美元。

【解析】

如前例所述，GDP 是英语"Gross Domestic Product"的缩写，其本身即"国内生产总值"，已包含了"总"的意思，其后再加"总量"，就成了"国内生产总值总量"，显然构成了重复。

例 3：G20 集团——G20

【原】G20 集团最初由美国等七个工业化国家的财政部长于 1999 年 6 月在德国科隆提出的，目的是防止类似亚洲金融风暴的重演，让有关国家就国际经济、货币政策举行非正式对话，以利于国际金融和货币体系的稳定。G20 集团自成立至今，其主要活动为"财政部长及中央银行行长会议"，每年举行一次。

【修】20 国集团（Group 20）最初由美国等七个工业化国家的财政部长于 1999 年 6 月在德国科隆提出的，目的是防止类似亚洲金融风暴的重演，让有关国家就国际经济、货币政策举行非正式对话，以利于国际金融和货币体系的稳定。G20 自成立至今，其主要活动为"财政部长及中央银行行长会议"，每年举行一次。

【解析】

G20 是"Group of 20"的简写，其本意即表示"20 国集团"。20

国集团（Group 20）是由 8 国集团、欧盟以及一些亚洲、非洲、拉丁美洲、大洋洲 20 国的国家财政部长和中央银行行长于 1999 年 12 月 16 日在德国柏林举行的会议上创始的。20 国集团的成员包括中国、阿根廷、澳大利亚、巴西、加拿大、法国、德国、印度、印度尼西亚、意大利、日本、韩国、墨西哥、俄罗斯、沙特阿拉伯、南非、土耳其、英国、美国和欧盟。按照惯例，国际货币基金组织与世界银行列席该组织的会议。既然 G20 的本意就是"20 国集团"，则不能再说"G20 集团"，否则就成了"20 国集团集团"。

例 4：首席 CEO——CEO

【原】设立首席 CEO 是国际上通用的一种公司管理方式。

【修】设立 CEO 是国际上通用的一种公司管理方式。

【解析】

CEO 是英语 Chief Executive Officer 的缩写，意为"首席执行官"，是在一个企业中负责日常经营管理的最高级管理人员，又称作行政总裁（香港和东南亚的称呼）或最高执行长（日本的称呼）或大班（香港称呼）。

例 5：（根）据……显示

【原】根据中国人民银行发布的《2011 年第一季度支付体系运行总体情况》显示，截至 2011 年第一季度末，信用卡累计发卡量达 2.42 亿张，……

【修】中国人民银行发布的《2011 年第一季度支付体系运行总体情况》显示，截至 2011 年第一季度末，信用卡累计发卡量达 2.42 亿张，……

例 6：

【原】据国土资源部统计数据显示，……

【修1】国土资源部统计数据显示，……

【修2】据国土资源部统计数据，……

【解析】

正确的表述应为"（根）据……显示"或者"……显示"，而不宜采用"（根）据……显示"的表述。

例7：IR 产业关系学派和 HR 人力资源学派

【原】在西方劳资关系演变和发展的过程中，国外学者进行劳资关系研究的时候大致形成了两个学派，即 IR 产业关系学派和 HR 人力资源学派。

【修】在西方劳资关系演变和发展的过程中，国外学者进行劳资关系研究的时候大致形成了两个学派，即 IR（产业关系）学派和 HR（人力资源）学派。

【解析】IR 是英语 Industrial Relations 的简称，其本意即"产业关系"。同样，HR 是英语 Human Resource 的简称，其本意即"人力资源"。

例8："某个别……"

【原】……华谊兄弟能否也到这个地步，需要它后期进一步良好发展，但不足也比较明显，比如它过多依赖某个别明星或导演。

【修1】……华谊兄弟能否也到这个地步，需要它后期进一步良好发展，但不足也比较明显，比如它过多依赖个别明星或导演。

【修2】……华谊兄弟能否也到这个地步，需要它后期进一步良好发展，但不足也比较明显，比如它过多依赖某个明星或导演。

【解析】

可以说"某明星或导演""某个明星或导演",也可以说"个别明星或导演",但如果说"某个别明星或导演",显然就属于搭配不当,必须在"某"或"个别"中选择删去其一。

例 9：从某年—某年

【原】从 1971—1995 年,日元经历了三次大幅度升值……

【修】1971—1995 年,日元经历了三次大幅度升值……

【解析】

"1971—1995 年"本身就表示从 1971 年到 1995 年,如果表述为"从 1971—1995 年"就属于多用了一个"从"字,正确的表述为:"1971—1995 年"或"从 1971 年到 1995 年"。

例 10：某年—某年之间

【原】1922—1956 年之间任桂格燕麦片公司 CEO 的约翰·斯图亚特(John Stuart)曾经说过,如果公司被拆分,厂房、设备等有形资产都可以分给别人,他只需要品牌和商标就能比拿到有形资产的人经营得更好。

【修】1922—1956 年任桂格燕麦片公司 CEO 的约翰·斯图亚特(John Stuart)曾经说过,如果公司被拆分,厂房、设备等有形资产都可以分给别人,他只需要品牌和商标就能比拿到有形资产的人经营得更好。

例 11：在某数值~某数值之间

【原】营业收入在 1000 亿元~10000 亿元之间的企业达 60 家,比上年增加 6 家,千亿俱乐部进一步扩大。

【修】营业收入 1000 亿元~10000 亿元的企业达 60 家,比上年增加 6 家，千亿俱乐部进一步扩大。

【解析】

"1000 亿元～10000 亿元"本身就表示在"1000 亿元"和"10000 亿元"之间，再用"在"和"之间"就属于重复了。

例 12：

【原】现金借款比率反映高校随时可变现的资产偿还债务的能力。该比值越大，表明学校可用于偿还债务的能力越小，当该指标达到一定程度时，则表明学校财务有了潜在危机，在财务状况比较稳定的情况下，其比值通常在 4～6 之间为宜。

【修】现金借款比率反映高校随时可变现的资产偿还债务的能力。该比值越大，表明学校可用于偿还债务的能力越小，当该指标达到一定程度时，则表明学校财务有了潜在危机，在财务状况比较稳定的情况下，其比值通常以 4～6 为宜。

例 13：19：00 时

【原】2005 年 7 月 21 日 19：00 时，美元对人民币交易价格调整为 1 美元兑 8.1100 元人民币……

【修】2005 年 7 月 21 日 19 时，美元对人民币交易价格调整为 1 美元兑 8.1100 元人民币……

【解析】

19：00 本身就表示 19 时，"19：00 时"应改为"19 时"。

例 14：……是与……是……

【原】……投资者重视核心员工进入管理层，是因为很多时候企业是与核心员工是捆绑在一起的……

【修1】……投资者重视核心员工进入管理层，是因为很多时候企业是与核心员工捆绑在一起的……

【修2】……投资者重视核心员工进入管理层，是因为很多时候企业与核心员工是捆绑在一起的……

【解析】

一个简单句只能有一个谓语动词，原句中多了一个"是"，应删除一个"是"。

例15：

【原】该校应注意开源节流，压缩不必要的开支，谨防范财务危机。

【修】该校应注意开源节流，压缩不必要的开支，谨防财务危机。

【解析】

"谨防"和"防范"是近义词。二者选用其一即可，但不能说"谨防范"。

例16：

【原】2001年9月11日，最高人民法院根据《民事诉讼法》《海事诉讼特别程序法》《行政诉讼法》以及我国参见和批准的有关国际公约，参照国际习惯做法，在总结我国海事审判实践经验的基础上，专门就海事法院受理案件范围作了专门的司法解释，进一步明确了海事法院的受案范围。

【修】2001年9月11日，最高人民法院根据《民事诉讼法》《海事诉讼特别程序法》《行政诉讼法》以及我国参见和批准的有关国际公约，参照国际习惯做法，在总结我国海事审判实践经验的基础上，就海事法院受理案件范围作了专门的司法解释，进一步明确了海事法院的受案范围。

【解析】

原句用了两次"专门",属于同义重复,因此应删去一处"专门"。

例 17:

【原】美国在内战后于 1865 年、1868 年和 1970 年陆续颁布的第十三、第十四和第十五宪法修正案,是自南北战争后颁布的若干宪法修正案中以废除原有的不平等即对少数人(弱势群体)不公平待遇中的最为显著的代表。

【修】美国于 1865 年、1868 年和 1970 年陆续颁布的第十三、第十四和第十五宪法修正案,是自南北战争后颁布的若干宪法修正案中以废除原有的不平等即对少数人(弱势群体)不公平待遇中的最为显著的代表。

【解析】

美国内战(American Civil War)又称"南北战争",是美国历史上一场大规模的内战,参战双方为美利坚合众国(简称联邦)和美利坚联盟国(简称邦联)。这场战争的起因为美国南部十一州以亚伯拉罕·林肯于 1861 年就任总统为由而陆续退出联邦,另成立以杰斐逊·戴维斯为"总统"的政府,并驱逐驻扎南方的联邦军,而林肯下令攻打"叛乱"州。战争时间为 1861 年 4 月 12 日至 1865 年 4 月 9 日。结果是北方联邦军胜利,并废除奴隶制。1865 年 12 月 6 日批准的第十三修正案宣告在全美国废止奴隶制度。1868 年 7 月 9 日批准的第十四修正案确定了公民权利及给予联邦政府更大权力以要求各州提供平等法律保障。1870 年 2 月 2 日批准订立第十五修正案则保证了男性黑人投票权利。这里"内战后"与"南北战争后"重复。

例 18:

【原】在拙著即将付梓出版之际，需要对曾给予帮助的诸多人士表示感谢。

【修】在拙著付梓之际，需要对曾给予帮助的诸多人士表示感谢。

【解析】

"付梓"之意即"书籍刊印的时候"。古时雕版刻书以梓木为上，后称书籍刊印为"付梓"。"付梓之际"表示的就是"即将出版，还未出版之时"。因此以"即将付梓出版之际"表述，存在语义重复。

例 19:

【原】加强网络、出版市场、广播影视市场、游戏娱乐市场的监督管理，促进影视、网络游戏分级制度的建立是当务之急的事情。

【修】加强网络、出版市场、广播影视市场、游戏娱乐市场的监督管理，促进影视、网络游戏分级制度的建立是当务之急。

【解析】

"当务之急"的本意就是"当前急切应办的事"。如表述为"当务之急的事情"，存在语义重复。

例 20:

【原】澳大利亚（1906 年）、南非（1914 年）、美国（1916 年）、日本（1920 年）、新西兰（1921 年）也先后制定了自己的反倾销立法。

【修】澳大利亚（1906 年）、南非（1914 年）、美国（1916 年）、日本（1920 年）、新西兰（1921 年）也先后制定了自己的反倾销法。

【解析】"立法"即法律制定。不能讲制定了立法，否则就是语义重复。

例 21：

【原】国内学者王军（2001）以中国改革开放以来的数据为样本，建立了固定资产投资总额模型、资金来源多样化以及和投资主体多元化条件下的固定资产投资函数模型，对改革开放以来制约中国投资规模的因素作了实证分析。

【修】国内学者王军（2001）以中国改革开放以来的数据为样本，建立了固定资产投资总额模型、资金来源多样化以及投资主体多元化条件下的固定资产投资函数模型，对改革开放以来制约中国投资规模的因素作了实证分析。

例 22：

【原】行政权的产生、行使、包括消灭和救济都必须遵循一定的程序。

【修】行政权的产生、行使、消灭和救济都必须遵循一定的程序。

【解析】
句子中对行政权的"产生""行使""消灭"和"救济"是并列的关系。

例 23：

【原】在这个契约网络中，由于利益相关者都向企业提供了特殊的资源，必然要求企业确保其利益都能被公平、公正地被照顾到。

　　【修】在这个契约网络中，由于利益相关者都向企业提供了特殊的资源，必然要求企业确保其利益都能被公平、公正地照顾到。

例 24：

　　【原】在权力的运行上，行政权运作方式有多样化的发展趋势，行政主体实现行政权的方式越来越多，可以是行政指导、可以是行政许可、行政奖励等等，而立法权与司法权的运作则是单一的，立法权通过立法行为来实现、司法权通过审判行为来实现。

　　【修】在权力的运行上，行政权运作方式有多样化的发展趋势，行政主体实现行政权的方式越来越多，可以是行政指导、行政许可、行政奖励等，而立法权与司法权的运作则是单一的，立法权通过立法行为来实现、司法权通过审判行为来实现。

例 25：

　　【原】如果事先已经与对方约好参加某个会议或活动，为了怕对方忘记，最好事先再提醒一下。

　　【修】如果事先已经与对方约好参加某个会议或活动，怕对方忘记，最好事先再提醒一下。

【解析】
原句中的"为了"与"怕"，在意思上重复。

例 26：

　　【原】了解一些日常的短信礼仪常识，对每个现代人来说都很有必要的。

　　【修】了解一些日常的短信礼仪常识，对每个现代人来说都很有必要。

2. 漏字

不仅多字不符合规范，漏字（缺字、少字）同样是编校中要特别注意的。如果说"多字"通常而言造成的是语义重复还无碍理解的话，"漏字"则可能引发歧义或者表达出来的意思已不是原本意欲的含义而根本就是另外的意思了。网络上流传的几个段子，尤其有助于说明这一问题。

　　段子一：一美女被提拔，发短信向领导致谢："我让您操心了，一辈子忘不了您"，结果一激动忘了"心"字，信息又让领导老婆看见了……

　　段子二：某女给男同事发短信："你是我们同事中最出色的，跟你在一起很开心"，结果少打了个"出"字……

　　段子三：某学生参加短信作文竞赛，本想写"我的爸爸很辛苦，劳累使他脸蛋上有了很多皱纹"，结果因为粗心少写了"脸"字……

这几个段子，提醒大家，无论是作者还是编辑，对于文字态度要严谨，作风要扎实，在写作和编辑文稿时要细心细心再细心，尤其是计量单位要齐全，起码不能有歧义。真正的编辑实践中也不乏例证。

例1：

【原】营业收入1000～10000亿元的企业达60家，比上年增加6家，千亿俱乐部进一步扩大。

【修】营业收入1000亿元～10000亿元的企业达60家，比上年增加6家，千亿俱乐部进一步扩大。

【解析】

如果省略了"1000亿元"中的"亿"，原句子中的"1000～

10000 亿元"就可能被理解为从 1000 元到 10000 亿元。这显然是不符合原意的。

例 2：

【原】从 1982 年到 2005 年，该州已经连续 24 年为公民发放社会分红，每人年均几百美元到上千元不等。

【修】从 1982 年到 2005 年，该州已经连续 24 年为公民发放社会分红，每人年均几百美元到上千美元不等。

【解析】

"上千元"，不做特别说明，表达的是上千元人民币，而依据上下文，这里应为上千美元，这里的"美元"的"美"字是不可缺少的，否则意思就变了。

例 3：

【原】对所有选定变量进行回归时，发现消费者安全农产品的选择行为对收入 3（6001～8000）、食品安全行政管理体系、食品安全保障制度反应不敏感。

【修】对所有选定变量进行回归时，发现消费者安全农产品的选择行为对收入 3（6001 元～8000 元）、食品安全行政管理体系、食品安全保障制度反应不敏感。

【解析】

如果没有单位，就无从知道"6001～8000"究竟是什么，所以，这里的单位"元"不能省略。

例 4：

【原】

表3　样本期内若干年份的中国实际 GDP

年份	实际 GDP	年份	实际 GDP	年份	实际 GDP
1952	679.0	1972	757.6	1992	1625.1
1953	712.8	1973	758.7	1993	1871.4
1954	713.1	1974	760.5	1994	2257.5
1955	707.4	1975	751.6	1995	2567.0
1956	694.9	1976	750.2	1996	2732.0
1957	686.9	1977	758.3	1997	2773.4
1958	693.0	1978	773.1	1998	2748.7
1959	701.3	1979	801.0	1999	2713.7
1960	712.2	1980	831.0	2000	2768.9
1961	820.2	1981	849.7	2001	2825.7
1962	818.5	1982	847.9	2002	2842.7
1963	797.1	1983	856.8	2003	2916.3
1964	794.3	1984	899.3	2004	3118.3
1965	801.3	1985	991.3	2005	3240.5
1966	787.9	1986	1037.9	2006	3363.9
1967	793.5	1987	1091.7	2007	3620.8
1968	803.7	1988	1223.8	2008	3901.9
1969	773.2	1989	1328.4	2009	3877.3
1970	752.8	1990	1405.4		
1971	757.8	1991	1502.0		

数据来源：由各相关年份《中国统计年鉴》计算而得。

【修】

表3　样本期内若干年份的中国实际 GDP　　　　　单位：亿美元

年份	实际 GDP	年份	实际 GDP	年份	实际 GDP
1952	679.0	1972	757.6	1992	1625.1
1953	712.8	1973	758.7	1993	1871.4
1954	713.1	1974	760.5	1994	2257.5
1955	707.4	1975	751.6	1995	2567.0
1956	694.9	1976	750.2	1996	2732.0

续表

年份	实际 GDP	年份	实际 GDP	年份	实际 GDP
1957	686.9	1977	758.3	1997	2773.4
1958	693.0	1978	773.1	1998	2748.7
1959	701.3	1979	801.0	1999	2713.7
1960	712.2	1980	831.0	2000	2768.9
1961	820.2	1981	849.7	2001	2825.7
1962	818.5	1982	847.9	2002	2842.7
1963	797.1	1983	856.8	2003	2916.3
1964	794.3	1984	899.3	2004	3118.3
1965	801.3	1985	991.3	2005	3240.5
1966	787.9	1986	1037.9	2006	3363.9
1967	793.5	1987	1091.7	2007	3620.8
1968	803.7	1988	1223.8	2008	3901.9
1969	773.2	1989	1328.4	2009	3877.3
1970	752.8	1990	1405.4		
1971	757.8	1991	1502.0		

数据来源：由各相关年份《中国统计年鉴》计算而得。

【解析】

表中的"中国实际 GDP"的数值需要有相关的单位，原例证缺少了单位。

例 5：

【原】美国、欧盟、印度、土耳其、墨西哥、加拿大等仍然不考虑中国国内生产成本的实际价格，随意选择经济发展水平远高于中国的国家作为替代国，导致中国判定倾销成立的概率提高。

【修】美国、欧盟、印度、土耳其、墨西哥、加拿大等仍然不考虑中国国内生产成本的实际价格，随意选择经济发展水平远高于中国的国家作为替代国，导致对中国判定倾销成立的概率提高。

【解析】

结合上下文，这里讲的是，其他国家或地区对中国判定倾销成立的概率提高，而不是中国判定其他国家或地区倾销成立的概率提高。因此这里原句遗漏了一个"对"字，使得表述的意思偏离了本意。

例6：

【原】虽然他山之石可以攻玉，但毕竟河北在资源环境、经济社会发展水平、消费文化等方面有自己的特点，不能直接将其他省或其他国家的理论与做法直接搬到河北，还必须将源自西方的循环消费理论在中国化之后河北化，唯此，才能使制定出符合河北实际循环消费引导政策和法律法规。

【修】虽然他山之石可以攻玉，但毕竟河北在资源环境、经济社会发展水平、消费文化等方面有自己的特点，不能直接将其他省或其他国家的理论与做法直接搬到河北，还必须将源自西方的循环消费理论在中国化之后河北化，唯此，才能使制定出符合河北实际的循环消费引导政策和法律法规。

【解析】

这里的"的"虽是一个助词，但发挥着助词的作用，不可省略。

例7：（第）××条、（第）×项

【原】法院最终采用了法学家关于盗窃罪和刑法63条第2款的法条主义分析进行定罪量刑，并不表明法院的判决是这一法条主义分析的结果，这是两个看似相同实际上完全异质的说法。

【修】法院最终采用了法学家关于盗窃罪和刑法第63条第2款的法条主义分析进行定罪量刑，并不表明法院的判决是这一法条主义分析的结果，这是两个看似相同实际上完全异质的说法。

【解析】

"第"用在整数的数词前面，表示次序。如果没有前缀"第"，而只有数字，那通常表示的是数量。63 条可能会让人理解为共有 63 个条文，而第 63 条则是一个条文，是排在第 63 的条文，是序号为"第63 条"的条文。这里的"第"是不宜省略的。

例8：（一方面，）……；另一方面，……

【原】其实工会参与企业管理，迈出与资方合作步伐已有相当的历史，但是管理策略比较零碎，不够系统。一些先进的管理理念和合作方式也未能深入人心，工会的管理地位和职能不能得到充分的肯定和承认，因此执行起来没有战略方向，久而久之也就显得表面化和形式化；另一方面，企业的激励机制特别是利润共享机制没有实施保障，使得工会与企业的合作管理没有持续的动力刺激和引导。

【修】其实工会参与企业管理，迈出与资方合作步伐已有相当的历史，但是管理策略比较零碎，不够系统。一方面，一些先进的管理理念和合作方式也未能深入人心，工会的管理地位和职能不能得到充分的肯定和承认，因此执行起来没有战略方向，久而久之也就显得表面化和形式化；另一方面，企业的激励机制特别是利润共享机制没有实施保障，使得工会与企业的合作管理没有持续的动力刺激和引导。

【解析】

"另一方面"是与"一方面"相搭配、相衔接的，如果没有"一方面"也就无所谓"另一方面"。修正后添加了"一方面"，会显得文字表达条理清楚，层次分明。

例9：

【原】这就明确地将物权行为的效力债权行为的效力区分开

来了。

【修】这就明确地将物权行为的效力与债权行为的效力区分开来了。

【解析】

区分开来，指的应是两个及两个以上的事物，在区分的对象之间以"与"分割为宜。

例10：

【原】在检验结果中发现，仅仅2007年5月30前后15日与2008年9月19日前后30日的波动性不显著。

【修】在检验结果中发现，仅仅2007年5月30日前后15日与2008年9月19日前后30日的波动性不显著。

【解析】

此处表示"年月日"的"日"不应省略。

例11：

【原】从城市化水平的纵向比较来看，中国城市化水平不断提高，2001—2009年全国平均值从31.38提高到49.11，上升了17.73个百分点

【修】从城市化水平的纵向比较来看，中国城市化水平不断提高，2001—2009年全国平均值从31.38%提高到49.11%，上升了17.73个百分点。

【解析】

这里结论讲的是百分点，所以前面的数值应该用百分号。

例12：

【原】产业基础较强的区域，地方政府多采取保护引导式的介入治理模式；而在产业基础较弱的区域，地方政府多采取强力主导式的模式。

【修】在产业基础较强的区域，地方政府多采取保护引导式的介入治理模式；而在产业基础较弱的区域，地方政府多采取强力主导式的模式。

例 13：

【原】在美国进行危机公关之后，丰田章男没有在其他国家地区停留，在 3 月 1 日就赶来中国。

【修】在美国进行危机公关之后，丰田章男没有在其他国家或地区停留，在 3 月 1 日就赶来中国。

【解析】

国家和地区是不同的所指，之间应使用连词"或（者）"做一区分。

例 14：

【原】他先后培养了五十余名硕、博士。

【修】他先后培养了五十余名硕士、博士。

【解析】

这里"硕士"的"士"不简省为宜。

例 15：

【原】佛教就是佛陀所说的教义。自公元前 6 至 5 世纪在印度诞生后，广泛流行于亚洲很多国家和地区，近代又传至欧美。

【修】佛教就是佛陀所说的教义。自公元前 6 世纪至公元前 5

世纪在印度诞生后，广泛流行于亚洲很多国家和地区，近代又传至欧美。

【解析】

原文是有歧义的。可能被理解为佛教的诞生是在公元前6世纪至公元后5世纪。实际上，佛教诞生是在公元前6世纪至公元前5世纪，修正后就可以正确表达本意，消除歧义。

例 16：

【原】资金筹措必然产生债的关系，其中银行等债权人，中小企业为债务人。

【修】资金筹措必然产生债的关系，其中银行等为债权人，中小企业为债务人。

例 17：

【原】中共十七届三中全会．关于推进农村改革发展若干重大问题的决定［R］．中国经济时报，2008—10—13.

【修】中共十七届三中全会．中共中央关于推进农村改革发展若干重大问题的决定［R］．中国经济时报，2008—10—13.

【解析】

重要文件名称中的发文单位不宜省略。

3. 同音或近音字（字符）的误用

同音字的误用，一方面是因为拼音法打字造成的，另一方面是一些同音字在与其他字组词后形成同音近义词。

例 1：

【原】……这等于由政府利用公权力承担了银行自身在该项

业务中应付的责任，违背了公平、正义价值。

　　【修】……这等于由政府利用公权力承担了银行自身在该项业务中应负的责任，违背了公平、正义价值。

【解析】

　　"付"的意思是"交给"，其构词如"交付""托付"等；"负"则有"担负"之意。对于"责任"只能讲"担负"怎样的责任，而不能说"交付"什么责任。因此，应当使用"应负的责任"，而不能讲"应付的责任"。

　　例2：

　　【原】……在有限的刑事司法资源面前，要以最低的诉讼成本，尽可能少的资源，将刑罚合理地、适当地、有效地施用于对象。

　　【修】……在有限的刑事司法资源面前，要以最低的诉讼成本，尽可能少的资源，将刑罚合理地、适当地、有效地适用于对象。

【解析】

　　三个词都有"使用"的意思，但意涵有所差异，以"使用"最为通俗和常用。"使用"主要指"使人员、器物、资金等为某种目的服务"，其构词搭配如：使用干部、合理使用资金等。"施用"的意思虽为"使用"，但其意涵是指在物体上加某种东西，其常见的构词搭配如："施用化肥""施用农药"及"化肥或农药的施用方法"等。"适用"通常的意思是"适合使用"。如："这套耕作方法，在我们这个地方也完全适用。"同时"适用"又可作为一个法律术语。法律适用就是指在具体的法律事实出现后，通过将其归入相应的抽象法律事实，然后根据该法律规范关于抽象法律关系之规定，进而形成具体的法律关系和法律秩序。法律适用有广义和狭义之分。广义的法律适用是指国家机关及其工作人员、社会团体和公民实现法律规范的活动。这种意义上的法律适用一般被称为法的实施。狭义的法律适用是指国家机关及其工作人员依照其职权范围把法律规范应用于具体事项的活动，特指拥有司法权的机关及司法人员依照法定方式把法律规范应用于具体案件的活动。

例 3：

【原】樊纲（2000）论证无论非国有经济成分期初市场份额多么小，只要它的效率和增长率超过国有经济部门，那么国有经济成分将逐渐下降直至趋于 0。

【修】樊纲（2000）论证无论非国有经济成分起初市场份额多么小，只要它的效率和增长率超过国有经济部门，那么国有经济成分将逐渐下降直至趋于 0。

例 4：

【原】在实际的运行中，基本上不能按照公司治理的原则去运作，出现两职合一、"三会"虚设的局面，企业的决策权、执行权、监督权基本上合一，治理结构无法发挥全力的制衡和监督职能。

【修】在实际的运行中，基本上不能按照公司治理的原则去运作，出现两职合一、"三会"虚设的局面，企业的决策权、执行权、监督权基本上合一，治理结构无法发挥权力的制衡和监督职能。

【解析】

这里讲的是"决策权、执行权、监督权"三种"权力"的制衡，不存在"全力"（即运用全部力量或精力）的问题。

例 5：权利——权力

【原】所谓"利用职务上的便利"是利用行为人现有职务范围内的权利或职务上的便利条件，这是一种为他人谋取利益的地位或有利条件。

【修】所谓"利用职务上的便利"是利用行为人现有职务范围内的权力或职务上的便利条件，这是一种为他人谋取利益的地位或有利条件。

【解析】

权利通常是与义务对应的概念，而权力通常是与职责相联系的概念。按照《现代汉语词典》的解释：权利是指"公民或法人依法行使的权力和享有的利益"。而权力主要从两层意义上使用，一是政治上的强制力量，如讲"国家权力"，"全国人民代表大会是国家最高权力机关"；二是职责范围内的支配力量，如"行使大会主席的权力"。①例证是在与职责相联系使用，因此应为"权力"。

例6：

【原】孙中山以西方资产阶级维护公民主权、法律面前人人平等、妇女生而自由在权力上与男子平等、天赋人权等思想为指导，致力推翻清王朝封建专制，创建共和民主政权，为中国妇女摆脱封建伦理道德束缚创造前提。

【修】孙中山以西方资产阶级维护公民主权、法律面前人人平等、妇女生而自由在权利上与男子平等、天赋人权等思想为指导，致力推翻清王朝封建专制，创建共和民主政权，为中国妇女摆脱封建伦理道德束缚创造前提。

【解析】

这里讲个体的资格，与职权无关，用"权利"为宜。

例7：形——型

【原】随着机构投资者持股比例的提高，企业获取银行借款

---

① 《现代汉语词典（第6版）》，商务印书馆2012年版，第1075页。

能力下降，即机构投资者持股与企业获得的银行借款呈倒 U 形关系。

　　【修】随着机构投资者持股比例的提高，企业获取银行借款能力下降，即机构投资者持股与企业获得的银行借款呈倒 U 型关系。

【解析】

　　"形"与"型"同音近义。"形"是指物体的形状、形体或实体，"型"则指物体的模型、类型。《现代汉语词典》中"形状"的释义为："物体或图形由外部的面或线条组合而呈现的外表。"[①]　"类型"的释义为："具有共同特征的事物所形成的种类。"[②]"形"往往侧重于强调一事物区别于其他事物的个体性特征，而"型"则侧重于强调一事物与同类事物所共有的特征，"型"往往在人们对事物特征进行归类处理时使用。这里强调的是一种类型关系，使用"倒 U 型"更适宜。

　　例 8：多远回归——多元回归

　　【原】……本文将第 n + 1 年的被解释变量与第 n 年的解释变量进行多远回归，进一步研究基金持股行为对于公司未来绩效的影响。

　　【修】……本文将第 n + 1 年的被解释变量与第 n 年的解释变量进行多元回归，进一步研究基金持股行为对于公司未来绩效的影响。

【解析】

　　实际上只有"多元回归"而没有"多远回归"的说法。多元回归分析是研究多个变量之间关系的回归分析方法，按因变量和自变量的

---

① 《现代汉语词典（第 6 版）》，商务印书馆 2012 年版，第 1459 页。

② 同上书，第 787 页。

数量对应关系可划分为一个因变量对多个自变量的回归分析（简称为"一对多"回归分析）及多个因变量对多个自变量的回归分析（简称为"多对多"回归分析），按回归模型类型可划分为线性回归分析和非线性回归分析。

例 9：

【原】我们应纠正这种观念，附予罪刑法定原则以程序性内容。

【修】我们应纠正这种观念，赋予罪刑法定原则以程序性内容。

【解析】

"赋予"是给予的意思，通常不说"附予"。

例 10：

【原】每逢改朝换代，运用舆论引导术以争取民心，成为各方力量推翻王朝的不二厉器。

【修】每逢改朝换代，运用舆论引导术以争取民心，成为各方力量推翻王朝的不二利器。

【解析】

"厉"是指严格、严肃、猛烈。"利"指锐利、锋利。根据《现代汉语词典》的解释。"利器"是指锋利的兵器或者有效的工具，如可以讲"精兵利器""计算机是统计工作的利器"。① 而《现代汉语词典》根本没有收录"厉器"一词。

例 11：

【原】她（甄嬛）会怀着孕去看被关在慎行司的崔谨夕。

【修】她（甄嬛）会怀着孕去看被关在慎刑司的崔槿汐。

---

① 《现代汉语词典（第 6 版）》，商务印书馆 2012 年版，第 800 页。

【解析】

（1）"慎行"是"行为谨慎检点"的意思。而"慎刑"则谓"用刑审慎"。"慎刑"是儒家司法文化中的一个重要理念，该理念强调以高度谨慎的态度从事司法活动。"慎刑司"是清代内务府所属机构。初名尚方司，顺治十二年（1655）改尚方院。康熙十六年（1677）改慎刑司，掌上三旗刑名。凡审拟罪案，皆依刑部律例，情节重大者移咨三法司会审定案。太监刑罚，以慎刑司处断为主。

（2）这里叙述的是《甄嬛传》里的情节，当事人名为"崔槿汐"，而非"崔谨夕"。

例12：

【原】忠诚是职场中最应值得重视的美德，只有所有的员工对企业忠诚，才能发挥出团队的力量，才能凝成一股绳，劲往一处使，推动企业走向成功。

【修】忠诚是职场中最应值得重视的美德，只有所有的员工对企业忠诚，才能发挥出团队的力量，才能拧成一股绳，劲往一处使，推动企业走向成功。

【解析】

《现代汉语词典》中"凝"的含义为：（1）凝结；（2）注意力集中。"拧"的含义是：（1）用两只手握住物体的两端分别向相反的方向用力转动，如"拧毛巾""把麻拧成绳"；（2）用两三个手指扭住皮肉使劲转动。① 这里讲要"ning成一股绳"，只能是"拧"，而不能是"凝"。

例13：

【原】持之以恒地维护品牌核心价值，早已成为众多国际一流品牌创建百年金字照牌的秘诀。

① 《现代汉语词典（第6版）》，商务印书馆2012年版，第952页。

【修】持之以恒地维护品牌核心价值，早已成为众多国际一流品牌创建百年金字招牌的秘诀。

【解析】

"金字招牌"是一个成语，没有"金子照牌"的说法。按照百度词典的解释，金字招牌，是指旧时店铺为显示资金雄厚而用金箔贴字的招牌，现比喻高人一等可以炫耀的名义或称号。也比喻名誉好。该成语出自清代曾朴《孽海花》第二十五回："珏斋部只出使了一次朝鲜，办结了甲申金玉均一案，又曾同威毅伯和日本伊藤博文定了出兵朝鲜彼此知会的条约，总算一帆风顺，文武全才的金字招牌，还高高挂着。"①

例 14：

【原】如果正在忙，那可以利用手机短信的快速恢复功能说"正在忙"。

【修】如果正在忙，那可以利用手机短信的快速回复功能说"正在忙"。

例 15：

【原】国务院发展研究中信产业经济研究部，中国汽车工程学会，大众汽车集团（中国）. 中国汽车产业发展报告［R］.北京：社会科学文献出版社，2010.

【修】国务院发展研究中心产业经济研究部，中国汽车工程学会，大众汽车集团（中国）. 中国汽车产业发展报告（2010）［R］.北京：社会科学文献出版社，2010.

---

① 金字招牌，http：//dict. baidu. com/s? wd = % E9% 87% 91% E5% AD% 97% E6% 8B% 9B% E7% 89% C，2013—10—10。

例 16：

【原】1937 年 7 月，抗战全面爆发，平津失陷，此时距长城抗战虽已四年有余，然戴安澜对古北口之血战仍耿耿于怀，那次激战虽予日军重创，但他亲睹中国士兵犹豫不懂战术而伤亡惨重，于是写下自己军旅生涯的第一本书《痛苦的回忆》总结战术。

【修】1937 年 7 月，抗战全面爆发，平津失陷，此时距长城抗战虽已四年有余，然戴安澜对古北口之血战仍耿耿于怀，那次激战虽予日军重创，但他亲睹中国士兵由于不懂战术而伤亡惨重，于是写下自己军旅生涯的第一本书《痛苦的回忆》总结战术。

【解析】

"犹豫"是形容词，指对事情迟疑不决，不果断，拿不定主意。"由于"是介词，表示原因或理由。这里不是讲中国士兵做事迟疑，拿不定主意。"不懂战术而伤亡惨重"中的"而"是一个连词，这里承担的角色是充任连接事理上前后相因的成分。因此，这里应该用"由于"，而不是"犹豫"。

例 17：

【原】市场信用 V. 金融秩序
【修】市场信用 VS 金融秩序

【解析】

现在报刊的标题，越来越喜欢用两个字母：VS。那么 VS 是什么意思呢？VS 是 versus 的简写，versus 是拉丁文，表示"相对照、相对立"的意思。VS 的原形是 Versus，V 首当其冲，按英语乃至大多数语言字母缩略的习惯，"首字母"肯定是要保留的，而一个单词里有两个 s，再怎么也不能把它略去。这个词及其简写，后来被英文采用，又辗转流入了汉语之中。在英语中，VS 有三种典型的用法。（1）在体育报道中，表示谁跟谁进行比赛。例如：罗马 VS 国际米兰。（2）在一般报道中，表示两个对立的事物。例如：国家安全 VS 个人自由。（3）在法律文书中，表示谁与谁发生了诉讼。"VS"一词从"球场"进入到"法庭"，"对抗"的含义就成了"诉讼"，在西方人眼里意思依旧，反正球场如法庭，法庭如球场，胜负难料，对抗（抗辩）双方总要你死我活一争雄雌，只不过球场上那你争我夺的肢体语言变成了法庭的舌枪唇剑罢了。例如："布朗 VS 教育会议"案。"VS"本身就是简写形式，不能再简写为"V."或"V"。

例 18：相应的——相应地

【原】中国 500 强企业为我国经济和社会发展做出了巨大的贡献。相应的，对中国 500 强企业成长轨迹的研究也日益受到各界重视。

【修】中国 500 强企业为我国经济和社会发展做出了巨大的贡献。相应地，对中国 500 强企业成长轨迹的研究也日益受到各界重视。

例 19：

【原】……团队已经确立了行为规范和工作方式，完全掌握了成熟的技能，成员间能开放、坦诚、及时地进行沟通，并且能够积极工作，在自己的工作任务外尽力相互帮助，由集体感和荣誉感，工作效率高。

【修】……团队已经确立了行为规范和工作方式，完全掌握了成熟的技能，成员间能开放、坦诚、及时地进行沟通，并且能够积极工作，在自己的工作任务外尽力相互帮助，有集体感和荣誉感，工作效率高。

例20：

【原】只要是大众喜欢而有实用的东西，都可以做赠品。
【修】只要是大众喜欢而又实用的东西，都可以做赠品。

例21：

【原】笔者认为这两种土地所有制的建立是有当时的国情决定的……
【修】笔者认为这两种土地所有制的建立是由当时的国情决定的……

例22：

【原】历史发展的局限性是导致这各结果的必然。
【修】历史发展的局限性是导致这个结果的必然。

例23：

【原】利用市场融资主要从以下几个方面做起：第一，政府继续扩展财政担保和财政贴息政策，提高水利项目的自身融资能力，促使信贷资金能够像水利行业倾斜；第二，水利建设要积极争取世界银行、亚洲开发银行和各国政府的优惠贷款。第三，对公益性水利项目，在政府财政性资金难以满足建设资金需求的情况下，必须更多地依靠以财政信用为基础的市场融资。
【修】利用市场融资主要从以下几个方面做起：第一，政府继续扩展财政担保和财政贴息政策，提高水利项目的自身融资能力，促使信贷资金能够向水利行业倾斜；第二，水利建设要积极争取世界银行、亚洲开发银行和各国政府的优惠贷款；第三，对公益性水利项目，在政府财政性资金难以满足建设资金需求的情况下，必须更多地依靠以财政信用为基础的市场融资。

例 24：

【原】经济学家斯蒂格利茨说，似乎只要实行私有化和自由化，市场就会自动解决经济发展的一切问题，说得好一些，"华盛顿共识"是不完整的；说的坏一点，"华盛顿共识"有误导性。

【修】经济学家斯蒂格利茨说，似乎只要实行私有化和自由化，市场就会自动解决经济发展的一切问题，说得好一些，"华盛顿共识"是不完整的，说得坏一点，"华盛顿共识"有误导性。

例 25：

【原】相反，在中西部地区，城市化却能够显著的促进就业增长，这对于转移农村剩余劳动力增加人均收入是个福音。

【修】相反，在中西部地区，城市化却能够显著地促进就业增长，这对于转移农村剩余劳动力增加人均收入是个福音。

例 26：

【原】无论发达国家，还是转型国家都应该科学的定义和研究提出的全球化世界观，其本质是要相信，全球化是整个世界实现协调发展、发挥科学技术可能性的必经之路。

【修】无论发达国家，还是转型国家都应该科学地定义和研究提出的全球化世界观，其本质是要相信，全球化是整个世界实现协调发展、发挥科学技术可能性的必经之路。

例 27：

【原】……对公共因子命名并合理的解释。

【修】……对公共因子命名并合理地解释。

例 28：

【原】从研发方面来看，天津和北京的研发人员比重与医药制造业总产值比重的关联程度要比河北大的多。

【修】从研发方面来看，天津和北京的研发人员比重与医药制造业总产值比重的关联程度要比河北大得多。

例 29：

【原】行政主体在行使行政权时，不会仅仅依靠被动的方式去启动，行政主体可以主动的去行使行政权。

【修】行政主体在行使行政权时，不会仅仅依靠被动的方式去启动，行政主体可以主动地去行使行政权。

例 30：

【原】中国独有的工会模式使其很难独立性的就工资问题与资方开展谈判。

【修】中国独有的工会模式使其很难独立性地就工资问题与资方开展谈判。

例 31：

【原】国家所有、社会所有、全面所有，其本质内涵是一致的概念。

　　【修】国家所有、社会所有、全民所有，其本质是内涵一致的概念。

4. 形似字（字符）的误用

例1：

　　【原】积公为唐代名僧，据《纪异录》载，唐代宗时曾召积公入宫，给予特殊礼遇，可见也是个饱学之士。陆羽自幼得其教海，必深明佛理。

　　【修】积公为唐代名僧，据《纪异录》载，唐代宗时曾召积公入宫，给予特殊礼遇，可见也是个饱学之士。陆羽自幼得其教诲，必深明佛理。

【解析】

"教诲"是词，"教海"不是一个词。

例2：

　　【原】红旗此番复出，无疑给万马齐暗的中国自主汽车品牌带来了一线生机。

　　【修】红旗此番复出，无疑给万马齐喑的中国自主汽车品牌带来了一线生机。

【解析】

"万马齐喑"是一个成语，意思是所有的马都沉寂无声。旧时形容人民不敢讲话。现也比喻沉闷的局面。清代龚自珍《己亥杂诗》有诗句："九州风气恃风雷，万马齐喑究可哀。"

例 3：

【原】陶瓷艺术的奥秘深藏在历代承传的手工模式中，更神奇地深藏在从配料、拉坯、成型、装饰到烧制的个体经验之中。

【修】陶瓷艺术的奥秘深藏在历代承传的手工模式中，更神奇地深藏在从配料、拉坯、成型、装饰到烧制的个体经验之中。

【解析】

不存在"拉坏"这样的工艺环节。

例 4：

【原】引发经济危机的资本主义制度早巳过时了，试图通过过时的资本主义制度解决现在面临的问题，只能使世界陷入新一轮危机。

【修】引发经济危机的资本主义制度早已过时了，试图通过过时的资本主义制度解决现在面临的问题，只能使世界陷入新一轮危机。

【解析】

"巳"与"已"为常见的形近字，本应使用"已"原句却误用了"巳"。

例 5：

【原】《民事案件案由规定》从司法政策的角度明确了物权行为的天因性。

【修】《民事案件案由规定》从司法政策的角度明确了物权行为的无因性。

【解析】

物权行为的无因性，是指物权变动不受其原因行为效力制约的原则。

例 6：

【原】a 为回归系数，b 为回归常数，c 为回归误差（a、b、c 的含义以下同）。

【修】a 为回归系数，b 为回归常数，ε 为回归误差（a、b、ε 的含义以下同）。

【解析】

ε 为希腊字母，读作"伊普西龙"。

例 7：

【原】本文使用该方法进行协整检验，假设序列 Yt 和协整方程都有线性趋势，协整方程的线性趋势表示为 a × trend。

【修】本文使用该方法进行协整检验，假设序列 Yt 和协整方程都有线性趋势，协整方程的线性趋势表示为 α × trend。

【解析】

阿尔法一词，最早的印象是数学符号"α"。不同于字母 a.

例 8：

【原】但由于信用担保涉及的人和物比较多，这在一定程度上加大了信用担保协议签订的技术难度，特别是随着国际贸易的开展，国际信用担保除了一般担保所具备的保证书名称、编号、开立日期、双方当事人的名称、地址、基础合同号码以及保证事项和保证金额等基本栏目外，一般还载有"释义或定交""对价""延续保证""陈述""免税和包锐条款""法律选择条款"等，内容就更复杂。

【修】但由于信用担保涉及的人和物比较多，这在一定程度上加大了信用担保协议签订的技术难度，特别是随着国际贸易的开展，国际信用担保除了一般担保所具备的保证书名称、编号、开立日期、双方当事人的名称、地址、基础合同号码以及保证事项和保证金额等基本栏目外，一般还载有"释义或定义""对价""延续保证""陈述""免税和包税条款""法律选择条款"等，内容就更复杂。

【解析】

原句中"定交"应为"定义"，"包锐条款"应为"包税条款"，这是形近字的误用。

（五）词语表达性错误

1. 专有名词表述不准确

专有名词是特定的某人、地方或机构的名称，即人名、地名、国家名称、单位名称、组织名称等。对于专有名词，在表述时应注意一定要准确，在特定语境下还要求必须完整。在编校中，专有名词表述不准确是一种常见的问题。

例1：

【原】参见中国统计局、科技部编《中国科技统计年鉴2009》有关内容。

【修】参见国家统计局、科学技术部编《中国科技统计年鉴2009》有关内容。

【解析】

《中国科技统计年鉴2009》是中华人民共和国国家统计局和中华人民共和国科学技术部共同编辑的反映我国科技活动情况的统计资料书。国家统计局是国务院直属机构，主管全国统计和国民经济核算工作。中华人民共和国科学技术部是国务院主管国家科学技术工作的部门。原句将"国家统计局"称为"中国统计局"是不妥的。

例2：

　　【原】王名扬．美国行政法［M］．北京：法制出版社，1995．
　　【修】王名扬．美国行政法［M］．北京：中国法制出版社，1995．

【解析】

中国并不存在一个名称为"法制出版社"的出版机构，通常所说的"法制出版社"其实其全称为"中国法制出版社"。中国法制出版社是国务院法制办公室所属的中央级法律类图书专业出版社，是国家法律、行政法规标准文本的权威出版机构，于1989年6月10日经新闻出版署批准成立。

例3：

　　【原】丁大同．国家与道德［M］．济南：山东人们出版社，2007．
　　【修】丁大同．国家与道德［M］．济南：山东人民出版社，2007．

【解析】

山东人民出版社成立于1951年。1984年7月，山东人民出版社改名为山东省出版总社；同时，将原山东人民出版社所属的政治经济理论编辑部改为以出版哲学社会科学图书为主的专业出版社，沿袭原综合性山东人民出版社社名、社号。

例4：

　　【原】邵国栋．基于生命周期理论的延迟退休年龄合理性研究［D］．北京：人民大学，2008.

【修】邵国栋．基于生命周期理论的延迟退休年龄合理性研究［D］．北京：中国人民大学，2008.

【解析】

"人民大学"的全称为"中国人民大学"，这里应选用全称。

例5：

【原】参见王充：《罪刑法定原则论纲》，《法治与社会发展》2005年第3期。

【修】参见王充：《罪刑法定原则论纲》，《法制与社会发展》2005年第3期。

【解析】

实际上不存在名称为"法治与社会发展"的一份期刊，这里的"法治与社会发展"其实应为"法制与社会发展"。《法制与社会发展》创刊于1995年，是由国家教育部主管、吉林大学主办的法学学术刊物。该刊原为综合性的法学学术刊物，从2004年起改为理论法学学术刊物。该刊主编为张文显教授。该刊刊载的论文经常被《新华文摘》《中国社会科学文摘》《高校文科学报文摘》《中国人民大学报刊复印资料》等权威性文摘刊物转载、摘要或复印，文摘率居法学类期刊前列。

例6：

【原】徐剑刚，唐国兴．我国股票市场报酬与波动的GARCH—M模型［J］．数量经济技经济研究，1995，（12）.

【修】徐剑刚，唐国兴．我国股票市场报酬与波动的GARCH—M模型［J］．数量经济技术经济研究，1995，（12）.

【解析】《数量经济技术经济研究》是中国社会科学院主管，中国社会科学院数量经济与技术经济研究所主办，国内外公开发行的全国性、综合性学术月刊。

例7：

【原】根据国际货币经济组织2010年4月发布的《世界经济展望》提供的数据，2009年全球GDP的增长率为-0.6%，其中发达经济体的增长率为-3.2%，新兴市场和发展中经济体的增长率为2.4%。

【修】根据国际货币基金组织2010年4月发布的《世界经济展望》提供的数据，2009年全球GDP的增长率为-0.6%，其中发达经济体的增长率为-3.2%，新兴市场和发展中经济体的增长率为2.4%。

【解析】

实际上并不存在一个叫作"国际货币经济组织"的机构，这里对机构名称的正确表述是"国际货币基金组织"。国际货币基金组织（International Monetary Fund，IMF）于1945年12月27日成立，与世界银行并列为世界两大金融机构之一，其职责是监察货币汇率和各国贸易情况、提供技术和资金协助，确保全球金融制度运作正常；其总部设在华盛顿。

例8：

【原】《中华人民共和国个人独资法》第二条规定："本法所称个人独资企业，是指依照本法在中国境内设立，由一个自然人投资，财产为投资人个人所有，投资人以其个人财产对企业债务承担无限责任。"

【修】《中华人民共和国个人独资企业法》第二条规定："本法所称个人独资企业，是指依照本法在中国境内设立，由一个自然人投资，财产为投资人个人所有，投资人以其个人财产对企业债务承担无限责任。"

【解析】

《中华人民共和国个人独资企业法》于 1999 年 8 月 30 日由中华人民共和国第九届全国人民代表大会常务委员会第十一次会议通过，自 2000 年 1 月 1 日起施行。实际上不存在《中华人民共和国个人独资法》。

例 9：

【原】随着工业文明的进步和发展，意识形态和科学进入哲学家的视野，哈贝·马斯认为，意识形态具有了科学的作用。

【修】随着工业文明的进步和发展，意识形态和科学进入哲学家的视野，哈贝马斯认为，意识形态具有了科学的作用。

【解析】

哈贝马斯是德国哲学家、社会学家。他的全名为尤尔根·哈贝马斯（Juergen Habermas）。哈贝马斯是西方马克思主义重要流派法兰克福学派第二代的代表人物，著述丰富，迄今有数十部著作问世，主要代表作包括：《公共领域的结构变化》《理论和实践》《知识和人类旨趣》《技术和作为意识形态的科学》《社会科学的逻辑》《合法性危机》《文化与批判》《历史唯物主义的重建》《沟通与社会进化》《沟通行动理论》《真理与论证》《包容他者》《事实与价值》《认识与兴趣》《现代性的哲学话语》《交往行为理论》《晚期资本主义的合法性危机》《后形而上学思想》等。原句将"哈贝马斯"写作"哈贝·马斯"是错误的。

例 10：

【原】张维迎．博弈论与信息经济学［M］．上海：上海三联书店出版社，2004.

【修】张维迎. 博弈论与信息经济学 ［M］. 上海：上海三联
书店，2004.

【解析】

上海三联书店是国内著名的出版社，在海内外享有盛誉。国内多
数出版机构以"出版社"为名，其名称中多含有"出版社"字样，
而上海三联书店名称即为"上海三联书店"。

例 11：

【原】［法］托克维尔. 论美国的民主 ［M］. 董果良，译.
北京：商务出版社，1988.

【修】［法］托克维尔. 论美国的民主 ［M］. 董果良，译.
北京：商务印书馆，1988.

【解析】

目前不存在一个名称为"商务出版社"的出版机构，与之比较相
近的是"商务印书馆"和"中国商务出版社"。而托克维尔的《论美
国的民主》是由商务印书馆出版的。

商务印书馆于 1897 年 2 月 11 日创立于上海，是中国历史最悠久
的现代出版机构，与北京大学同时被誉为中国近代文化的双子星。它
的创立标志着中国现代出版业的开始。极盛时期，商务印书馆有员工
5000 多人，在海内外设有分馆 36 个，各类办事机构 1000 多个。中华
人民共和国成立后，商务印书馆迁址北京，原商务印书馆台湾分馆与
总馆脱离关系，改称台湾商务印书馆。1993 年，位于北京的商务印书
馆与商务印书馆（香港）有限公司、台湾商务印书馆股份有限公司、
商务印书馆新加坡分馆、商务印书馆马来西亚有限公司共同投资成立
"商务印书馆国际有限公司"，这是国内首家综合性合资出版机构。

中国商务出版社系中华人民共和国商务部所属的集图书、期刊出

版发行为一体的专业出版社，成立于 1980 年 1 月。初称"对外贸易出版社"，1983 年 4 月更名为"中国对外经济贸易出版社"，2003 年 9 月改为"中国商务出版社"。

例 12：

【原】中华全国总工会中国职工运动史研究室. 中国历次全国劳动大会文献 [M]. 北京：北京工人出版社，1957.

【修】中华全国总工会中国职工运动史研究室. 中国历次全国劳动大会文献 [M]. 北京：工人出版社，1957.

【解析】

工人出版社是中国工人出版社的前身，成立于 1949 年 7 月 15 日。工人出版社初期附属在《工人日报》社内，1951 年正式建立编制，独立经营，成为全国总工会领导的事业单位。1952 年年末，全国总工会为集中力量办好工人出版社，决定撤销上海市总工会办的"上海劳动出版社"，东北总工会办的"东北工人出版社"和中南总工会办的"中南工人出版社"，陆续将这几个地方出版社的大部分编辑出版干部调进北京，充实了工人出版社。1958 年后工人出版社经历了一段曲折，1978 年，为配合工会"九大"的召开，才恢复出书。1989 年经报请全国总工会和新闻出版署核准，工人出版社改名为"中国工人出版社"。同时，实际上并不存在一家名称为"北京工人出版社"的出版机构。

例 13：

【原】丹尼尔·贝尔：《资本主义的文化矛盾》，三联出版社，1989 年版。

【修】丹尼尔·贝尔：《资本主义的文化矛盾》，生活·读书·新知三联书店，1989 年版。

【解析】

生活·读书·新知三联书店是一家有悠久历史的著名出版社。其前身是 20 世纪 30 年代在上海创立的生活书店、新知书店和读书出版社。1948 年 10 月三家书店全面合并，在香港成立生活·读书·新知三联书店总管理处。1949 年 3 月，总管理处迁至北京。1951 年 8 月，三联书店并入人民出版社，仍保留"三联"名义出书。1986 年 1 月 1 日，三联书店恢复独立建制。生活·读书·新知三联书店简称"三联书店"，但不称为"三联出版社"。由于以"三联书店"冠名的除"生活·读书·新知三联书店"外，还有"上海三联书店"，因此采用全称为宜。

例 14：

【原】由最高人民法院民二庭、中华全国律师协会、中国人民大学破产法研究中心主办，北京市高级人民法院、北京市破产法学会承办，北京市炜衡律师事务所等单位协办的"第五届中国破产法论坛"于 2012 年 11 月 17—18 日在京举行。

【修】由最高人民法院民二庭、中华全国律师协会、中国人民大学破产法研究中心主办，北京市高级人民法院、北京市破产法学会承办，北京炜衡律师事务所等单位协办的"第五届中国破产法论坛"于 2012 年 11 月 17—18 日在京举行。

【解析】

北京炜衡律师事务所是法定名称，而北京市炜衡律师事务所不是法定的名称。《律师事务所名称管理办法》（2010 年 1 月 4 日司法部令第 120 号发布）第六条规定："律师事务所名称应当由'省（自治区、直辖市）行政区划地名、字号、律师事务所'三部分内容依次组成。"第二十七条规定："本办法所称的行政区划地名，是指不包括'省'、'自治区'、'直辖市'、'市'、'县'、'区'等行政区划称谓的地方名称。"当然在实践中，许多北京市和上海市的律师事务所有意识或无意识地在使用各自的行政区划。

例 15：

【原】西方经济学者对"效用"是否可以计量、比较，分为两派，一直争论到今天，双方谁也说服不了谁，成为经济学中的一大难题，犹如数学中"歌得巴赫猜想"。

【修】西方经济学者对"效用"是否可以计量、比较，分为两派，一直争论到今天，双方谁也说服不了谁，成为经济学中的一大难题，犹如数学中"哥德巴赫猜想"。

【解析】
"哥德巴赫猜想"是专有名词，在我国已有约定俗成的翻译用字。

例 16：

【原】边发吉. 河北杂技 [M]. 石家庄：华山文艺出版社，1999.

【修】边发吉. 河北杂技 [M]. 石家庄：花山文艺出版社，1999.

【解析】
石家庄有一家出版社名称为"花山文艺出版社"，但并不存在名称为"华山文艺出版社"的出版机构。将"花山文艺出版社"误作"华山文艺出版社"的例子有很多，以"参考文献"包含"华山文艺出版社"在中国知网检索，可得数十篇文献。①

---

① 如：《浙江大学学报（人文社会科学版）》2007 年第 3 期第 42 页参考文献 [10] 为："白化文. 入唐求法巡礼行记校注 [M]. 石家庄：华山文艺出版社，1992."；《东岳论坛》2004 年第 1 期第 108 页参考文献 [6] 为："田汉. 答《小剧本》读者问 [A]. 田汉全集，第 16 卷 [M]. 石家庄：华山文艺出版社，2000，414."；《玉林师范学院学报（哲学社会科学版）》2002 年第 1 期第 49 页参考文献 [16] 为："易丹. 从存在到毁灭 [M]. 西安：华山文艺出版社，1989."；等等。

例 17：

【原】中共十七届三中全会．关于推进农村改革发展若干重大问题的决定［R］．中国经济时报，2008—10—13．

【修】中共十七届三中全会．中共中央关于推进农村改革发展若干重大问题的决定［R］．中国经济时报，2008—10—13．

【解析】

这里使用文件的全称为宜，文件的全称包含了发文单位"中共中央"。

例 18：

【原】目前股吧有很多，比如东方财富网股吧、和讯股吧、腾讯新浪股吧等。

【修】目前股吧有很多，比如东方财富网股吧、和讯股吧、腾讯股吧、新浪股吧等。

【解析】

事实上并不存在腾讯新浪股吧。腾讯股吧与新浪股吧分别为腾讯网和新浪网的部分，二者是不同的。

例 19：

【原】在国内出版著作或论文文献可以参考我国国家标准局2005 年发布并实施的《文后参考文献著录规则》。①

【修】在国内出版著作或论文文献可以参考我国国家标准管

---

① 本例取材于科学技术部科研诚信建设办公室组织编写：《科研诚信知识读本》，科学技术文献出版社 2009 年版，第 60 页。另，该标准已被《信息与文献 参考文献著录规则》（GB/T 7714—2015）替代。

理委员会 2005 年发布并实施的《文后参考文献著录规则》。

【解析】

现在没有中国国家标准局这个政府机构。中国国家标准化管理委员会（简称国家标准委）是国务院授权的履行行政管理职能、统一管理全国标准化工作的主管机构。从机构名称的历史来看，主管标准的政府机构确实曾以"局"命名。1978 年 10 月成立国家标准总局，翌年在总局下成立了质量监督局。机构几经改革，2001 年组建国家质量监督检验检疫总局（简称国家质检总局）、国家标准化管理委员会（国家标准化管理局）（简称国家标准委）和国家认证认可监督管理委员会（国家认证认可监督管理局）（简称国家认监委）。由国家质检总局对国家认监委和国家标准委实施管理。

2. 用词不当

语言得体，语意连贯，是语词使用的基本要求；而用词不当是一种常见的词语表达错误。从写作和编校实践看，使用不当的词语，既有名词、动词，也有形容词和副词等。

例 1：

【原】应该吸取以前市场布局不合理的经验，加强对国际市场的观测，及时调整相关产品的出口市场布局。

【修】应该吸取以前市场布局不合理的教训，加强对国际市场的观测，及时调整相关产品的出口市场布局。

【解析】

"经验"和"教训"都"从以往经历中获取的知识"的含义，但二者的语义各有侧重。"经验"通常是指"由实践得来的知识或技能"，而教训则侧重于指"从失败或错误中取得的知识"。此处用"教训"比"经验"更贴切。

例 2：

【原】追溯前瞻其（按劳分配制度）基于新中国基本经济制度三种历史形态建构发展的历史过程，可以概括为四个历史阶段、三次重大变革、两次历史性飞跃和三种历史形态。

【修】追溯其（按劳分配制度）基于新中国基本经济制度三种历史形态建构发展的历史过程，可以概括为四个历史阶段、三次重大变革、两次历史性飞跃和三种历史形态。

【解析】

从《现代汉语词典》的解释看，"追溯"是指"溯流而上，向河流发源处走，比喻探索事物的由来"①。如可以说"两国交往的历史可以追溯到许多世纪以前"。而"前瞻"主要有两个义项：一是"向前面看"，例如可以说"极目前瞻"；一是"展望、预测"，如可以说"前瞻性"。

例 3：

【原】天津现在处于对医药制造业的调整时期，调整的主要对象是对研发人员以及研发经费的减少，对固定资产的投资增多。

【修】天津现在处于对医药制造业的调整时期，调整的主要内容是对研发人员以及研发经费的减少，对固定资产的投资增多。

【解析】

如果讲"调整的主要对象"，则宾语应是"研发人员的数量以及研发经费的数额、固定资产的投资额"。而这样的表述不能说明研发

---

① 《现代汉语词典（第 6 版）》，商务印书馆 2012 年版，第 1715 页。

人员的数量是增加还是减少，研发经费是增加还是减少，固定资产的投资是增还是减。为了清晰、完整地传达信息，将原句中的"主要对象"修改为"主要内容"为宜。

例4：

【原】……企业在不得不辞职不满意员工的前提下，多数会因为劳动者弱势群体受到法律保护和劳动者自身对企业有各种依赖感而遭到员工的反对意见……

【修】……企业在不得不辞退不满意员工的前提下，多数会因为劳动者弱势群体受到法律保护和劳动者自身对企业有各种依赖感而遭到员工的反对意见……

【解析】

辞职，即辞去职务，是劳动者向用人单位提出解除劳动合同或劳动关系的行为。而辞退是用人单位解雇职工的一种行为，是指用人单位由于某种原因与职工解除劳动关系的一种强制措施。企业对不满意员工采取的应是"辞退"。

例5：

【原】农民工转移不仅成本大，而且不利于城镇化建设的有序发展。

【修】农民工转移不仅成本高，而且不利于城镇化建设的有序发展。

【解析】

虽然成本指的就是费用总额，但通常的表达是"成本高"，而不说"成本大"。

例 6：

【原】受 Bernard & Russe （2004）的启发，基于第一至第十届全运会数据的分析，发现决定各省市奖牌数量的主要因素是经济总体规模和上一期全运会的表现。

【修】受 Bernard & Russe （2004）的启发，基于第一至第十届全运会数据的分析，发现决定各省市奖牌数量的主要因素是经济总体规模和上一届全运会的表现。

【解析】

对于定期举行的全运会，习惯使用的词为"届"，通常不用"期"。

例 7：

【原】河北省与全国其他城市相比，除了同样具有大量的农村和城市剩余劳动力外，现有城市的基础设施与同类城市相比没有多大优势，因此也难于吸收大量农村剩余劳动力进城。

【修】河北省与全国其他省、自治区、直辖市相比，除了同样具有大量的农村和城市剩余劳动力外，现有城市的基础设施与同类城市相比没有多大优势，因此也难于吸收大量农村剩余劳动力进城。

【解析】

河北省是一个省份，不是一个城市，根据可比性原则，河北省应该是与其他省级行政区划单位进行比较，而不是与其他城市比较。

3. 搭配不当

例 1：

【原】两种分析方法各有长处，相辅相成的，在政策制定与科学研究中，应将两者充分结合。

　　【修】两种分析方法各有长处，相辅相成，在政策制定与科学研究中，应将两者充分结合。

例2：

　　【原】这也是我国至今未强调其程序内容的又一原因。
　　【修】1：这也是我国至今未强调其程序内容的一个原因。
　　【修】2：这是我国至今未强调其程序内容的又一原因。

【解析】
"也"和"又"只能选择其一，而不可二者同时使用。

例3：

　　【原】本变量为二分变量，当上市家族企业获得标准无保留审计意见时，取值为 Audit 取值为 1，否则，取值为 0。

　　【修】本变量为二分变量，当上市家族企业获得标准无保留审计意见时，Audit 取值为 1，否则，取值为 0。

例4：

　　【原】由此可见，《广西创新计划》的综合评价分值 $3 < Z = 3.7216 < 4$，综合评价结果为较好。

　　【修】由此可见，《广西创新计划》的综合评价分值 $3 < Z < 4$（$Z = 3.7216$），综合评价结果为较好。

例5：

　　【原】究其原因，笔者认为这是由于我国长期以来过度强调实体正义而忽视程序正义的严重失衡所致。

【修】究其原因，笔者认为这是由于我国长期以来过度强调实体正义而忽视程序正义造成的严重失衡所致。

例 6：

【原】在长期中，增值税扩围改革会同时给服务业各行业带来"税率提高的增税效应"和"进项抵扣的减税效应"。

【修】从长期看，增值税扩围改革会同时给服务业各行业带来"税率提高的增税效应"和"进项抵扣的减税效应"。

【解析】

"在长期中"不符合通常的表达习惯。

例 7：

【原】相对于发达国家，中国问题银行市场退出还存在政府干预过多，政府主导行政色彩浓厚，处置手段和路径单一，规则不透明 不确定，法律不健全等，对此应采取救助、收购或兼并、重组、接管、解散、撤销、破产等路径选择。

【修】相对于发达国家，中国问题银行市场退出还存在政府干预过多，政府主导行政色彩浓厚，处置手段和路径单一，规则不透明 不确定，法律不健全等问题，对此应采取救助、收购或兼并、重组、接管、解散、撤销、破产等路径选择。

【解析】

原句的问题在于动宾结构中缺宾语。"存在"是一个动词，这里作为动词"存在"的宾语应是"问题"。

例 8：

【原】在每个人漫长的生命旅程中，均会不断遇到三种不同的人，不管是你的学习工作还是生活情感，都随时会遇到他们。一种是欣赏你，理解你，器重你的人；第二种是曲解你，与你产生分歧，甚至中伤你的人；第三种人是与你互不相干的人。第一种人对你有知遇之恩，可以为师为友；第二种给你伤害，你不必与他计较更无须苦恼，只要远离他；而第三种人更是无关痛痒，只要和他和平共处就行了。一种米养千样人，你不能被所有人接纳和包容。所以，你必须保持平和的心态，接纳别人，你的痛苦就会少得多。

【修】在每个人漫长的生命旅程中，均会不断遇到三种不同的人，不管是你的学习工作还是生活情感，都随时会遇到他们。第一种是欣赏你，理解你，器重你的人；第二种是曲解你，与你产生分歧，甚至中伤你的人；第三种是与你互不相干的人。……

4. 上下文（前后文）不对应

例 1：

【原】危机定性的四大原则……虽然，危机产生源于市场运营中的不当操作，但危机产生后的传播定性将有助于企业的危机管理。而有效的传播定性须基于三大重要原则……以社会道德准则为底线。……以公众接受范围为准绳。……以事件责任切割为索引。

【修】危机定性的三大原则……虽然，危机产生源于市场运营中的不当操作，但危机产生后的传播定性将有助于企业的危机管理。而有效的传播定性须基于三大重要原则……以社会道德准则为底线。……以公众接受范围为准绳。……以事件责任切割为索引。

例 2：

【原】杰克·伦敦后期创作的三部长篇小说《毒日头》《月亮谷》《大房子里的小妇人》演绎了一个逃离城市、回归乡村田园的浪漫主义故事，具有浓厚的生态主义色彩。

【修】杰克·伦敦后期创作的三部长篇小说《毒日头》《月亮谷》《大房子里的小妇人》演绎了一系列逃离城市、回归乡村田园的浪漫主义故事，具有浓厚的生态主义色彩。

例 3：

【原】

……

五、研究结论及政策涵义

……

本文的理论解释有如下几点政策含义对于城市发展政策是重要的。

【修】

……

五、研究结论及政策涵义

……

本文的理论解释有如下几点政策涵义对于城市发展政策是重要的。

例 4：

【原】根据国家统计局国民经济统计司编制的《2007 年中国投入产出表》中 135 个部门的行业分类方法……根据《中国 2007 年投入产出表》相关数据……

【修】根据国家统计局国民经济统计司编制的《2007 年中国投入产出表》中 135 个部门的行业分类方法……根据《2007 年中国投入产出表》相关数据……

【解析】

保持上下文的一致性。

（六）数字用法的错误

《出版物上数字用法》（GB/T 15835—2011）对于数字用法有着较为详尽的规定。但许多作者和编辑对于该标准的重视不够，在数字用法上留下了许多缺憾。该标准取代的标准为 GB/T 15835—1995，但许多人对数字用法的认识依然停留在旧标准，没有关注新标准甚至根本不知道早已通过了新标准。

例 1：

【原】原假设通常是：超额收益率（或累计的超额收益率）均值为 0；则备假设是：超额收益率（或累计的超额收益率）均值不为零。

【修】原假设通常是：超额收益率（或累计的超额收益率）均值为 0；则备假设是：超额收益率（或累计的超额收益率）均值不为 0。

【解析】

数字使用应保持前后协调一致。

例 2：

【原】"这些企业的共同特点：一是符合解放生产力和发展生产力，有的开始筹建时只有 300 元，目前已达 7、8 个亿元，经济发展之快是国营企业望尘莫及的。二是……"

【修】"这些企业的共同特点：一是符合解放生产力和发展生产力，有的开始筹建时只有300元，目前已达七八亿元，经济发展之快是国营企业望尘莫及的。二是……"

例3：

【原】……二十四、五岁的陆羽随着流亡的难民离开故乡，流落湖州（今浙江湖州市）。

【修】……二十四五岁的陆羽随着流亡的难民离开故乡，流落湖州（今浙江湖州市）。

【解析】

表示相邻的概数时不需要顿号区隔。

例4：

【原】人民银行广州支行课题组（2002）对辖区内的十个地区开展了民间借贷发展状况的抽样调查，结果显示民间金融借款的回收率普遍比较高，被调查地区民间金融借款回收率在80%以上的有两个地区，70—79%的有3个地区，60—69%的有一个地区，60%以下的只有一个地区，远远高于同一地区正规金融机构的贷款回收率。

【修】人民银行广州支行课题组（2002）对辖区内的十个地区开展了民间借贷发展状况的抽样调查，结果显示民间金融借款的回收率普遍比较高，被调查地区民间金融借款回收率在80%以上的有两个地区，70%—79%的有三个地区，60%—69%的有一个地区，60%以下的只有一个地区，远远高于同一地区正规金融机构的贷款回收率。

【解析】

数字表示要全面，尤其是百分比符号不可省略。

（七）标点符号的错误

2011 年 12 月 30 日发布、2012 年 6 月 1 日实施的《标点符号用法》（GB/T 15834—2011）是判别标点符号正误的基本依据。该标准由国家质量监督检验检疫总局和国家标准化管理委员会发布，取代了1995 年 12 月国家技术监督局发布的国家标准 GB/T 15834—1995。

1. 顿号的漏用和误用

根据《标点符号用法》，顿号作为句内点号的一种，"表示语段中并列词语之间或某些序次语之后的停顿"。顿号的用法主要有：（1）用于并列词语之间；（2）用于需要停顿的重复词语之间；（3）用于某些序次语（不带括号的汉字数字或"天干地支"类序次语）之后。相对复杂的用法有两种情况：（1）相邻或相近两数字连用表示概数通常不用顿号；若相邻两数字连用为缩略形式，宜用顿号。（2）标有引号的并列成分之间、标有书名号的并列成分之间通常不用顿号；若有其他成分插在并列的引号之间或并列的书名号之间（如引号或书名号之后还有括注），宜用顿号。

在顿号使用方面的错误，主要表现为漏用和误用。顿号表示的是一种停顿，虽然是短暂的停顿，但应有的停顿不应省略。这方面有一些错误的例证。

例1：

【原】适应党中央国务院对水利发展提出的要求，进一步加大水利建设投资力度，是全面推进水利事业健康发展的重要基础。

【修】适应党中央、国务院对水利发展提出的要求，进一步加大水利建设投资力度，是全面推进水利事业健康发展的重要基础。

【解析】

党中央与国务院在语法上属于并列关系，在二者之间宜用顿号区隔。

例 2：

【原】增长率较高的有批发和零售贸易餐饮业，国家机关政党机关还有其他行业增长率分别为 16.3%、17.8% 和 19.9%。

【修】增长率较高的有批发和零售贸易、餐饮业，国家机关、政党机关，还有其他行业，增长率分别为 16.3%、17.8% 和 19.9%。

【解析】

国家机关与政党机关在语法上属于并列关系，在二者之间宜用顿号区隔。

例 3：

【原】展望 2011 年，由于受到国际金融局势不稳的影响，包括美国欧洲等世界最大经济体的经济出现困难，全球经济将可能进入整体负增长。

【修】展望 2011 年，由于受到国际金融局势不稳的影响，包括美国、欧洲等世界最大经济体的经济出现困难，全球经济将可能进入整体负增长。

例 4：

【原】我们应深入挖掘我省消费文化的循环消费基因，充分发挥电视、广播、网络和报纸书籍等媒介的优势，通过群众喜闻乐见的歌曲、戏剧、小品、漫画乃至童谣、顺口溜等形式，引导消费者自觉抵制放纵主义，个人主义等错误导向。

【修】我们应深入挖掘我省消费文化的循环消费基因，充分发挥电视、广播、网络和报纸、书籍等媒介的优势，通过群众喜闻乐见的歌曲、戏剧、小品、漫画乃至童谣、顺口溜等形式，引导消费者自觉抵制放纵主义、个人主义等错误导向。

【解析】

原文将应使用顿号的情况使用了逗号。

例5：

【原】近代报纸广告就从创意理念和构成元素中呈现出传统群体取向的人伦价值观、具有权威意义的社会价值观、直观、具象和功利的思维方式以及汉字特色等多方面的内涵。

【修】近代报纸广告就从创意理念和构成元素中呈现出传统群体取向的人伦价值观，具有权威意义的社会价值观，直观、具象和功利的思维方式以及汉字特色等多方面的内涵。

【解析】

虽然是并列关系，但在次一级内部已使用顿号的，其上一层关系之间宜用逗号隔离。

例6：

【原】相对而言，因程序上保障不力导致的刑讯逼供、超期拘押、及冤假错案等现象却已不是少见现象。

【修】相对而言，因程序上保障不力导致的刑讯逼供、超期拘押及冤假错案等现象却已不是少见现象。

【解析】

这里有连词"及"连接"超期拘押"和"冤假错案"，不需要做停顿，故不应使用顿号。

2. 破折号的误用

破折号的误用主要有三种情形：一是对符号本身标示错误，二是当用破折号而使用了其他符号，三是不应使用破折号却使用了破折号。

例 1：

【原】林震岩．多变量分析—SPSS 的操作与应用［M］．北京：北京大学出版社，2007.

【修】林震岩．多变量分析——SPSS 的操作与应用［M］．北京：北京大学出版社，2007.

例 2：

【原】王国顺等．技术、制度与企业效率—企业效率基础的理论研究［M］．北京：中国经济出版社，2005.

【修】王国顺等．技术、制度与企业效率——企业效率基础的理论研究［M］．北京：中国经济出版社，2005.

【解析】
破折号占二字距，而不是一字距。

例 3：

【原】以这次国际金融危机的导火线——美国的次贷危机来说，……

【修】以这次国际金融危机的导火线——美国的次贷危机来说，……

【解析】
破折号是占两字距的贯通的直线，而中间不能有间断，也不能是两个汉字"一"的连写。

例 4：

【原】传统的皮格马利翁模型中的第二个中介变量是皮格马利翁领导行为的直接产出，自我期许（Eden，1990）。

【修】传统的皮格马利翁模型中的第二个中介变量是皮格马利翁领导行为的直接产出——自我期许（Eden，1990）。

例 5：

【原】……上海和浙江的经济关系并不是单纯的中心——外围、吸纳——扩散的关系，而是资源优势互补，产业相互分工协作的关系……

【修】……上海和浙江的经济关系并不是单纯的中心—外围、吸纳—扩散的关系，而是资源优势互补，产业相互分工协作的关系……

【解析】

这里应用一字距的连接号，而不应用破折号。

3. 引号的误用

引号的误用主要体现为单引号与双引号的误用、引号加引范围不当、半角全角不分造成的误用，以及对于不应使用引号的情形却使用了引号。

例 1：

【原】1919 年发生在中国的"五四"新文化运动，对儒家思想是一次大规模的冲击和洗刷，提出了"民主与科学"两大口号，使民主、自由、人权意识，特别是科学社会主义和马克思主义的人权观，在中国得到广泛传播与极大的普及，激励中国人民要求独立、自由、平等、民主和人权的精神，对外反抗侵略，对内实行社会改革，为建设富强进步的新中国而奋斗。

【修】1919 年发生在中国的"五四"新文化运动，对儒家思想是一次大规模的冲击和洗刷，提出了"民主"与"科学"两大口号，使民主、自由、人权意识，特别是科学社会主义和马克思主义的人权观，在中国得到广泛传播与极大的普及，激励中国人民要求独立、自由、平等、民主和人权的精神，对外反抗侵略，对内实行社会改革，为建设富强进步的新中国而奋斗。

【解析】

既然讲两大口号，就应是两个事物，而不是一个，因此应表述为："民主"与"科学"。

例 2：

【原】现实生活中，我们经常遇到这种现象：街道两旁设置了标示有'可回收''不可回收'字样的垃圾桶，但仍然有很多人随手扔垃圾，很少注意垃圾桶上的提示信息。

【修】现实生活中，我们经常遇到这种现象：街道两旁设置了标示有"可回收""不可回收"字样的垃圾桶，但仍然有很多人随手扔垃圾，很少注意垃圾桶上的提示信息。

例 3：

【原】吴英姿. 法院调解的'复兴'与未来［J］. 法制与社会发展，2007，（3）.

【修】吴英姿. 法院调解的"复兴"与未来［J］. 法制与社会发展，2007，（3）.

【解析】

这里应用双引号，而不应用单引号。

例 4：

【原】就现阶段而言，制度改进的重点应放在国家主导下的”制度救济“……

【修】就现阶段而言，制度改进的重点应放在国家主导下的"制度救济"……

例 5：

【原】2012 年 6 月 19 日习近平同志来中国人民大学"《资本论》教学与研究中心"考察时的讲话中指出：我们党是一个马克思主义指导的党，所以我们要重视马克思主义经典理论的学习。现在马克思主义中国化的两大成果，毛泽东思想和中国特色社会主义理论体系，都要寻其源头，两大成果是在马克思主义经典理论指导下形成的。马克思主义经典中，《资本论》是最重要的经典著作之一，可以说它是经受了时间和实践的考验，是一直永放光芒的真理。习近平同志肯定和赞扬：中国人民大学是学习、宣传、研究马克思主义的重要教育思想阵地，在教学战线上"你们要坚守，要旗帜鲜明，要理直气壮"。

【修】2012 年 6 月 19 日习近平同志在中国人民大学《资本论》教学与研究中心考察时的讲话中指出：我们党是一个马克思主义指导的党，所以我们要重视马克思主义经典理论的学习。马克思主义中国化形成了毛泽东思想和中国特色社会主义理论体系两大理论成果，追本溯源，这两大理论成果都是在马克思主义经典理论指导之下取得的。《资本论》作为最重要的马克思主义经典著作之一，经受了时间和实践的检验，始终闪耀着真理的光芒。习近平同志肯定和赞扬：中国人民大学是学习、宣传、研究马克思主义的重要阵地。他强调，面对当今开放的环境，理论工作者要旗帜鲜明、理直气壮地坚持马克思主义的教学和研究，"你们要坚守，要旗帜鲜明，要理直气壮"。

【解析】

中国人民大学"《资本论》教学与研究中心"属于引号的误用。结合《人民日报》和人大新闻网的新闻报道修改。最初笔者看到"是一直永放光芒的真理"，感觉"一直"和"永放"在意思上重复，拟改为"是一直绽放光芒的真理"，后感觉习近平同志到中国人民大学考察，必然会有新闻报道。于是看了新闻报道，得出了修改样。

4. 冒号的误用

冒号的误用主要有当用冒号却没用、不当用冒号却用了冒号以及全角符号与半角符号的误用等。

例1：

【原】现有法律法规对工资谈判的规定比较柔性，如《劳动法》第三十三条规定，企业职工一方与企业可以就劳动报酬、工作时间、休息休假、劳动安全卫生、保险福利等事项，签订集体合同；《劳动合同法》第四条规定，用人单位在制定、修改或者决定有关劳动报酬、工作时间、休息休假、劳动安全卫生、保险福利、职工培训、劳动纪律以及劳动定额管理等直接涉及劳动者切身利益的规章制度或者重大事项时，应当经职工代表大会或者全体职工讨论，提出方案和意见，与工会或者职工代表平等协商确定；该法第五十一条规定，企业职工一方与用人单位通过平等协商，可以就劳动报酬、工作时间、休息休假、劳动安全卫生、保险福利等事项订立集体合同；《工会法》第二十条规定，工会帮助、指导职工与企业以及实行企业化管理的事业单位签订劳动合同；工会代表职工与企业以及实行企业化管理的事业单位进行平等协商，签订集体合同。

【修】现有法律法规对工资谈判的规定比较柔性。如：《劳动法》第三十三条规定，企业职工一方与企业可以就劳动报酬、工作时间、休息休假、劳动安全卫生、保险福利等事项，签订集体合同。《劳动合同法》第四条规定，用人单位在制定、修改或者决定有关劳动报酬、工作时间、休息休假、劳动安全卫生、保险福利、职工培训、劳动纪律以及劳动定额管理等直接涉及劳动者切身利益的规章制度或者重大事项时，应当经职工代表大会或者全体职工讨论，提出方案和意见，与工会或者职工代表平等协商确定；该法第五十一条规定，企业职工一方与用人单位通过平等协商，可以就劳动报酬、工作时间、休息休假、劳动安全卫生、保险福利等事项订立集体合同。《工会法》第二十条规定，工会帮助、指导职工与企业以及实行企业化管理的事业单位签订劳动合同；工会代表职工与企业以及实行企业化管理的事业单位进行平等协商，签订集体合同。

【解析】

原句开头的"现有法律法规对工资谈判的规定比较柔性"是这一段的总括性观点，以下部分都是对这一观点的说明，这里以句号结束为宜。以下部分，从《劳动法》《劳动合同法》和《工会法》三部法律的有关规定进行了举例说明。显然这三部法律形成了并列的关系。其中，《劳动合同法》中已包含了两个条文的内容，以分号区隔开；《工会法》的条文包含了两层内容，也以分号区隔。基于上述情况，《劳动法》《劳动合同法》和《工会法》有关条文之间就不再适宜以分号隔开。同时"如"字引领了以下所有的内容，其后加冒号"："为宜。

例2：

【原】假设某个市场上存在两家生产同类竞争产品的企业1和2。

【修】假设某个市场上存在两家生产同类竞争产品的企业：1

和 2。

【解析】

这里的"1 和 2"是对前面表述的说明，应以冒号隔离。

例 3：

　　【原】任小平．中国工会：转型期的诉求责难与制度救济 [J]．中国劳动关系学院学报，2009，（2）．

　　【修】任小平．中国工会：转型期的诉求责难与制度救济 [J]．中国劳动关系学院学报，2009，（2）．

【解析】

冒号的半角与全角之别。

例 4：

　　【原】全国妇女运动史研究室．中国妇女运动史 ［M］．北京 春秋出版社，1989．

　　【修】全国妇女运动史研究室．中国妇女运动史 ［M］．北 京：春秋出版社，1989．

【解析】

实际上不存在一家名为"北京春秋出版社"的机构。北京表示的 是春秋出版社的所在城市，按照规范应以冒号区隔。

5. 分号的误用

分号用法的常见错误主要是，分句内有句号仍用分号。常见的句 型如下：

　　　　一方面，……。……；另一方面，……（错误）
　　　　一方面，……。……。另一方面，……（正确）

第一，……；第二，……。……<u>；</u>第三，……（错误）

第一，……。第二，……。……<u>。</u>第三，……（正确）

首先，……；其次，……。……<u>；</u>再次，……；最后……（错误）

首先，……。其次，……。……<u>。</u>再次，……。最后……（正确）

例1：

【原】一方面，财政分权作为一种经济制度安排，使得财政权力向各级地方政府转移，明确了各级政府责任，规范了地方政府行为。这种制度安排将有助于提高经济效率和行政效率，最终在制度层面上对农民收入的增加产生至关重要的影响；另一方面，财政分权使得地方财力得到增强，且地方政府在提供地方公共物品方面有信息优势，这种优势使得地方政府能够更好地提供满足各地农村地区需要的农村公共物品，最终影响农民收入的增加。

【修】一方面，财政分权作为一种经济制度安排，使得财政权力向各级地方政府转移，明确了各级政府责任，规范了地方政府行为。这种制度安排将有助于提高经济效率和行政效率，最终在制度层面上对农民收入的增加产生至关重要的影响。另一方面，财政分权使得地方财力得到增强，且地方政府在提供地方公共物品方面有信息优势，这种优势使得地方政府能够更好地提供满足各地农村地区需要的农村公共物品，最终影响农民收入的增加。

例2：

【原】总体来看河北省33所省属高校存在一定的财务风险。

首先表现在资金质量差，资金结构不够合理，个别学校应收及暂付款占流动资产的比例高达90%以上，严重影响学校资金支付能力，如果情况得不到及时改善，必然会导致资金链断，导致学校财务危机；其次表现在偿债能力偏低，资产负债率高，流动比率低，个别高校资产负债率已接近60%，高校所筹集的资金绝大部分来自于银行，如不加快资金周转速度，控制学校的贷款规模，再发生2008年国家政策性银根紧缩的情况，势必影响到学校正常的财务运转，引发严重的财务危机；再次，从运营能力指标来看，目前运转正常。但是，根据河北省近三年高校贷款的数据分析，2009年借入资金的数量明显增大，其潜在的风险和对高校发展的不良影响不可低估；此外，资产增长率低，说明学校资产保值增值能力差，缺乏后续发展的潜力。

【修】总体来看，河北省33所省属高校存在一定的财务风险。首先表现在资金质量差，资金结构不够合理，个别学校应收及暂付款占流动资产的比例高达90%以上，严重影响学校资金支付能力。如果情况得不到及时改善，必然会导致资金链断，导致学校财务危机。其次表现在偿债能力偏低，资产负债率高，流动比率低，个别高校资产负债率已接近60%，高校所筹集的资金绝大部分来自于银行。如不加快资金周转速度，控制学校的贷款规模，再发生2008年国家政策性银根紧缩的情况，势必影响到学校正常的财务运转，引发严重的财务危机。再次，从运营能力指标来看，目前运转正常。但是，根据河北省近三年高校贷款的数据分析，2009年借入资金的数量明显增大，其潜在的风险和对高校发展的不良影响不可低估。此外，资产增长率低，说明学校资产保值增值能力差，缺乏后续发展的潜力。

【解析】

结合上下文，这里是从资金结构、偿债能力、运营能力和发展潜力四个方面来展开论述的。因此四个方面属于并列关系。

例 3：

【原】笔者根据清朝法律文书记载，总结了清朝在处理钱铺倒闭清算时的原则，具体原则如下：第一，五家联名互保，报明地方官存案。其中任何一家出现欠款，则先令互保之其余四家代为赔偿，若五家同时关闭，一并拘拿；第二，先勒令两个月内偿还欠款，若能全数赔偿，免罪释放。若逾期不完，再送部审实；第三，财东、管事人及铺伙一体受罚；第四，责任人名下财产负无限连带责任，家属负连带责任。其他各省处理钱铺倒闭时，比照京城钱铺例进行。其中，财东、经理、铺伙计连带责任原则和相关责任人无限责任原则是清朝晋商倒闭清算中的重点，也是本文所要重点论述的内容。

【修】笔者根据清朝法律文书记载，总结了清朝在处理钱铺倒闭清算时的原则，具体原则如下：第一，五家联名互保，报明地方官存案。其中任何一家出现欠款，则先令互保之其余四家代为赔偿，若五家同时关闭，一并拘拿。第二，先勒令两个月内偿还欠款，若能全数赔偿，免罪释放。若逾期不完，再送部审实。第三，财东、管事人及铺伙一体受罚。第四，责任人名下财产负无限连带责任，家属负连带责任。其他各省处理钱铺倒闭时，比照京城钱铺例进行。其中，财东、经理、铺伙计连带责任原则和相关责任人无限责任原则是清朝晋商倒闭清算中的重点，也是本文所要重点论述的内容。

例 4：

【原】从京津冀区域来看，医药制造业的生产总值从 1996 年的 104.77 亿元增加到 2008 年的 819.02 亿元，增加的速度很快，达到了 7.82 倍，医药制造业的投资额从 1996 年的 17.17 亿元增加到 2008 年的 72.10 亿元，达到了 4.20 倍，医药制造业的新增固定资产从 1996 年的 10.97 亿元增加到 2008 年的 45.51 亿元，达到了 4.15 倍，医药制造业 R&D 活动人员从 1996 年的 1149 人增加到 2008 年的 5075 人，达到了 4.42 倍，这个增长相对较少，但是医药制造业 R&D 经费内部支出从 1996 年的 4614 万元增加到 2008 年的 91584 万元，高达 19.85 倍，这表明京津冀很重视医药制造业的 R&D 投入，整体来说，京津冀对医药制造的发展足够重视，并一直作为大力发展的行业，那么京津冀如何协调发展医药制造业是亟待解决的问题。

【修】从京津冀区域来看，医药制造业的生产总值从 1996 年的 104.77 亿元增加到 2008 年的 819.02 亿元，增加的速度很快，达到了 7.82 倍；医药制造业的投资额从 1996 年的 17.17 亿元增加到 2008 年的 72.10 亿元，达到了 4.20 倍；医药制造业的新增固定资产从 1996 年的 10.97 亿元增加到 2008 年的 45.51 亿元，达到了 4.15 倍；医药制造业 R&D 活动人员从 1996 年的 1149 人增加到 2008 年的 5075 人，达到了 4.42 倍，这个增长相对较少；但是医药制造业 R&D 经费内部支出从 1996 年的 4614 万元增加到 2008 年的 91584 万元，高达 19.85 倍，这表明京津冀很重视医药制造业的 R&D 投入。整体来说，京津冀对医药制造的发展足够重视，并一直作为大力发展的行业，那么京津冀如何协调发展医药制造业是亟待解决的问题。

例 5：

【原】关于行政权的本质，也有很多不同的学说，总结起来主要有：（1）执行权说（2）管理权说（3）混合说（4）工具说。

【修】关于行政权的本质，也有很多不同的学说，总结起来主要有：（1）执行权说；（2）管理权说；（3）混合说；（4）工具说。

6. 其他符号的误用

例1：

【原】《大清律例·刑律·贼盗下》"诈欺官私取财"载："凡用计诈（伪）欺（瞒）官私，以取财物者，并计（诈欺之）赃，准窃盗论，免刺。……。若冒认及诓赚局骗，拐带人财物者，亦计赃，准窃盗论，（系亲属，亦论服递减）免刺。"

【修】《大清律例·刑律·贼盗下》"诈欺官私取财"载："凡用计诈（伪）欺（瞒）官私，以取财物者，并计（诈欺之）赃，准窃盗论，免刺。……若冒认及诓赚局骗，拐带人财物者，亦计赃，准窃盗论，（系亲属，亦论服递减）免刺。"

【解析】

这是省略号的误用。

例2：

【原】据IMF报告，2011年全球的经济增速为3.5%，发达国家总体为1.6%，其中美国为1.8%，欧盟为1.6%，日本为－0.9%。

【修】据IMF报告，2011年全球的经济增速为3.5%，发达国家总体为1.6%，其中美国为1.8%，欧盟为1.6%，日本为－0.9%。

【解析】

日本"0.9%"前面应为"－"（负号），而不是"一"（汉字）或者"—"（一字距的连接线）形似造成的差错。

例3：

【原】立法权所针对的事项只是被列于国家立法规划内的事

项。司法权所要调整的事项只能是人们发生争议的事项，而行政权的领域就相当广泛，是关于行政相对人的一切行政事务。

【修】立法权所针对的事项只是被列于国家立法规划内的事项，司法权所要调整的事项只能是人们发生争议的事项，而行政权的领域就相当广泛，是关于行政相对人的一切行政事务。

（八）其他表述错误

其他表述错误包括括号位置标注不当、注释标识的标注位置不当、上下标处理不当以及使用简称未作必要说明等。

例 1：

【原】何伟先生在《我学的不是马克思主义》一文（以下简称《主义》）中说，……

【修】何伟先生在《我学的不是马克思主义》（以下简称《主义》）一文中说，……

【解析】
括号的位置不对。

例 2：

【原】企业制度发展趋势上，是欧美企业制度近 20 年两个发展趋势在社会主义社会的质变升华。[①] ……

……【修】企业制度发展趋势上，是欧美企业制度近 20 年两个发展趋势[①]在社会主义社会的质变升华。……

……

[①]　所谓欧美企业制度近 20 年两个发展趋势，一是企业利益群体主体由出资人向人力资本所有者（企业高管）和其他相关者利益共同体质变；二是法人治理结构中的主导作用由物质所有制向人力资本所有者质变。

【解析】

注释标注位置不当。从注释中文字的内容看，实际是对"欧美企业制度近 20 年两个发展趋势"的解释说明，而不是对两个发展趋势"在社会主义社会的质变升华"的解释说明。

例 3：

【原】生产活动在城市中心进行，我们把它称为中央商务区（Central Business District），它周围是居住区。居民往返于居住区与 CBD 之间，在这个过程中损失了单位劳动供给的一部分，这个损失等于 2τ 与距离的乘积。

【修】生产活动在城市中心进行，我们把它称为中央商务区（Central Business District，简称 CBD），它周围是居住区。居民往返于居住区与 CBD 之间，在这个过程中损失了单位劳动供给的一部分，这个损失等于 2τ 与距离的乘积。

【解析】

使用简称应作必要的说明。

例 4：

【原】日本、中国、印度和韩国的股票指数收益率序列分别记为：rJapan、rChina、rIndia 和 rKorea。

【修】日本、中国、印度和韩国的股票指数收益率序列分别记为：r_{Japan}、r_{China}、r_{India} 和 r_{Korea}。

【解析】

上下标要特别注意。

三　文稿编辑加工中被错误修改的例证及修正

文稿编辑加工本来应是将错的表述改为对的，将不好的表述改为相对好的表述，即由误到正、由一般到优秀。但也会发生逆向修改的情形。主要原因在于没有读懂原文，或者错误理解了规范。

例1：

【原】有关资料表明：从1985年到2004年第一季度期间美国非金融公司的资金来源，内部资源、折旧和留存收益几乎占总资本来源的60%以上。

【修】有关资料表明：从1985—2004年第一季度期间美国非金融公司的资金来源，内部资源、折旧和留存收益几乎占总资本来源的60%以上。

【解析】

这种修改是对符号的误用。连接号"—"本身就包含了"从……到……期间"的意思。如果原句是"从1985年到2004年期间"，则可用符号表述为"1985—2004年"，但这时不应带着前面的"从"和后面的"期间"字样。而原句是"从1985年到2004年第一季度期间"，这种情况不适宜用连接符表示，用原句的文字表述是最适宜的。

例2：

【原】霍姆斯的《法律的道路》是一位法律界资深人士告诉法学院在读学生如何理解的法律以及如何走法律的道路。该作影响深远，引用频繁，译本众多。但其间或有差误，可进一步考证推敲。基于法律的"预测理论"，霍姆斯试图说明：对于法律的理性研究，现在可能属于严格恪守法条的研究者，而将来必定属于既掌握统计学知识又精通经济学的法律研究者。

【修】霍姆斯的《法律的道路》是一位法律界资深人士告诉法学院在读学生如何理解的法律以及如何走法律的道路。该作影响深远，引用频繁，译本众多。但其间或有差误，可进一步考证推敲。基于法律的"预测理论"，霍姆斯在这本书中试图说明：对于法律的理性研究，现在可能属于严格恪守法条的研究者，而将来必定属于既掌握统计学知识又精通经济学的法律研究者。

【解析】

《法律的道路》是霍姆斯所做的一篇演讲，后以论文的形式发表，它根本不是一本书。因为原文是对霍姆斯《法律的道路》一文的评论和解读，修改者可能误认为《法律的道路》应是一本书而作出了修改。

例3：

【原】首先，借助空间计量软件 GeoDA 0.9.5、利用 Moran 指数对省域数据进行空间自相关分析。

【修】首先，借助空间计量软件 GeoDAO 9.5、利用 Moran 指数对省域数据进行空间自相关分析。

【解析】

原句是正确的。GeoDA 一个设计实现栅格数据探求性空间数据分析（ESDA）的软件工具集合体的新成果。它向用户提供一个友好的和图示的界面用以描述空间数据分析，比如自相关性统计和异常值指示等。0.9.5 是对 GeoDA 的版本描述。修改时，凭经验认为版本应为"9.5"，并由此推论"0.9.5"的"0"应为字母"O"，"O"后的点"."应为多余的，进而推论空间计量软件应为"GeoDAO"，所以作了上述修改。但这一修改是基于主观臆断作出的，也是错误的。

例 4：

【原】英美法是根据信托理论来考虑公司和董事的关系的。与此相比，日本的法律采取了属于民法合同概念的委任理论来考虑公司和董事的关系。

【修】英、美、法是根据信托理论来考虑公司和董事的关系的。与此相比，日本的法律采取了属于民法合同概念的委任理论来考虑公司和董事的关系。

【解析】

原句中的"英美法"是指"英美法系"，而不是英国、美国、法国的合称。当今世界最主要的两大法系，一是英美法系，一是大陆法系。英美法系又称普通法法系或海洋法系，是指以英国普通法为基础发展起来的法律的总称。它首先产生于英国，后扩大到曾经是英国殖民地、附属国的许多国家和地区，包括美国（除路易斯安那州）、加拿大（除魁北克省）、印度、巴基斯坦、孟加拉、马来西亚、新加坡以及非洲的个别国家和地区。大陆法系，又称民法法系、罗马 – 日耳曼法系或成文法系，大陆法系一词中的"大陆"两字指欧洲大陆，故又称之欧陆法系，这个法系现在主要由欧洲大陆的国家（如法国、意大利、德国、荷兰等）及其他受上列国家影响的国家（如日本）采用。

例 5：

【原】如果行政主体在行使行政权的时候，发生了错误，需要对已经发生的行政权行为进行撤销、改变，甚至废止，这种撤销、改变、废止违法行政权的行为也同样是对行政权的处分。

【修】如果行政主体在行使行政权的时候，发生了错误，需要对已经发生的行政权行为进行撤销、改变，甚至废止，这种撤销、改变、废止违反行政权的行为也同样是对行政权的处分。

【解析】

不存在"违法行政权"的说法。

在文稿编辑加工实践中，改错的例证也不在少数，只是一般的作者通常看不到文稿的编校样而难以一一指正。如果看到原稿与校样，尤其是存在专业人士看来明显的错误改动，难免会有"爱恨交加"的复杂情感，因为文章的发表具有对世性，正所谓"文责自负"，无论是文章内容的思想性和表达的严谨性都由作者概括承受，即便是原稿正确却被编辑修改为明显的"错误"甚至业内人士看来是"笑柄"，也要由作者来"背黑锅"。北京大学教授陈平原先生曾通读编辑所做的"修订"，看后的感触为"对于编辑的改动，我既感激，又抱怨——感激其消灭了原稿上的若干错漏，抱怨其下笔不够谨慎"，从而提出了编辑的"积极"与"消极"。即，主张编辑在改动文稿时应谨慎从事，"面对作者的文字，看准了，可以'积极'出手；面对专业问题或引文，则最好'消极'等待，尽可能采取保守疗法，而不是'轻举妄动'"。① 对此，笔者深以为然。

---

① 陈平原：《读书是件好玩的事》，中华书局2015年版，第176—177页。

第九章

学术期刊打击学术腐败措施刍议[*]

本章内容提要：学术期刊是学术创新的载体，担负着引领学术、遏制学术腐败的艰巨而神圣的使命。为有效打击学术腐败，学术期刊应采取积极的"反腐"对策：坚持"学术为本"；规范审稿制度；提高编辑人员待遇为编辑学者化和编辑职业化提供制度保障；实行"联防群治"，构筑"反腐"联防机制，建立"反腐"统一战线；坚决落实学报编辑业务中"引文"的规范化编排；对学术不端行为给予相应"制裁"；推进和实施办公现代化；争取主办单位和行业主管部门给予大力支持。

关键词：学术腐败；学术为本；编辑学者化；编辑职业化；引文规范

一 学术腐败之"抄袭"形态写实

"抄袭"的各种形态在编辑业务中都有充分的"展现"。"抄袭者"往往是为了某种功利性目的，诸如读研、晋升、评职称等，而这种功利性目的的实现往往又要求成果必须在相当的刊物上发表。如此一来，"抄袭之作"很多是想着"发表"，而"编辑"是作品"发表"

---

* 本章部分观点曾在笔者《学术编辑"打假"略论》一文涉及，后以《学术期刊打击学术腐败措施刍议》为题，发表于《河北经贸大学学报（综合版）》2007年第4期。这里在论文基础上又做了拓展和修改完善。

的必经程序，丑媳妇终究要见公婆，"抄袭之作"也必然要呈现在"编辑（人员）"的眼前。根据我们的实践经验，"抄袭"作品多表现为如下之"像"。

（一）"张冠李戴"式

即全文抄袭，除了"作者"与他人已有成果不同外，其余部分完全相同或基本完全相同。此为最大胆、最直接的抄袭方式。现在这样的抄袭虽不多见，但仍有持"灯下黑""最危险的地方也是最安全的地方"理念的"胆识之士"乐于此道。比如某刊 2006 年第 4 期刊出的《浅析邓小平对毛泽东人才思想的创造性运用与发展》一文，与任伟、习亚哲的《浅析邓小平对毛泽东人才思想的创造性运用与发展》（载《经济与社会发展》2006 年第 4 期，2006 年 4 月出刊）一文，不仅标题相同，而且文章的正文、摘要、关键词也基本一样，连参考文献也完全照搬，文字重合比约为 100%，但作者是另一人。从刊期看，两篇文章都是 2006 年第 4 期，但由于出版周期不同，两刊实际的出版时间是有差异的。发表任伟、习亚哲的《浅析邓小平对毛泽东人才思想的创造性运用与发展》一文的《经济与社会发展》为月刊，2006 年第 4 期在当年 4 月已刊出；而刊出另外一篇同名文章的刊物是季刊，该刊 2006 年第 4 期是在当年 12 月刊出。从两文的发表时间，不难发现哪篇发表在前哪篇发表在后，即可知这里的"张冠李戴"究竟是谁抄袭了谁？这种赤裸裸的抄袭，展示的不只是学术上的无知，其公然将他人之作当作自家之作的行为，使人不得不考量其人品。

（二）"改头换面"式

与前一种抄袭类型近似，不过此时的抄袭手段略微隐蔽了一些，除了"作者"更换为抄袭者本人外，还将文章的题目作了改动。此种抄袭在实务中时有出现。比如《党政干部论坛》2003 年第 8 期发表了丁卫华的《非公有制经济组织思想政治教育的实效性》一文。之后，某刊 2004 年第 11 期刊出了署名为另外一人（不是丁卫华本人）

的《加强非公有制企业思想政治工作的时效性》一文。对比两文，可发现二者的文字雷同率约为80%。二者的"区别"主要在于"标题"和文中个别字句。原文的标题为"非公有制经济组织思想政治教育的实效性"，关键词有3个，"非公有制经济组织""思想政治教育""实效性"。抄袭者对3个关键词均做了"改头换面"处理，将"非公有制经济组织"改为"非公有制企业"，将"思想政治教育"改为"思想政治工作"，将"实效性"改为"时效性"。后文与原文的这些区别，恰恰透露了后来者"改头换面"将他人成果据为己有的企图。

（三）"东拼西凑"式

即整段整段地抄袭，而后拼凑、"粘贴"而成，可谓"博采众家"而成我一家，只是"博采众家"时，不是"博采"众家的思想、写作的思路和论证的方式，而是直接"吞食"文章中的"语句"甚至段落作成了夹生的"杂烩"。这种类型是目前最普遍、最常见的形态。很多"抄者"对此种形态的抄袭存有错误的认识或侥幸的心理。生活中一些很流行的话如"天下文章一大抄，就看你会抄不会抄""抄一人的一篇文章为抄袭，抄三四篇文章攒成一篇为剽窃，抄十篇以上文章再连缀成文就是研究性成果了"等等，诸如此类的说法都透露出实践中有人故意或非故意混淆了"借鉴"已有成果、"合理引用"与"抄袭"的界限，从而为"造假"之"合理性"寻求、建立理论依据，借此可以心安理得地"抄袭"。

（四）"阉割篡改"式

此类型与"东拼西凑"式颇为相似，只是"东拼西凑"式乃是抄众家之作而成我一家，"阉割篡改"式为抄一家之作，断章取义或掐头去尾，间或加入"阉割者"的只言片语，基本属于一种"变劣"技术或"变短"处理，成果被"变劣"或"变短"之后依然能够说明一定的道理或具有一定的价值。这种处理不是通过变换变得更优秀，而是以将锐器变钝的方式收敛了锋芒而使人不太关注。这种行为在《著作权法》中属于侵害作者的修改权和保护作品完整权。

二　现代技术对"学术打假"之影响

（一）"抄袭"手段趋于现代化，"抄袭"变得越来越容易完成

科学技术从来都是一把"双刃剑"，既能造福，也可作孽。现代化技术不只是提高了我们的编辑工作效率，随着知识的数字化、网络化，我们接受信息、知识的渠道越来越畅通，与此同时，抄袭者接受抄袭目标的方式也越来越便利。现代化技术也为"抄袭"的现代化"提供"了技术支持。如果说传统的"抄袭者"还需要"抄"，当今的"抄袭者"已随着技术的进步"与时俱进"地发展成了"粘贴大师"，直接"复制——粘贴——打印——投稿"即可；还有些"大师级"的"抄袭者"运用扫描仪，执行"扫描——打印——投稿"流程即大功告成。可以说，凭借现代化技术使得"抄袭"可以轻易地在瞬间完成。

（二）编辑"打假"识别"抄袭"的难度加大

现代化技术使信息和知识的载体发生了巨大的变化，传播渠道及速度都极为宽广和迅捷，在这个信息爆炸的时代，编辑人员欲掌握哪些是已有成果是极其困难的。现代化技术的应用使编辑需要处理的稿件比以往增多了数倍，尤其是接受"网稿"（即电子邮件投稿）的编辑部接受的稿件更是成几何倍数递增。

（三）论文检测软件的应用与对学术打假产生正反双重效应

在论文抄袭与论文打假的推动下，论文检测软件应运而生。现在的检测系统主要有中国知网 CNKI 学术不端论文文献检测系统、万方数据论文相似性检测系统、维普通达论文引用检测系统。这些软件都

有很强大的检测功能。如 CNKI 学术不端论文文献检测系统的检测范围涵盖中国学术期刊网络出版总库、中国博士论文网络出版总库、中国优秀硕士论文网络出版总库、中国报纸全文数据库、中国专利全文数据库（知网版）、中国科技成果数据库（知网版）、中国年鉴网络出版总库、中国工具书数据库、中国标准数据库（知网版），并正陆续引进英文数据库、网络数据库等资源。万方数据论文相似性检测系统的检测范围涵盖中国学术期刊数据库（CSPD）、中国学位论文全文数据库（CDDB）、中国学术会议论文数据库（CCPD）、中国学术网页数据库（CSWD）等海量文献比对资源。维普通达论文引用检测系统的检测范围涵盖中国网络论文库、中国科技论文库、中国期刊论文网络数据库、中文科技期刊数据库、中文重要学术期刊库、中国重要文科期刊库、中国中文报刊报纸数据库、重要外文期刊数据库等以及数百万的学位论文、高校特色论文库等文献，且文献每周不断更新，配合可上传文献的自建库功能，理论上可实现比对资源的完整覆盖。这些软件的开发运用，给学术打假带来了正反两方面的作用。从正向方面讲，这些软件如同照妖镜，将许多抄袭剽窃者一网打尽，使舞弊行为一览无余，把抄袭之作挡在了学术发表的大门之外。现在大多数期刊选择了使用一种或数种软件检测作为发表论文的前置程序，那些无法通过检测软件的文稿基本不会安排发表。但软件本身不仅可以用于帮助打假者，而且还可以从另一个方面"帮助"造假者。现在一些造假者不是认真地研究和精心地写论文，而是把心思用在如何规避检测上。一些人甚至就是把别人写得好端端的文字改得乱七八糟，这样在系统检测时显示的"复制比"或"相似性"就比较低。在期刊编辑实践中，就曾有这么一例。某篇投稿在第一次检测时，文章的复制比为 18%，责任编辑在编校时，将其中不通顺的表述改为了通顺的表述，结果在排版前再检测时，复制比竟达到了 35%。原来，责任编辑的编校修正了投稿者故意打乱的文章表述，不经意间"复原"被抄袭文字的原样。

三 编辑业务中发现"抄袭"之实例分析

编辑业务中发现"抄袭"的方法很多,"抄袭"者会留下一些"痕迹"为"打假"提供"线索"。试举数例。

(一)文稿对照的中英文不一致

现在多数学术期刊要求提供投稿文章"标题""摘要"和"关键词"的英译。一般地,"抄袭"文稿中对应的中英文不一致,且差距很大,往往不是一般的语法性或其他翻译性错误,而是根本不"对应",此时往往是"抄袭"他人文章后对中文部分作了"阉割",对英译部分因英语水平太低或不曾注意致使未作同等的"阉割"。笔者所在的编辑部就曾遇到一篇文章,文章标题的中英文不同,中文是一个偏正词组,而英文是一个由"and"连接的联合词组,更为可笑的是,中文稿的作者是一人,而英译的作者为三人,且任何一人的拼写与中文稿作者都不一致,经查证得知,该稿件系"改头换面"式抄袭他人文章,只是将中文题目作了改动,英译标题全部"照搬"而来,连作者也一并搬来了,可能是因为原文的"英译作者姓名"紧靠"英译标题"的下一行,该稿"作者"错以为是"英译标题"的一部分而"粘贴"过来。所以,对中英文不一致,须持慎重态度。这就对编辑人员的外语水平提出了一定的要求。

(二)"问题"与"对策"不衔接

"现状——问题——对策"三段论式的论文是较为常见的行文体例。通读文章,如果发现文章中的"问题"与"对策"不衔接,比如"对策"不是针对"问题"提出,或者前文提到的"问题"后文却无"对策"照应。这种现象的出现往往表明不是作者"创作"的作品,而是抄袭、拼凑之物,诸如,"问题"部分"粘贴"自甲处,

"对策"部分"复制"于乙处;或者是"问题"属于"创作"而成,"对策"部分属于"粘贴"而成;或是相反。当然也有写作思路不太清晰的作者,自己写的东西前后不照应的,这基本上较少。"问题"与"对策"不衔接,是"东拼西凑"式"抄袭"常见的问题。

(三) 文稿的格式方面存在明显差异

这是一个使用计算机的技术问题,多表现为前、后段的字体、字号不一或是颜色深浅不同,或是行间距大小不一,或是标点符号"半角"与"全角"混杂,或以上情况兼而有之。此类问题往往是文稿的不同部分"粘贴"自不同之处,而源出处的文档处理格式不一,"粘贴"在一起后,"作者"又未进行统一格式的处理所致。

电子文稿中的段末显示的分段符号不同,正常的 Word 文档的段末打回车键后显示为"⏎";而"复制"自互联网而后又"粘贴"到 Word 文档中,其段末显示与此不同,显示为"↓"。

(四) 文稿前后不协调的其他情况

如某一篇稿件中出现了"本书认为……",这种情况最可能的是:"作者"使用扫描仪,执行"扫描"流程而未经"整合"即"打印——投稿"所致。当然,这里也有可能是作者将自己书稿中的一部分拿出来作为文章投稿的。"东拼西凑"式和"阉割篡改"式的"抄袭"中往往会留下一些前后不协调的"蛛丝马迹",如果编辑人员注意有意识地总结和发现这些,无疑会提升发现假冒伪劣的概率。

四 期刊打击学术腐败的应对策略

学术腐败,又称学术不端行为或不良行为。近年来,学术腐败有愈演愈烈之势,深受世人诟病,已成为当今社会的热点问题。媒体对学术腐败现象已多有披露,很多肝胆之士从学术腐败的内涵、表现、成因及危害等多个角度展开了论述。互联网上甚至有人倡言"我们要像反恐一样反对学术腐败"。学术期刊是学术创新的载体，担负着引领学术、遏制学术腐败的艰巨而神圣的使命。本章根据笔者的经验，就学术期刊反对、防止、抵制学术腐败的具体举措作一初步探讨和梳理。

（一）要倡导学术规范，坚持"学术为本"，弘扬"学术"正气

邓正来先生在《中国学术刊物的反思与发展》一文中曾明确指出："众所周知，学术刊物经由及时发表重要的具有知识增量意义的学术论文而会在构建中国学术传统和实质性地推动中国学术发展的方面发挥重要的作用。"据此，邓先生进而指出，中国的人文社会科学刊物至少应发挥出两方面的重要作用：一是学术的传播及评价作用；二是在很大程度上支配中国人文社会科学的发展和方向①。学术期刊乃是重要的学术窗口，要有效发挥应有作用，必须大力倡导学术规范，坚持"学术为本"，弘扬"学术"正气，以正驱邪——"正气足"是压倒"邪气"的前提和关键。

多数学术腐败现象在"败露"前由我们编辑之手得以问世。为此，编辑界同人已提出：学术界的虚假炒作，抄袭剽窃，只重数量不重质量的文字垃圾等值得人们深思，作为主编、编辑要用好手中的"权力"，倾心维护学术尊严。具体表现在，引导学术界进行原创性学术研究，编发的文章要新、要深、要真，刊发有新观点、新立论、新思维、新角度、新引用、新资料、新方法等的文章。②

坚持"学术为本"是抗击学术腐败的根本。当一份期刊中东拼西凑的"学术垃圾"充斥其间时，紧接着必然有更多的"学术垃圾"涌来，而不屑于和"鱼目"混同的"宝珠"也会躲避，进而导致

---

① 邓正来主编：《中国书评（第二辑）》，广西师范大学出版社2005年版，第1页。

② 韩同友、王德勋、张同刚：《二十一世纪社科期刊发展与展望学术讨论会召开》，载《光明日报》2002年5月21日第4版。

"恶币驱逐良币"现象的发生。试想，人们看到一堆"垃圾"，难免会产生"这里可以免费倒垃圾"的印象，垃圾会愈积愈多。当整份刊物都是严谨的学术创新之作，多数"垃圾"会"感觉"差距太大而不敢上前。"癞蛤蟆吃天鹅肉"者有之，毕竟不多，多数情况下，人还是要"看风使舵""量力而行"的。"物以类聚，人以群分"，此乃通行的法则。抵制学术腐败，"站"得"正"、"行"得"端"是关键。所以，笔者认为刊物本身必须以实际行动坚持学术为本，并且认为"激进式"变革才是对症的"良药"，"渐进式"变革引发的后果只能是留得"苍蝇"招"臭虫"。

（二）规范审稿制度，加强审稿管理，注重遴选和考察审稿专家

审稿是期刊编辑流程中的重要步骤，审稿工作的优劣直接影响期刊的质量及其在学科中的学术地位，因此审稿在保证学报质量、防止学术腐败中发挥着关键作用。审稿本身是一个系统工程，可从制度建设、人员选择、联络沟通、文档登记等方面加强管理。目前学术期刊审稿普遍采用的是"三审制"和外审专家审稿制相结合的制度。对于经实践证明行之有效的制度，无疑应坚持执行。学术期刊编辑在编辑工作中应全面提高自身素质，加强职业素质和道德修养建设，严格把好从编辑初审到稿件送审等各个环节的审稿关，防止学术"垃圾"蒙混过关。

随着学科的发展和细化，专业稿件送相关专家审稿以把学术质量关已变得极为必要。专家意见在一定意义上是决定稿件能否采用的重要依据，相应地，选择合适的审稿专家成为期刊学术质量的重要保证。笔者认为必须特别重视审稿专家的遴选和考察。所遴选的审稿专家学科或专业上一定要对口，同时要注意及时更新、动态调整审稿人。对于那些不能按时审回，只对稿件作一般性的笼统评价而不提出具体意见的审稿人要予以更换，并及时补充条件优越的审稿人[①]。另

---

① 颜巧元：《科技期刊半月刊建立快速通道审稿制探析》，载《编辑学报》2005年第4期。

外，随着时间的推移，人员的频繁变动，也需要我们和审稿专家保持相对密切的联系，并及时充实或更新审稿专家库。对于已聘请的专家，还应注意考察。笔者曾遇到一例，某审稿专家在审稿意见中写明"修改后可以采用，已对电子版作了修改"。但当笔者打开文档后却发现，文档的修改日期还是作者的投稿日期，专家竟然一字未改。所以，我们不能过分相信或依赖专家。编辑部要注意积累审稿人资料，及时发现优秀审稿人，定期对审稿人的工作进行甄别、评定和考量。

（三）提高编辑学术素养，推动编辑学者化，以学促编，以研促编

学术腐败中较常见的一种就是学术剽窃，学术剽窃又可分为隐性剽窃和显性剽窃，二者又以隐性剽窃为主要形式。"隐性剽窃与显性剽窃的不同之处为：显性剽窃主要体现为抄袭他人文章的原文，隐性剽窃则是抄袭他人文章的观点，用自己的语言重新组合起来，因此很难识破。我们经常会在各类刊物上看到大量这样的文章：初看观点鲜明、层次清晰、行文流畅、词藻华丽，细看又有似曾相识之感，但你又找不到任何证据来证明它是抄来的。这类文章没有任何原创性，只是对前人研究的低水平重复，是典型的学术泡沫甚至学术垃圾。隐性剽窃是当前充斥各类刊物的大量学术泡沫的直接根源。"① 要打击隐性剽窃必须靠学者化的编辑。对于显性剽窃，只要编辑细心留意，注意运用相关搜索软件检索和勤看同类文章就可最大限度地堵漏，而打击隐性剽窃，则要求编辑必须有"火眼金睛"的真功实底，唯有学者化的编辑堪当此任。因此，提高编辑人员的学术素养，刻不容缓。现在一些期刊受经费或其他方面的限制，编辑只能参加行业性会议，而不能参加专业性学术会议，这样必然使编辑与学术、与专业学者"疏远"或保持了距离，学术的最新动态难以把握，久而久之，编辑者将

---

① 廖向东：《论学报如何遏制学术》，载《浙江师范大学学报》（社会科学版）2004年第5期。

渐渐地被"学术圈"边缘化。当编辑"边缘化"或"外行化"之后，刊物强调、标榜的"追踪学术前沿"，岂不沦为"空谈"？"圈外人"的编辑编发专业学术文章不是大师办刊，而是"编刊工匠""攒"刊。

"编辑学之于编辑，如同教育学之于教师，仅仅是一种方法、一种工具"。① 一名教师只有教育学知识，而没有专业知识，是难以教好课程的（尤其是教育学以外的课程）；同样的，一名编辑仅有编辑学知识而对某一学科、某一领域没有一定的造诣，也是难以编好期刊的。编辑要处理的是作为学术成果的学术论文，编辑只有具备相应学科的专业学术功底才足以承担审稿、改稿的职责，一个只懂编辑学的编辑只能算个"编刊技术员"。只有长期浸于学术，才能居于学科前沿，把握学术脉搏、了解学科动向，才能练就"慧眼识真金"的本领。因此，编辑部应鼓励、支持编辑参与学术学习和交流，并为其科研活动提供方便。

（四）提高编辑人员待遇，为编辑职业化提供制度保障

这里说的编辑职业化，不是指编辑行业准入及注册等管理类制度，而是指如何使编辑人员自觉自愿地以从事学术编辑为终身职业，或许这里用"志业"更为确当。编辑人员是"打击学术腐败"的主力军，编辑人员本身的水平和敬业精神直接决定着"打击学术腐败"的程度和深度。要想使遏制"学术腐败"活动富有成效，必须充分调动一线编辑人员的积极性、主动性。以高校学报为例，尽管教育部有明确规定并多次强调学报编辑与教学科研人员同等对待，而目前高校学报编辑的待遇远远不及同一高校同一级别的教学人员。1998年4月4日教育部以教备厅［1998］3号文件印发的《高等学校学报管理办法》第十二条规定："学报编辑人员属于学校教学科研队伍的一部分，学报编辑人员的职务评聘、生活待遇以及评优表彰等方面应与教学科

---

① 王静：《学术腐败面前的编辑角色》，载《编辑之友》2002年增刊。

研人员同等对待。学校应为编辑人员进修学习、进行学术研究和参加必要的学术活动提供条件。"第十六条规定:"学报编辑部应根据有关规定向刊发文章的作者支付稿酬,并参照有关标准向审稿人支付审稿费。学报编辑部可按国家有关规定向编辑人员发放编辑费、校对费等。"2002 年 9 月 13 日教育部以教社政〔2002〕10 号文件印发的《关于加强和改进高等学校哲学社会科学学报工作的意见》再次强调,"学报编辑人员是学校教学科研队伍的一部分,应列入教学科研编制,享受与教学科研人员同等的待遇。"但实际上,教育部的文件并不是每一所高校都能得到实际贯彻执行。一个普遍的现象是教师讲课发放"课时费"是天经地义的,而编辑人员审稿、看稿、改稿、编稿却被视为理所当然的"本职工作",不进行类似"课时"般的"工作量"的计算。相应地,学报编辑部也被视为"教辅部门"而不是学术科研单位。中国有句成语叫"安居乐业",显然只有"安居"才能"乐业",提高编辑的待遇,使从事编辑工作能获得不低于其他如教师职位的待遇,以便使其可以安心钻研和做好编辑业务。编辑也是人,基本的物质待遇也是不可缺少的。马克思早就讲过:"人们奋斗所争取的一切,都同他们的利益有关。"① 编辑为读者服务、为作者服务、为刊物的发展努力工作的同时,也是实现自身价值和自身利益的过程。我们不能把编辑放在超越于历史与现实的地位。割断编辑人员的工作与自身利益的联系,这必然抹杀编辑的积极性、主动性和创造性。邓小平同志也曾指出:"不重视物质利益,对少数先进分子可以,对广大群众不行,一段时间可以,长期不行。革命精神是非常可贵的,没有革命精神就没有革命行动。但是,革命是在物质利益的基础上产生的,如果只讲牺牲精神,不讲物质利益,那就是唯心论。"② 所以期刊越是要发展,在强调编辑人员的人格修养、精神世界营造的同时,编

---

① 马克思、恩格斯:《马克思恩格斯全集(第一卷)》,人民出版社 1956 年版,第 82 页。

② 邓小平:《邓小平文选(第二卷)》,人民出版社 1994 年版,第 146 页。

辑人员的物质利益就越应得到满足，编辑人员的物质利益（合适的待遇）越得到满足，则越易促进其安心投入工作，越能激发出热情和激情，从而更进一步促进其办好刊物、办精刊物。只有使刊物的发展与编辑的待遇统一起来，才能互相促进，实现良性循环。

学者化的编辑见多识广、博览群书更易发现"抄袭"，职业化的编辑沉浸于编辑业务能更多地投入编辑事业。学者化决定了编辑的水平，职业化则决定着编辑的意志意愿。编辑学者化和编辑职业化乃为期刊发展的主体条件。编辑学者化是培养编辑人才，提高编辑素质的过程；职业化是吸引和留住高层次人才与壮大、稳定编辑队伍的要求。唯有提高编辑人员待遇，为编辑学者化和编辑职业化提供制度保障，才能保证拥有一支强有力的"反腐"队伍。

（五）实行"联防群治"，构筑"反腐"联防机制，建立"反腐"统一战线

所谓"联防"是指要开展编辑部之间的合作，联合起来构筑部际间反腐联防机制，设立共享"涉腐名单"，共同反对学术不端行为。抄袭者往往心存"侥幸"，一稿多投，或多稿多投（当然都是"拼"来的或"贴"来的），如今刊物林立，投出的"稿"刊物用与不用，"作者"都没有太大投入或"损失"，于是乎抱着"东方不亮西方亮"的心态将稿件"群发"各刊，这个刊物的编辑看出了"抄袭"将稿件"毙掉"，另一家刊物的编辑未必也是火眼金睛，或许看不出，甚至安排发表。实践中有一例，在"甲刊"编辑处理稿件时发现作者"某乙"的稿件系"改头换面"式地抄袭他人文章，后在业务来往中"甲刊"编辑向"丙刊"编辑交流了这一信息，引起"丙刊"编辑的重视，想到"丙刊"也有"某乙"的一篇"大作"且已三审拟发，遂查证，发现亦属于"改头换面"式抄袭。可见，在抄袭、剽窃者"天女散花"般投稿的今天，各学术期刊编辑部亟须联动，共建"抄袭""造假"者"涉腐名单"，并共享信息，对已经发现"荣登"名单者，群起而"杀"之，不需顾虑，更不会"错杀"，因为有幸登

"榜"者，其"作品"几乎均为"李鬼"也。这方面已有先例。《世界历史》《历史研究》《中国史研究》《近代史研究》《当代中国史研究》《中共党史研究》《史学理论研究》七刊编辑部 1999 年 12 月 2 日共同发布了《关于遵守学术规范的联合声明》："严禁抄袭剽窃：自 2000 年 1 月 1 日起，凡投稿而有抄袭剽窃行为者，将由七刊编辑部实行联合制裁，各刊在五年之内均不受理该人的任何稿件。"史学界以实际行动构筑了反学术腐败的"团队"。部际间联动，给"涉腐人员"造就"人人喊打"之势，实为打击学术腐败行为之根策。正如期刊界同人已指出的"打击学术腐败，单靠一家的力量不行。学术期刊尤其是同一学科的学术期刊之间，应构筑起反腐联防机制"。如果我们高校学报和其他学术期刊都能"制定并严格执行这样的联合抵制措施，抄袭剽窃者恐怕也就无处可藏了"。①

所谓"群治"，就是建立最广泛的"反腐"统一战线，吸纳读者参与"反腐"。编辑人员学识和精力毕竟有限，单靠编辑人员的力量可能依然会有涉及"学术腐败"的文稿成为"漏网之鱼"。常言道"众人拾柴火焰高"，"群众的眼睛是雪亮的"，因此应调动各种力量参加到抗击学术腐败的队伍中来，尤其是鼓励"读者"发现、检举和揭露"作者"的"学术不端行为"。比如设立"反腐"举报电话、邮箱或电子信箱，对参加"反学术腐败"并"检举"经查属实的热心"读者"，给予"赠刊"、同等情况下优先刊发文稿或采取其他激励性措施。

（六）坚决落实期刊编辑业务中"引文"的规范化编排

"引文规范"不仅是编排规范，而且更重要的是学术规范。学术引文规范是关于文献引用内容、引文标注及著录的规则及要求。引文著录是学术论著的重要组成部分，它表明作者尊重他人以前的劳动成

---

① 钱荣贵：《出版界应构筑学术反腐机制》，载《中国出版》2003 年第 12 期。

果，也表明文献之间的继承与发展关系①。一般而言，学术论文都应有"引文"。引文通常以"参考文献"和"注释"等为表现形式。"参考文献"和"注释"的规范化有利于推进学术规范，可以使文章中借鉴的前人学术成果与本成果的"创新"区别开来。如河北经贸大学学报《稿件规范要求》明确规定参考文献的"文献序号应以文中出现的先后次序编号，且应在正文相应内容处以右上标方式（如[1]）标注"。当然，有人对此《规范要求》持有异议甚至敌意。规范要求公布不久，笔者就听到有人说"照这样规定去做，那文章没法写了"，这种意见恰好说明了规范的必要性。其实既然说是"写文章"，那么"文章"就是要求"写"出来而不是"编"出来（可以"编书"但不能"编文章"）或"拼"出来或"贴"出来的。

对于引文规范，各刊物要求不一，有些要求统一以"参考文献"形式出现，有些以"注释"形式出现，有些二者兼有；兼有的情况下，有的二者混用或等同；有的有着明确的区分。笔者主张，二者宜作区分。即凡引用、转借、参照的已有资料数据，均应列入参考文献；而注释主要用于对文内某一特定内容的解释或说明。兰州大学《科学·经济·社会》的《征稿通则与投稿须知》要求就很明确："来稿引用他人观点与材料，须将参考文献序号按正文中出现的先后顺序用方括号标注于文末，并采用实引方式在正文中相应位置加注序号标注（引用作者原文材料，须在正文序号旁标注页码，如[1](p23)、[2](p26—29)）。"现在很多严肃的学术刊物和治学严谨的学者也都是这么做的。当然，如果是对某一论著或论文的整体借鉴或引用，不便标注页码的，也可"变通"而采用"注释"方式加以说明。但这仅限于特例，而不得转化为"模糊"处理的借口。其实，不论采用"参考文献"和"注释"哪种形式，都应该确切地标注"引文"的出处。

一项科研成果通常是在已有成果基础上的新进展，它体现着科研

---

① 叶继元等编著：《学术规范通论》，华东师范大学出版社 2005 年版，第 162 页。

的继承和发展。引文就是继承以往成果的路线图，引文的规范著录反映着严谨的治学态度。当前一些学术腐败的一个表现特征就是不注明观点数据的来源，将别人的劳动成果据为己有，标明了参考文献可避免这种情况。参考文献可让人了解该文继承了前人什么，超越了前人什么，批判了前人什么。①

对此，已有学者指出："编审人员通过高校学报版式规范化有关内容，可以去粗取精、去伪存真，从而保护知识产权，维护和提高著作权者的社会声誉，消除抄袭和弄虚作假行为不良的社会影响。"②

（七）抵制学术腐败必须旗帜鲜明，对学术不端行为给予相应"制裁"

学术期刊要旗帜鲜明地抵制学术腐败行为。可以在本刊的印刷品和网站上公开倡导学术规范，申明刊物对学术不端行为的立场。如《兰州大学学报（社会科学版）》的《征稿简则及投稿要求》就明确规定"本刊坚决反对一稿多投、重复发表、剽窃等学术腐败行为"。《公民与法制》则声明"凡来稿有抄袭、剽窃及其他侵权行为的，一旦发现，本刊将予以曝光"。

学术期刊以公告方式曝光作者涉嫌抄袭的处理方式，是值得点赞的。2014 年 8 月中国人民大学主办的《国际新闻界》发表公告，称北京大学历史系博士生于艳茹 2013 年发表在该刊物的论文涉嫌抄袭，该行为属于"学术不端"。此举在学术界引起了一些波澜，也引来了一片叫好。有评论指出："（《国际新闻界》）发现问题，立刻进行周密的调查和对比，并且开会研讨对策，再正式发布公告，整个过程，都表明了学术期刊在维护自己的名声与学术的严谨，都表明了自己的

①　吴伟根：《从参考文献看学术论文质量》，参见 http：//news. lanews. com. cn/news/ReadNews. asp？NewsID = 428，2005 年 3 月 5 日查阅。

②　李欧：《加强高校学报版式规范化的理性思考》，载《吉林广播电视大学学报》2004 年第 3 期。

姿态。这为学术期刊界开了个好头，也树立了榜样。有些国内的学术期刊，收钱就可以发表文章，出了抄袭事件，往往希望含混过关，这也是一种学术不端。制止抄袭，维护学问的清白，总是要有人站出来的。有人站出来了，则侥幸心理会被消灭，公平得以弘扬。"该评论进而又提出，"希望《国际新闻界》的做法，能作为学术期刊界的通行做法。同领域的学术期刊，甚至可以结为同盟，一旦发现有人存在问题，事实认定，则将其列入黑名单，共同抵制，并积极向相关的机构通报。只有这样做，大环境才能有所转变，论文抄袭、代笔等不端行为，才可受到惩戒。从学术期刊做起，确实是维护清白的突破口。"①

期刊编辑部可以建立与"作者库"相配套的"作者诚信档案"，发现"涉腐人员"即在诚信档案作出"不诚信"记录，在一定时限内对有"不诚信"记录的作者的稿件不予审理。当然不是不给"犯错误的人"以改正的机会，而是给予其必要的"警示"。《河北师范大学学报（哲学社会科学版）》在其《投稿须知》中明确说明"文稿严禁抄袭和重复发表，凡发现载文有此行为并造成不良影响者，5 年内本刊不受理该作者任何稿件"。

笔者认为以上做法颇为可行，足资各编辑部借鉴。并且，关键是这些"声明"不应演化为简单的表态，而是要做出真正的惩戒行为。惩戒措施必须落实，而不能不了了之，不惩戒在一定意义上意味着鼓励和纵容；而严惩不贷，则可以"敲山震虎""杀鸡吓猴"，对今后的行为起到积极的预防作用。

（八）积极推进和实施编辑办公现代化

科学技术从来都是一把"双刃剑"，既能造福，也可作孽。现代化技术不只是提高了我们的编辑工作效率，随着知识的数字化、网络

---

① 老猫：《学问清白可从学术期刊做起》，凤凰网 http://news.ifeng.com/a/20140825/41714227_0.shtml，2014—08—25 查阅。

化，我们接受信息、知识的渠道越来越畅通，与此同时，抄袭者接受抄袭目标的方式也越来越便利。现代化技术也为"抄袭"的现代化"提供"了技术支持。"抄袭"手段趋于现代化，"抄袭"变得越来越容易完成。如果说传统的"抄袭者"还需要"抄"，当今的"抄袭者"已随着技术的进步"与时俱进"发展成了"粘贴大师"，直接"复制——粘贴——打印——投稿"即可；还有些"大师级"的"抄袭者"运用扫描仪，执行"扫描——打印——投稿"流程即大功告成。可以说，凭借现代化技术使得"抄袭"可以轻易地在瞬间完成。

当我们看到警匪片中，装备陈旧的警察追不上现代化装备的匪徒时，我们往往扼腕痛惜！如果不能有效借助现代科技成果，同样的悲剧也会发生在学术场域，不难设想如果不能有效打击，"粘贴术"恣意疯狂，势将"正难压邪"。在学术审稿中，要对付"技术造假"即用"现代技术"武装起来的"学术不端行为"，就必须做到在"打击学术腐败"手段上不能落后于"腐败"者。为此，各期刊编辑部要为每一位编辑人员配备笔记本电脑并开通无线上网，以便编辑能随时利用网络技术，发现和揭露抄袭、剽窃等现象。审稿中发现疑问，即运用计算机网络的"搜索"工具进行扫描，一般会较为容易地发现其造假的来龙去脉。

（九）争取期刊主办单位和行业主管部门的大力支持

学术期刊"打击学术腐败"可能会触犯哪尊"神仙"的"颜色"或伤到哪位"大人物"的面子，这就要求编辑部的领导必须"硬"起来，不畏难，不畏权。有些时候，编辑部可能支撑起来也有困难，那么期刊主办单位和行业主管部门应大力支持"打击学术腐败"这一正义的事业。编辑和编辑部则应努力谋求主办单位和行业主管部门的支持，使"反腐"获得有力的支撑和后盾。

在净化学术环境的工程中，学术期刊扮演着极其重要的角色，是学术成果能否"出关"（发表）的"裁判者"。如果编辑审稿时，"睁一只眼闭一只眼"或基于某种原因作"高高手"处理，就可能"纵容"学术腐败致使"抄袭""造假"类成果大摇大摆行走于世；而如果学术编辑个个正义凛然、公平"取舍"，视"抄袭""造假"如过街之鼠"人人喊打"，再加之"有利环境"的支持，则会使学术造假者"闻风丧胆"，难以得逞，从而形成"龟不出头"① 之势。

　　学术腐败的出现有其深刻的社会政治、经济、历史原因。学术期刊抵制、打击学术腐败，可谓任重而道远。本篇谓之"刍议"，旨在粗浅论及、抛砖引玉，希望更多的编辑同人和各界朋友尤其是学术界、知识界的朋友加入"反对学术腐败"的行列（包括实务与理论探讨）！让我们团结起来，坚决抵制"学术腐败"，共同打造学术正义！

---

　　① 此处系借用围棋术语。"龟不出头"是传统围棋的一种棋局，指一方之棋子对"对方"之棋子形成合拢之势，"对方"已无法救活"围"内的诸子。只要"对方"意欲"出头"，该方落下一子，便会断掉"对方"所有的"气"，置"对方"之"围"内诸子于死地，是谓"龟不出头"。

附录 1

当代中国期刊编辑转型论[*]

内容提要： 以当代中国社会的文化转型、知识生产方式转型以及媒体生态转型为背景考量，期刊编辑应突破常规，主动转型。具体而言，当代中国期刊编辑转型的基本路向包括：从来料加工型到找米下锅型，从小处着手型到大处着眼型，从工作型到职业型，从审稿改稿型到策划组稿型，从文稿汇集型到思想挖掘型等。

关键词： 期刊编辑；编辑使命；策划；职业型

随着经济的发展、时代的变迁、社会的演进，"转型"成了当下的一个主题词。中国正处于转型期，政治、经济、文化在转型，期刊也在转型。期刊建设的重心应在于期刊竞争力的提升，而提升期刊的竞争力，关键在于提升期刊人的综合实力。作为办刊人的期刊编辑如何适应时代的需求，在迷惘和挣扎中找到自己发展的路径，成为一个亟须解决的问题。

一 当代中国期刊编辑转型的背景分析

改革开放以来，在建设有中国特色社会主义现代化的目标和进程

---

* 本部分内容写作最初源于笔者承担的中国科技期刊学研究基金项目"当代中国期刊编辑转型论"（项目编号：GBJXC1140）。初稿曾以《当代中国期刊编辑转型论》为题，发表于《河北经贸大学学报（综合版）》2012年第3期。

中，中国的社会经济结构、文化形态、价值观念等都已经和正在发生着深刻变化，并体现于社会的方方面面。这无疑构成了当代中国期刊编辑转型的大背景。

（一）社会文化的转型：从单一模式到多元共生

伴随着中国社会的转型，文化消费日渐强劲，努力弘扬传统文化，积极吸纳外来文化，自觉建设先进文化，国人的文化自觉和文化自信逐步增强，社会文化呈现出从大一统的一元独尊到多元共生的格局。文化领域发生了多种形态的文化转型，不仅包括传统文化向现代文化的转型，还有公益性文化向盈利性文化、精英文化向大众文化、工业文化向生态文化、文本文化向视觉文化等多个层面或侧面的文化转型[1]。文化转型不仅推动着人类社会文明的历史进程，而且要求承载传播文化职能的期刊和负责期刊运营的编辑人员与时俱进作出相应的转型调整。

（二）知识生产方式的转型：学科构建型到问题导向型

在经济、技术和生产条件的急剧改变过程中，传统理念受到极大的冲击，社会的认知方式以及科学、社会和文化知识生产方式也在发生根本性的变革。传统的知识生产方式通常是在某一学科结构下推进，倡导"纯学术""纯知识""纯理论"，主张知识生产的目的是推进知识的进步，知识生产者应"为了科研而科研"。而现代知识生产的视野不在限于某一学科背景，对知识生产对象的认知趋于开放，主张知识生产的目的应是满足社会的需要。传统的以理论独尊、试验性科学、学科内部驱动、以大学为核心的知识生产模式，正在被新知识生产范式所取代。[2] 新范式下的知识生产呈现如下特征：（1）强调知

---

① 张瑾：《论文化转型》，载《学术探索》2010年第6期。

② Gibbons, M., Limoges, C., Nowotony, H., Schwartzman, S., Scott, P. and Trow, M. *the New Production of Knowledge*: *The Dynamics of Science and Research in Contemporary Societies*. London: SAGE Publications Ltd. , 1994, p. 18.

识生产的情境化；（2）以应用问题为导向，采用跨学科和多学科的方式进行知识生产，这无疑有利于不断消解传统的以学科为基础的知识生产模式下所形成的学科界限和壁垒；（3）强调知识生产参与者的多样性，即不同的参与者围绕某一"应用语境"确定需要合作解决的问题，进而在互动中促进知识生产；（4）倡导和践行为了社会的实际需要而进行知识生产，知识生产的组织形式趋于敏捷、灵活和多样。①期刊编辑是知识生产的参与者、传播者和创造者，其所承担的职责与工作内容决定了其必须密切关注知识生产方式的变化，并备有应对之策。

（三）媒体生态的转型：全媒体时代的来临

近些年来，随着科学技术的日新月异，尤其是网络技术的飞速发展，信息传播手段层出不穷，传播方式不断丰富，新媒体不时涌现，媒体形态日趋多元化。同时，媒体承载的内容、传播的渠道、发挥的功能等也都在调整变化整合。在此背景下，传统媒体与新媒体之间日益融合互通，一个全新的谓之"全媒体"（omnimedia）的概念应运而生。就媒体的发展阶段而言，当今已迎来了一个由传统媒体和新兴媒体相互融合、共同发挥作用的全新发展阶段——"全媒体时代"。期刊作为知识生产成果发布与展示的载体，在人类文明的传承中曾起到巨大的推动作用。全媒体时代的来临则对于期刊和期刊编辑提出了更高的要求。

二　当代中国期刊编辑转型的基本路向

在转型时代的大背景下，传统期刊的生存与发展面临着巨大的挑

---

① 武学超：《知识生产方式转型及对大学与产业联系的影响》，载《教育发展研究》2008 年第 21 期。

战。此时此景，如果依然只是埋头苦干（编辑人员非常具有这种精神），而无视周遭的变化，必将落伍于时代。当代中国期刊编辑不能止于迷惘与挣扎，而应在坚守本分的基础上学会变通，顺势而上，有所突破，主动转型，以争取更大的作为。笔者就此谈些个人的想法，以求教于编辑同行。

（一）从来料加工型到找米下锅型

过去人们对于编辑有一种错误认识——编辑工作就是"等米下锅"，或者称之"来料加工"，即在所有来稿中筛选稿件，即便所有的来稿都不称心如意也要矬汉当中拔将军。其实，一份期刊就是一道大餐，编辑好比厨师，做好一份期刊就如同要做出可口的饭菜佳肴，没有原料是绝对不行的，坐等原料也万万不可。常言道"巧妇难为无米之炊"，许多编辑也总是叹息"优质稿件太少了……"。每一种期刊都想拥有优质稿源，而优质稿件是一种稀缺资源。全媒体时代为知识传播提供了更加宽广的平台，使各种媒体时时都处于竞争状态。期刊编辑的工作不能再局限于守株待兔，等待"来稿"处理，必须将工作向前延伸，争取主动性，真正变"等米下锅"为"找米下锅"，以从根本上扭转优质稿件少的被动局面。为此，编辑人员在认真做好来稿审阅编辑的同时，还要开拓和扩大稿源，要加大组织稿件的力度。既可主动与相关作者加强沟通和联系，及时发现有价值的稿件线索并予以跟进，也可深入了解科研发展的情况，加强与科研主管部门的联系，收集掌握更多与刊物用稿信息有关的第一手材料。

（二）从小处着手型到大处着眼型

传统上的编辑人员更侧重于"小处着手"，以做好自身的编校工作为追求，工作主要局限于修修改改甚至仅是小修小补。对于期刊的发展，许多人认为属于主编甚至主办单位、主管机关的事情，与自己没有或者说基本没有关系，因此抱持的是"肉食者谋之，又何间焉"的心态。的确，作为单一工种来自我界定的编辑人员看到的往往只是一个"点"，而难以拥有"大处着眼"的胸襟和视野。从小处着手型到大处着眼型，要求编辑人员对自身工作（从整体到每一个环节）的认识要逐步实现从关注细节到注重宏观的转变。"大处"其实是一个相对的概念。相对于"字斟句酌"，文章的时代性、政治性就是大处；相对于语句的通顺与否，选题的理论意义和时代价值，以及文章选取的视角和论证的方式方法就是大处；相对于当期刊物的编排选稿，期刊的年度计划就是大处；相对于本刊的自我规划，主管部门对于期刊发展的改革政策以及国家的文化发展规划和文化战略就是大处；相对于中国期刊的发展与现状，世界期刊的发展格局与趋势就是大处……我们不能决定和改变大局，而只能决定自我努力和发展的着力点，但自我努力的着力点不能脱离大的形势和环境，因此必须在大局中谋求发展，并且应努力参与到有利于己的发展环境的形塑中，或建言呼吁，或践行推进。其实，所谓"大处着眼"并不是不要细节，而是要关注大局，在大局之下做好细部工作，在"大处"的视野之下做好工作的点点滴滴。

（三）从工作型到职业型

传统的编辑多是作为一份工作对待，可以领取稳定的薪水，至于是否热爱或者喜欢这份"差事"，似乎并不重要。只要有收入，能养家糊口，就可以说是一份工作。笔者认为，职业（career）与工作（job）是不同的。工作给人们提供的主要是一份收入，而职业则可以承载理想、信念和愿景。相对于"职业"，"工作"更像是一个点，比如我们说"工作计划"，而说"职业规划"。从现实考量，选择工作可以是短期的，但选择职业却需要从长远的角度做全局性的考虑。将编辑作为工作，就是完成具体的任务（更像是一个点）即可。若作为职业，则必须去谋划运筹，就不仅仅要面对那个"点"，而要考量这个"点"前前后后的各个"点"（编辑加工环节的上游和下游工作），以及这些点所连成的"线"，即期刊从无到有、从选稿到排版、印刷、发行等所形成的整个"流水线"；不仅要考虑到"线"，还要考虑到"面",即围绕期刊运行的多个面向;不仅要考虑期刊当下的运行,还要考虑期刊未来的发展。期刊编辑的职业化是期刊发展的重要支撑。期刊事业的可持续发展,有赖于一个好的职业环境。为此,期刊编辑行业应努力加强自身的职业建设、提高职业品位、稳定职业队伍。同仁堂有句古训:"炮制虽繁,必不敢省人工;品味虽贵,必不敢减物力"。其中展现的诚信敬业的精神和勤勉奉献的职业操守是发人深省的,在今天仍是极其宝贵。职业型期刊编辑当以此训为鉴,踏实投入,为职业的神圣化注入尊奉、坚守的精神力量。同时,期刊主办单位和主管部门也应为编辑的职业化提供相应的政策支持。

(四) 从审稿改稿型到策划组稿型

期刊编辑不仅仅要懂得审稿改稿用稿,更要注重提升策划组稿的能力和意识。策划组稿是编辑人员主体性和创造性的体现。转型背景下编辑人员承担的角色不仅仅是对已经形成的社会精神文化产品的遴选(审稿)和优化(改稿),而且要承担引领知识产品创造的功能,在具体的知识产品形成前作出前瞻性的"思路设计"。策划组稿是编辑思想和编辑意图的具体体现,是编辑人员主体意识的外化。策划组稿的关键在于选题策划。所谓选题策划,是指期刊编辑人员按照办刊宗旨,依据自身特色、专业优势,开发整合出版资源,它通常是基于编辑人员对社会文化需求的把握,对本期刊意欲呈现和传播的信息主题进行筹划,其旨意在于着眼现实或史实,捕捉前沿资讯,将那些具有时代特征、对社会发展具有积极推动作用的出版资源和文化成果公之于世,以期对社会主体起正向的导引作用。① 人们在评论期刊现状时,不免会批评目前的期刊发展有"千刊一面"、缺乏个性的问题。对于期刊而言,没有特色就没有生机和活力,就意味着缺乏发展前景。选题策划是改变"千刊一面"局面,办出期刊特色的必要举措。

---

① 陈正奇、王银娥:《论编辑和作者对学术期刊质量的影响》,载《今传媒》2010 年第 11 期。

根据知识生产方式的转换，选题不应局限于从书斋、学院、研讨会以及文本资料中找，而更应侧重于到现实中找选题，并将来自实践的选题纳入知识生产的范畴去运作。

（五）从文稿汇集型到思想挖掘型

期刊编辑所从事的事业属于文化的事业。编辑人员在社会文化建设中肩负着重要的使命，不仅仅要进行文化选择、文化积累、文化传播，更应在文化的缔造和建设方面发挥作用。[①] 传统的文稿汇集型的编辑只能实现文化的选择、积累与传播，而无力承担文化建构的使命，因此已不能满足时代的需求。在当下的文化强国战略中，期刊编辑要承担起文化创造和文化构建的历史使命，必须增强自身的文化自觉意识，实现从文稿汇集型到思想挖掘型的转变。选题策划其实也就是思想挖掘的过程。一个好的、有创意的选题，往往是思想挖掘的产物，并且将推进思想的进一步挖掘。因为，"创意"往往体现于其能够体现时代特征和知识创新的要求。当期刊发表围绕同一主题展开论述的系列文章时，将会产生有别于单篇文章的整合效应。由于不同的作者从各自的角度阐述同一问题，不同视域形成的观点也各不相同甚至截然相反，这就自然会在讨论中使思想得以挖掘。而持续性地组织数期稿件，思想争鸣又会不断加深。编辑人员应不断学习，以增强和丰富自身的文化底蕴，为顺利转型奠定基础。

对于期刊编辑的转型还可以有其他的概括或表述，如从文句修饰型向品位提升型、从单一工种型向统筹谋划型、从技术工人型向行业专家型、从默默无闻型向广泛沟通型、从自在型向自为型、从被动型向主动型、从封闭型向开放型、从生产型向经营型、从常规型向创造

---

① 崔月琴：《社会转轨与编辑意识的转换》，载《吉林大学社会科学学报》1999 年第6 期。

型等①转变。总之，期刊编辑转型的内涵是极其丰富的，以上列举的几种仅是概括了其中若干侧面，这些不同类型的转型又是相互渗透、相互呼应、相互作用的。一言以蔽之，在当代中国社会转型的大背景下，肩负着文化历史重任的期刊编辑要顺应时代变化，作出调适与转型。这是一个必须去思考、去行动、去实践的时代课题。

---

① 王跃飞：《新世纪学报编辑角色转型论略》，载《安徽电力职工大学学报》2000年第3期。

附录 2

数字化浪潮下期刊版权保护路在何方*

数字化浪潮深刻地影响着我们的生活，互联网社会的数字版权问题日益突显。2010 年 5 月，龙源期刊网因擅登他人文章败诉拒赔致使其负责人汤某被司法拘留，一时间舆论哗然。2012 年 4 月，作家维权联盟以"苹果未经许可供下载"为由向美国苹果公司提出侵权之诉。不久前，韩寒等作家诉百度公司案一审尘埃落定，北京海淀法院判令百度文库对韩寒等作家侵权事实成立，并责令赔偿韩寒等 3 名作家经济损失共计 14.5 万元。这些事例都警示着数字版权绝不是免费的午餐，网络环境使作品的传播和使用形态发生了变化，但版权应受尊重的立法宗旨并没改变。传统报刊业在数字化传播浪潮下要做到趋利避害，必须对版权保护问题作出相应调适。具体的调适举措可从源头的版权获取到最终的获益分成乃至中间的协调过程等多个方面着手。

源头控制：完善版权授权方式

要融入 E 时代，经营传统纸媒的报刊社首先应取得作品的数字版权（信息网络传播权）。只有获得作品的数字版权，才能与其他媒体合作开展数字化传播，或自己开展跨媒体传播。随着版权法治宣传的深入，许多报刊社已经开始着手数字化版权授权工作。

从实际运行情况看，目前报刊社获取数字版权的模式大体有三种。一是报刊社在纸质报刊和自办网站上发布"稿约""启事"或

---

* 本文曾以《数字化浪潮下期刊版权保护路在何方》为题，发表于《人民政协报》2012 年 12 月 24 日第 8 版。

"版权声明"，其中载明 "本刊对本刊刊发的所有作品享有以数字化方式复制、汇编、发行、信息网络传播处理的权利，以及许可合作单位以上述方式传播作品。作者向本刊提交文章发表的行为视为同意本刊上述声明"。二是由报刊社与作者双方签订书面的版权使用合同获取授权。三是由著作权人签署授权书，授予报刊社行使作品的数字传播权。

上述三种模式，各有利弊。从权利来源的角度衡量，任何版权使用行为都应体现对于著作权人权利的尊重。基于此，报刊社单方店堂告示式的版权索取模式显得太过专横，而著作权人单方授权式则难以体现权利与义务相一致的原则，相比之下，双方签署协议的形式当为最为适宜的方式。但对于每一件作品都由稿件的供应方与使用方双方签署协议，则显得程序烦琐，有违效率原则。

顺应当下的知识共享理念，遵从合法高效的原则，建议在著作权法的修改时，将版权数字化作为一项 "法定许可" 事由。所谓法定许可，即可以不经作者或其他著作权人同意而使用其已发表的作品，但应当按照规定向作者或其他著作权人支付报酬，并应注明作者姓名、作品名称和出处。这样不仅有助于提高作品的传播效率，而且可以推动合法的知识共享。

收益共享：健全利益分配机制

知识经济时代的来临，数字化传播的广泛应用，只是改变了知识传播的媒介，并没有从根本上改变创作者、传播者、使用者三方的利益关系。版权人的权益应当是知识经济时代的关注重点和知识产权价值链中的主体。数字化技术有助于促进作品推向市场以实现作品的文化价值，但相关各方经济利益的实现则有赖于切实有效的版权保护。

目前，通过数字化传播获益的主要是经营数字传媒的网络服务商，而经营传统纸媒的报刊社却被拉来做垫背，由他们以格式合同向作者索取版权。格式合同大都约定作品数字版权的稿酬已包含于纸质报刊的稿酬中，而作者只有签字义务却无获益权利。这就犹如强盗逻辑下的绑架，缺乏对权利的尊重。

从权利与义务相一致的原则出发，不应采取任何形式剥夺作者通过网络传播获得收益的权利，因此在作者与报刊社签署的协议中应规定稿件一经转载也需向作者支付报酬，并应对报酬标准和使用范围作出约定。同时，对于所有的版权转让，必须坚持最低的要求——原发作品的版权必须尊重，原发报刊的名称不得隐匿，原发责编的署名应予保留。

总之，在鼓励技术革新的同时，应当充分关注各方权利人的利益平衡，对传统商业模式进行变革，发展顺应形势需要、有潜质的商业模式，积极探索建立数字化传播产业链上下游从作品创作者到纸质传播者（报刊社）再到数字化处理和传播者各方利益主体合作共赢的长效机制。

联合起来：建立协作维权机制

数字化传播对于传统报刊而言，就是产品的延伸。而这一延伸通常需要借助网络服务商来实现。

网络服务商通常实力强大且市场化程度高，在信息获取和传播渠道的掌控方面更是享有绝对优势，属于市场上的巨无霸。与网络服务商相比，经营传统纸媒的报刊社无论是在经济实力还是在影响力方面通常均处于弱势地位，而且还"有求于"网络服务商，需要借助网络服务商来扩大自身的影响力。一些作者也极其希望自己的作品借助网络平台广泛传播，以扩大社会影响，并不追求也不在意经济利益，这就更助长了网络服务商的"优势"。网络服务商也确实提供了"扩大作品传播"的服务，但不能因此不尊重版权。版权人可以不主张或者暂时不主张版权利益，但不能否定他们享有相关的版权利益。

对报刊社而言，单凭个体力量与网络服务商进行授权谈判，必然是一个非对称的交往，犹如蚂蚁与大象对谈，双方力量明显不对等。面对网络服务商提出的加入其运营的相关网络平台或数据库的条件和价格，报刊社往往只能选择接受或不接受，缺乏讨价还价的谈判和协商能力。报刊社要想摆脱弱势境况，就必须尽快建立维权协作机制，借助期刊协会或期刊同盟等集体管理组织的优势与力量，以获取与网络服务商对等谈判的筹码和平台。这方面，中华医学会携旗下的123种期刊与北京万方数据股份有限公司签署的独家战略合作协议，已率先踏出探索的步伐。

附录 3

编辑也需具备公关意识[*]

　　随着经济的发展和时代的变迁，社会各个领域均面临着新的变革，"转型"成为所有人不得不面对的话题。经济在转型，政治在转型，文化在转型，国家在转型，期刊也在转型，这一切都对编辑提出了新的挑战和要求。那么，编辑应当具备怎样的素质才能更好地胜任这项工作呢？笔者认为，在期刊编辑工作现代化的过程中，要提高期刊的质量，发挥好期刊的作用，编辑人员具备一定的公关意识和掌握一定的公关艺术，是必不可少的。

一　编辑公关意识的时代内涵

　　根据美国公共关系协会的定义，公共关系是一个人或一个组织为获取大众之信任与好感，借以迎合大众之兴趣而调整政策与服务方针的一种经常不断的工作；同时，公共关系是将此种已调整的政策与服务方针加以说明，以获得大众了解与欢迎的工作。由此可见，公共关系不只是企业和政府的关注，一切与社会大众建立有联系的组织和个人都需要注重公共关系。而公关意识就是指组织或个人发展中注重提升自身对公共关系重要性的认识和把握，增强从公共关系角度为人处世的自觉性。目前处于一个多媒体时代，数字媒体与传统媒体竞争日

　　* 本文系与王雁飞合作完成，最初曾以《编辑也需具备公关意识》为题，发表于《公关世界》上半月刊，2011 年第 7 期。

趋激烈的形势下，传统纸质期刊的生存与发展面临多元化时代、信息网络技术、多元化传媒竞争等多重困境，如何迎接挑战、应对变革，如何与时俱进，通过调适自我，实现成功转型，成为每一家期刊都必须认真思考的问题。作为期刊的编辑人员在这样一个转型时代也亟须转型。因为期刊建设的重心在于期刊竞争力的提升，而提升期刊的竞争力，关键在于提升期刊人员的综合素质。作为办刊人的期刊编辑如何适应时代的需求，在迷惘和挣扎中找到自己发展的新路径，成为一个亟须解决的问题。编辑的转型成为了一个时代的风向标，主要体现为从来料加工型向找米下锅型转变、从审稿改稿型向策划组稿型转变、从单一工种型到统筹谋划型转变、从文稿汇集型到思想挖掘型转变、从文句修饰型向品位提升型转变、从默默无闻型向广泛沟通型转变、从被动型向主动型转变，等等。编辑角色的转型，要求编辑不仅应在传统意义上做好本职工作，而且应该转变观念，逐步培养和建立起应有的公关意识。

二　编辑公关意识的主要内容

对期刊编辑而言，要赢得公众，并打造期刊的竞争优势，起码应具备一定的形象意识、公众意识、沟通意识和社会责任意识等。

1. 形象意识

形象意识是公关意识的核心要素。期刊编辑的形象意识指关注、构建、努力维护和积极宣传期刊的形象和编辑人员自身的形象，并使之成为自身的自觉习惯。形象意识要求期刊编辑人员以塑造期刊形象和期刊编辑队伍形象为重要的目标、注意建树和维护良好的形象，并能经常自觉地意识到自身的一举一动、一言一行都代表和展现着期刊的形象和编辑人员整体的形象，从而懂得用良好的形象为期刊和编辑自身的发展创造尽可能好的社会关系环境，争取更大程度的公众信任和支持，以获得更佳的发展机会。

2. 公众意识

公众意识要求编辑把公众看成是期刊生存和发展的前提条件，时时刻刻以公众的利益和需求为出发点来规范和设计自身的行为。期刊的生存和发展既要依赖于作者也要依赖于读者，对于期刊而言最广泛的公众就是读者，期刊价值和使命的实现在于赢得读者。因此，编辑人员的公众意识就集中体现于要有强烈的读者意识。读者意识要求编辑将读者置于期刊编辑、加工、发行的全过程加以考虑，从期刊的定位出发，以目标读者的正当需求、欣赏力和购买力为行为导向。作为编辑，应当同读者保持顺畅的联系，加强与读者的交往，最大限度地满足读者的需要，成为读者的贴心人，努力为读者服务，做好读者工作。编辑的读者工作，重点在于通过提供精品期刊，赢得更多的读者。只要赢得读者，就是赢得市场，才能找到自身的社会定位。因为假设没有读者，一份期刊就没有市场，只能自娱自乐，既谈不上社会效益，也谈不上什么经济效益，更别说经济效益与社会效益的统一了。

3. 沟通意识

沟通是信息传播中的基本方式，是组织或个人与外界维持良好关系的基本手段和条件。编辑工作涉及的选题、组稿、审读、发稿等各个环节中往往有多个面向，既要面对作者、读者，还要面对审稿专家；既要面对业务主管部门、主办单位，还要面对发行单位、业界同人。刊发优质稿件是创办精品期刊的前提，而刊发优质稿件需要编辑与作者的共同努力，编辑人员必须有意识地做好自身与作者的沟通。此外，编辑要加强与读者的沟通，了解读者的阅读旨趣和期刊的市场需求。同时，编辑还承担起沟通作者和读者的桥梁责任，并把沟通中获取的信息，反映于栏目的设置和创新。当然，这种沟通工作是持续的、多次的、反复的。

4. 社会责任意识

编辑要努力成为先进文化的创造者和推动者，成为为大众提供精神食粮的人。编辑的责任意识就是在谋求期刊经济效益的同时自觉承担起先进文化构建和传播的责任与使命，坚持"以科学的理论武装人，以正确的舆论引导人，以高尚的精神塑造人，以优秀的作品鼓舞人"，引导健康理性的文化观念，丰富人们的文化生活。

三　编辑如何提高自身的公关意识

1. 加强自身学习

有道是："玉不琢，不成器；人不学，不知义。"现代社会是学习型社会，学习是提升素质的关键。不学习，不创新，不求进步，就只能落后于人。所以，编辑公关意识的培养，也离不开持之以恒的学习。作为编辑，要想站在时代的前列，必须与时俱进，紧跟形势发展，不断更新知识储备，提高自身修养，挖掘具有远见卓识的作品，将最优、最新的文化产品推荐给读者大众。这就要求编辑不仅是个博采众长、站得高看得远的引导者，还必须是个杂家。公关意识的培养需要编辑具备广泛的学科知识，具体有：（1）公关理论知识，如公共关系的基本概念、基本要素、基本理念等。掌握公关理论知识在于以理论指导实践，以克服盲目性，增强自觉性。（2）公关实务知识，如公关调查、项目策划、方案评估、专项活动等。掌握公关实务知识，关键在于学以致用。（3）与公关相关的学科知识，等等。编辑要加强学习，以不断提高自身的理论水平和业务水平。

2. 培养经营意识

所谓经营意识，就是期刊编辑要有强烈的市场意识，有期刊生存与发展的紧迫感，有优胜劣汰的危机意识。有了经营意识，编辑自然会关心作者、关心读者、关心市场，以及关心媒体当下的命运和明天的前程。在经营意识的指导下，编辑才会最大限度地发挥自身已具备的各项才能并尽可能地发掘各方面的潜能。具体而言：首先，编辑应该有经营版面的意识。期刊的版面是期刊编辑的苗圃，要想做到"百花争妍"就必须精耕细作。经营版面的意识，要求做到编辑意图体现、知识元素组合、信息传导功效等诸多方面的有机统筹。其次，编辑应该有经营人脉的意识，包括经营好与作者、读者、营销人员、政府部门有关人员等方面的关系，并做好相关协调工作。编辑人员不能只是埋头看稿，而是要掌握维护与相关部门合作的技巧和能力，与相关人员建立广泛的社会人脉网络。良好的人脉网络不仅对于掌握市场反馈信息是必要的，同时也是提升期刊综合竞争力的一个不可或缺的重要因素。

3. 扩大交际范围

目前，由于社会环境、作（读）者心理、公众知识结构及读者的有限购买力等诸多因素，决定了编辑在做好编内工作的前提下，必须多在编外花些功夫，广泛开展交际性公关活动。编辑应积极参加"集体"活动，参加行业、业务类会议，及时了解业界动态，更新自己的知识结构和储备；还要积极参加有关专业学术活动，自觉阅读专业论著、期刊，及时了解科研、教学动态，掌握本专业国内外研究现状及发展趋势，提出本专业学科的选题组稿计划，有重点地组稿，努力开发优质稿源。总的来说，交际能力良好的编辑更容易掌握额外的资源，也就能抢先得到更多的第一手信息。

综上，编辑工作是一项综合性的高级创造性劳动。在当今由封闭向开放转型的时代，公关意识是维系期刊生存与发展的必要因素之一。因此，编辑不仅要具有专业素养，还要熟悉现代市场运营方式，并不断培养自己的公关意识，提升自己的公关能力。

附录 4

作者相关论文辑要

1. 王岩云：《学报编辑出版与合作作品版权保护》，发表于《湖北经济学院学报（人文社科版）》2005 年第 1 期。

2. 王岩云：《学报论文"作者简介"编排规范化探析》，发表于《河北经贸大学学报（综合版）》2005 年第 4 期。

3. 王岩云：《学术编辑"打假"略论》，发表于郑振卿主编：《春华秋实：河北省 2005 年期刊编辑优秀论文集》，河北人民出版社 2006 年版。

4. 王岩云：《学术期刊打击学术腐败措施刍议》，发表于《河北经贸大学学报（综合版）》2007 年第 4 期。

5. 王岩云、张增强：《编辑与版权法若干问题研究》，发表于《河北经贸大学学报（综合版）》2008 年第 3 期。

6. 王岩云：《编辑出版业务中的署名权问题》，发表于《石家庄铁道学院学报（社会科学版）》2008 年第 4 期。

7. 王岩云：《学术期刊出版中的多重版权法律关系研究》，发表于《河北经贸大学学报（综合版）》2011 年第 4 期。

8. 王岩云、王雁飞：《编辑也需具备公关意识》，发表于《公关世界》上半月刊，2011 年第 7 期。

9. 王岩云：《学术期刊收取版面费的法律性质探析》，发表于《河北师范大学学报（哲学社会科学版）》2012 年第 6 期。

10. 王岩云：《当代中国期刊编辑转型论》，发表于《河北经贸大学学报（综合版）》2012 年第 3 期。

11. 王岩云：《数字化浪潮下期刊版权保护路在何方》，发表于《人民政协报》2012 年 12 月 24 日第 8 版。

12. 王岩云：《参考文献页码著录规范的探讨》，发表于《河北经贸大学学报（综合版）》2015 年第 2 期。

后　记

——谨以此书告慰笔者从事了十年的编辑生涯和
四年的法学论文写作教学工作

　　从 2003 年 7 月硕士毕业到高校工作，不知不觉，从事了 10 年又 2 个月的专职编辑工作，2013 年 9 月终于回到了自己的法学专业，到法学院担任一名专职的法学教师。

　　回首从事编辑工作的十年，除了担任本职工作的三份期刊①稿件的审、编、校外，还担任了其他期刊的匿名审稿人和审读人。每日总是与稿件为伴，"咬文嚼字""吹毛求疵"，都是家常便饭，久而久之养成了职业病——每每见到某高楼大厦的标牌用字错误总想大笔一挥做个更改的批注；又常常在看印刷品甚至街头派发海报时不由地想就措辞造句评论一二；即使旅游考察本应放下烦事杂务给心情放假时，看到景点宣传册上的标点符号不对，哪怕只是半角全角之别，也会忍不住要在心中做个校改。看来已是"病入膏肓"，在这条道上愈陷愈深，不能自拔。

　　既已积劳成疾，也当久病成医，何不把这么多年诊断的病句错字汇集成册，以示众人，也不枉这编辑战线的老兵积下的这老病。实际上，编校中总能遇到一些问题，把这些问题记录整理出来，既有利于自己更好更有效地工作，也有利于分享心得和交流经验。书中的有些文字最初是写给自己的，是用来自我学习、自我总结、自我提醒的。

---

　　①　三份期刊分别为《河北经贸大学学报》《河北经贸大学学报（综合版）》《经济与管理》。

书中选取的例子，既有笔者作为责编或审稿人的作者原稿，也有来自笔者作为责任校对的二校样，还有笔者参与的集体校对样，还有少数来自笔者阅读到的其他文稿。当然也包括笔者作为责编和作者，经手的稿件被他人诊断加工的例子。所有的例证都在于说明问题，对于任何人或者期刊都没有针对性。例证基本上是原始的、真实的材料，当然有些为了更好地说明问题，做了一定的技术处理。当然，可能存在误诊误断误改，因此，对于相关举例不以【正】【误】标识，而以【原】【修】表示。

原计划将十年间思索的点点滴滴以《编辑丝语》汇编成册。之所以命名为"编辑丝语"，是自我感觉不比任火先生（原华北理工大学学报主编、新中国 60 年有影响力的期刊人获奖者）的《编辑独语》。独语者，显得居高望远，辽阔而宏大；丝语也，丝丝絮絮，娓娓道来。如果说独语透射着一种江河的气魄，那么丝语则犹如一条悠悠的小溪。如果说独语是高屋建瓴的宏论，丝语就是事无巨细的雕琢。独语者，往往大处着眼；丝语也，则是小处着手。独语者是在挥斥千秋，指点江山；丝语者则倾向于默默耕耘、精耕细作。独语，往往一语中的、击中要害；丝语，则常常不愠不火，微炉慢炖。独语的境界是"语不惊人死不休"，丝语的心态是"我自横刀向天笑"。独语似鹰击长空的非凡之鸣，丝语似鱼翔浅底的沙沙之音。独语，如隐士侠客的犀利之剑，丝语者则似一田间农夫的耕作之犁。独语彰显的是卓越的见识，丝语承载的是务实的作风。

在我酝酿中的"编辑语丝"尚未吐尽之时，我到了法学院，开始了法学教学生涯。

生存的状态已然转换，原有的计划自当顺势因时而变。于是酝酿已久的《编辑丝语》变成了现在的《期刊出版业务的法治化审视》。当然，不只是名称的转变。题名是内容的引领，相关的变通是必不可少的，主要是章节的编排做了必要的调整，内容的取舍做了相应的改变，一些部分增加了新的论述，一些部分做了从略或删除处理，一些部分则转换论述的角度。所有的调整，都是为了尽可能名副其实，于